Über den Autor:

Georg Bönisch, Jahrgang 1948, war Redakteur in Köln und Bonn, seit 1982 ist er Korrespondent des »Spiegel« in Düsseldorf (Schwerpunkte: Innenpolitik, Zeitgeschichte). Buchveröffentlichungen u. a.: *Köln und Preußen, Mafia im Staat, Das Geschäft mit der Sterbehilfe.*

Georg Bönisch

Clemens August

Der schillerndste Erzbischof
seiner Zeit

BASTEI LÜBBE TASCHENBUCH
Band 61449

1. Auflage: Mai 2000

Vollständige Taschenbuchausgabe

Bastei Lübbe Taschenbücher ist ein Imprint
der Verlagsgruppe Lübbe

Überarbeitete und aktualisierte Neuausgabe des Titels
Der Sonnenfürst. Karriere und Krise des Clemens August
© 2000 by Verlagsgruppe Lübbe GmbH & Co. KG,
Bergisch Gladbach
Einbandgestaltung: Manfred Peters
Titelfoto: Kölnisches Stadtmuseum, Köln
Satz: Textverarbeitung Garbe, Köln
Druck und Bindung: Elsnerdruck Berlin
Printed in Germany
ISBN 3-404-61449-6

62Sie finden uns im Internet unter
http://www.luebbe.de

INHALT

VORWORT

Als der Bundespräsident noch in Bonn residierte und hochmögende Gäste der Republik zur feierlichen Soirée ins Schloß Augustusburg nach Brühl einlud, da vollzog sich stets ein historischer Schluß besonderer Art: Staatsoberhaupt und Regierungsmitglieder wichen aus ins rheinische Hinterland – wie es schon vor mehr als 250 Jahren der Kölner Kurfürst und Erzbischof Clemens August tat.

Dieser Mann residierte auch in Bonn, aber er feierte wie seine politischen Nachfahren in Brühl. Schloß Augustusburg und seine Parkanlage sind längst von der Unesco in die Liste des Weltkulturerbes aufgenommen. In jüngerer Zeit waren Könige und Kaiser zu Gast, Staats- und Parteichefs, Präsidenten. Millionen von Fernsehzuschauern haben die Bilder der Staatsbesuche gesehen. Auch Johannes Paul II. war hier, übrigens der einzige Papst, der je Augustusburg besuchte.

Mit diesem Brühler Schloß ist der Name Clemens Augusts genauso verbunden wie mit etlichen anderen

Schlössern im Rheinland und im weiten Nordwesten Deutschlands, etwa Clemenswerth im Emsland, für viele das schönste aller Jagdschlösser in Europa. Er war Mäzen für die gesamte Kunst einschließlich der Baukunst, und er war ihr Nutznießer. Diese Seite seines Wesens und Wirkens hat ihn, so schrieb der Bonner Historiker Max Braubach, »in seiner Zeit populär und bis in unsere Tage mit Recht berühmt gemacht«. Hier geht es eher um den Menschen selbst. Clemens Augusts Karriere hin zu einem der wichtigsten Territorialherren im Alten Reich war schwindelerregend und im Grunde ohne Beispiel. Er amtierte nicht nur am Rhein, auch als Fürstbischof von Paderborn, Osnabrück, Hildesheim und Münster, der größten Diözese der Germania Sacra. Er war darüber hinaus Hochmeister des Deutschen Ordens, und Kurköln gehörte zu den Stimmführern auf dem Reichstag.

Die Lage seiner Territorien im Herzen Europas, Teile des heutigen Nordrhein-Westfalens und Niedersachsens, war von herausragender strategischer Bedeutung. So lavierte Clemens August zwischen den Großmächten Frankreich, England, Preußen und Habsburg nach Gusto. Solches Verhalten brachte ihm zwar das Attribut einer »Wetterfahne des Heiligen Römischen Reiches« ein und das Votum von Zeitgenossen, Bonn könne nicht wie ein normaler Hof behandelt werden. Ob seine Außen- und Subsidienpolitik, also die Politik der bezahlten Bündnistreue, charakterlos war, sei dahingestellt. Auf diese Weise hat er sich nicht nur Gelder für sein prunkvolles Leben beschafft – er hat auch erreicht, daß seine

Territorien in einer Zeit fast dauerhafter Kriege weitgehend verschont blieben.

War er nun eine großartige, geschlossene, faszinierende Persönlichkeit? War er tiefgläubig, still und sittsam? Clemens August war auf jeden Fall ein hochkomplizierter Charakter, der nach heutigen Erkenntnissen unter psychopathologischer Norm betrachtet werden muß. Ein Mann, der geprägt worden ist durch eine Jugend außerhalb des Elternhauses und dessen Wille gebrochen worden ist durch dynastisch-familiäre Gebote und Zwänge. Er war eitel, auch leutselig, oftmals angewiesen auf Helfer, Ratgeber, Freunde – oder vermeintliche. Immer mußte ihm geschmeichelt werden, »selbst wenn es sich um das Zu-Stuhl-Gehen handelte«, merkte ein höfischer Beobachter ironisch an. Clemens August war sprunghaft in Stimmung und Entscheidungen. Morgens ging er in Stola und Mitra seinen geistlichen Pflichten nach, abends feierte er hinter Maske und Domino ausgelassene Feste. In ihm habe »damals das Beispiel des vielbewunderten französischen Sonnenkönigs«, urteilte Braubach, »wohl die vollendetste Nachahmung auf deutschem Boden gefunden.«

LANDNAHME AUF
BAYERISCH

Eine Million Gulden
kostete Wittelsbachs Weg nach Köln
Max Emanuels Traum vom Weltreich
Das Kidnapping der Söhne

Bayerns Weg von der Isar an den Rhein war kein plötzlicher, aggressiver Akt. Er war lange vorbereitet und mühselig dazu, flankiert von diplomatischen Finessen und Schmiergeldzahlungen und kostete das Blut tausender Menschen: Es war ein dornenreicher Weg.

Köln und Köln, das muß gesagt werden, ist ab dem Jahre 1288 bekanntlich zweierlei. Bis dato hatte der Erzbischof hier in der historisch gewachsenen Stadt seinen Sitz, und von hier aus regierte er sowohl die Erzdiözese Köln als auch das gleichnamige Kurfürstentum. Das Recht auf geistliche und weltliche Macht war dem Kölner Erzbischof bereits von Kaiser Otto I. verliehen worden – ein Akt familiären Interesses damals: Ottos Bruder Bruno war nämlich selbst Erzbischof von Köln.

Die Identität einer bischöflichen und einer fürstlichen Macht besaß Vor-, aber auch erhebliche Nachteile. Der Vorteil dieses Systems bestand in der Vorschrift, daß der Titel nicht erblich war (so lange ist die Zeit noch gar nicht her, da katholische Geistliche Kinder in die Welt setzten); durch diese Klausel blieb das Staatsgebilde am Rhein frei von hausinternen Zwistigkeiten. Der Erzbischof wurde vielmehr gewählt. Und das war der Nachteil: Die Wahlmänner, die Mitglieder des mächtigen Domkapitels[1], erlagen ab und an der Macht des Geldes. Goldgier regierte dann, und nicht politische Vernunft.

Das Jahr 1288 brachte eine der bedeutendsten Entwicklungen in der deutschen Geschichte. Kölns Bürger, noch nie Freunde des Landesherrn, stellten mit massiver fremder Unterstützung bei Worringen Erzbischof und Kurfürst Siegfried von Westerburg und schlugen dessen Truppen. »Köln ist eine echte Bürgerstadt. Es hat niemals eine Residenzstadt sein wollen, sondern hat das Joch einer Residenz von sich abgeschüttelt.«[2] Das Gemetzel bei Worringen soll die an Mann und Material größte Schlacht des Mittelalters gewesen sein.

Siegfried mußte aus der Stadt flüchten. Seit diesen Tagen residierten die Kölner Erzbischöfe nicht mehr in Köln, sondern außerhalb – meist in Bonn oder Brühl. Köln hatte sich mit einem militärischen Akt aus der Klammer der Obrigkeit befreit. So klein an Fläche das kurkölnische Territorium auch war[3], seine strategische Lage ließ ihm große Bedeutung zukommen. Auf historischen Landkarten fällt das Gebiet kaum auf; es war schmal wie ein Handtuch, ein zerrissenes dazu. Aber, die Franzosen mußten auf dem Weg nach Osten zwangsläufig dieses Land durchqueren, Engländer, Holländer, Spanier zogen durch. Der Rhein, seit eh und je die wichtigste Wasserstraße Westeuropas, sorgte für Geld – durch Zölle. Natürlich dachten die Bayern nicht vordergründig an strategisch-taktische Konzeptionen. Nach Martin Luthers Reformation hatte sich eine gesellschafts- und kirchenpolitische Initiative entwickelt, die aufs Kontern aus war: die Gegenreformation. Die bayerischen Wittelsbacher[4] steuerten den Antikurs eifrig mit; galt es doch, katholische Bastionen zu erhalten und zu stärken, damit Luthers Reformatoren nicht die Oberhand bekämen. So etwas gefiel dem Papst in Rom. Seiner Unterstützung konnte sich Bayern also gewiß sein.

Und Köln war in der Tat gefährdet. Martin Luthers Thesen fanden unerwartet großen Widerhall; die Furcht, die uralte katholische Tradition könnte bald beendet sein, wuchs von Tag zu Tag. Ein Abfall Kölns hätte auch eine schwerwiegende allgemeinpolitische Konsequenz: Der Kölner Kurfürst gehörte zu jenem siebenköpfigen Gremium, dem das ausschließliche Recht der Königswahl zustand; und noch hatten die katholischen Königsmacher mit 4:3 die Mehrheit. Eine Stimme nur genügte also, um die Mehrheitsverhältnisse auf den Kopf zu stellen. Außerdem war der Kölner Herrscher des Kaisers Kanzler für Italien und lag in der Rangliste der wichtigsten deutschen Territorialchefs hinter seinem Mainzer Amtskollegen auf Platz zwei.

Das kleine, schlanke, aber selbst fürs europäische Kräftespiel der Mächte interessante Fürstbistum faßte Herzog Albrecht von Bayern schon früh ins Auge. Weil in Bayern seit dem Jahre 1506 das Primogeniturgesetz[5] galt, mußte der Familienvater für die Ausstattung seiner jüngeren Söhne anderswo Finanzquellen suchen; doch zur Versorgung des Nachwuchses mit Land und Geld kam auch Albrechts persönliches Streben nach Einfluß und Anerkennung: »Der Erweiterung von ›Reputation und ansechung‹ (Ansehen) des bayerischen Hauses sind, wie die Münchner Akten hinlänglich beweisen, alte Unternehmungen des Münchner Hofes in erster Linie gewidmet.«[6] Auch wenn dadurch die einschlägigen kanonischen Bestimmungen, die eine Häufung kirchlicher Würden verboten, aus den Angeln gehoben wurden.

Im Namen des Glaubens sind schon die blutigsten Schlachten geschlagen worden. Im nachhinein fiel es immer schwer, den eigentlichen Grund eines Waffengangs zu analysieren: Hatte er tatsächlich im Interesse des Glaubens stattgefunden? War dieses Interesse nur vorgeschoben, und ging es nicht in Wirklichkeit um die nackte Macht, um Machterhaltung, um Machtausdehnung? »Nur um der Religion willen wurde selten Krieg geführt; sie bildete ein Motiv, war aber zugleich willkommener Anlaß oder Vorwand, die territoriale Macht auszudehnen. In diesem Sinne verfuhren die Fürstenstaaten.«[7]

Albrecht gehörte in diese Kategorie von Staatschefs, kein Zweifel. Als 1577 der Kölner Erzbischof Salentin von Isenburg sein Amt niederlegte, sah Albrecht nach langjährigen offenen und weniger offenen diplomatischen Aktivitäten für seinen Sohn Ernst die Stunde gekommen. Doch nach dem Wahlakt drang eine für Albrecht bestürzende Nachricht an den Münchner Hof: Gebhard Truchseß von Waldburg hatte den bayerischen Kandidaten Ernst knapp nach Stimmen besiegt.

Die Bayern aber ließen nicht locker. Für sie war die nur zögerliche und späte Anerkennung Gebhards durch den Papst das Zeichen, weiter für Ernst die Werbetrommel zu rühren. Und Gebhard arbeitete ihnen dabei sogar in die Hand: Wie Albrecht und andere Gegenreformatoren prophezeit hatten, versuchte der 1582 zum Protestantismus übergetretene Kölner Erzbischof die Diözese in ein weltliches Fürstentum umzuwandeln. Die politischen Folgen eines solchen Schritts aus Sicht der katholischen Fürsten ist schon angerissen. Wie ein Mann standen diese Kräfte nun auf, um Gebhard zu stürzen. Der Papst setzte ihn ab, das Kölner Domkapitel wählte 1583 den alten Kandidaten Ernst von Bayern. Gebhard gab sich dennoch nicht geschlagen. Unterstützt von evangelischen Herrschern, zettelte er den »Kölner Krieg« an, der ihm nach der politischen Niederlage einen militärischen Sieg bringen sollte. Gebhard, ein trinkfester Mann, verlor im Laufe der Wirren sämtliche Stützpunkte und floh schließlich nach Straßburg, wo er bis zu seinem Tode 1601 – er litt an Gallensteinen – als Domdechant tätig war. Seine Frau Agnes von Mansfeld starb kurze Zeit später.

Gebhards Grabstein »rühmte seinen Verstand und sein Wissen, seine treffliche Verwaltung hoher Ehrenstellen, vor allem aber, daß er die religiöse Wahrheit der höchsten Würde, die Heiligkeit der Ehe, einem unreinen Zölibat vorgezogen habe«.[8] Indirekt traf der Autor dieser Inschrift damit Gebhards Nachfolger Ernst, dessen größte Schwäche die Frauen waren. Schon bei seinem ersten Aufenthalt in Rom 1574 konnte er seinen

15

starken Drang zum anderen Geschlecht nicht zügeln. Seine geistliche Umgebung klagte so laut über Ernsts Eskapaden, daß der Papst den Wortführern den Mund verbot – die öffentliche Moral durfte nicht untergraben werden. Ernsts Phantasie, seinen Bewachern zu entkommen und sich aufs nächste, belegte Kanapee zu stürzen, war groß genug: Er kannte alle Hintertüren seines Domizils und schaltete andere Hindernisse mit Hilfe einer Strickleiter aus. In der Nacht zum 31. Juli 1575 wurde er bei einem seiner frühmorgendlichen Rückzüge aus erotischen Umarmungen jählings erwischt; mit einem Freund flüchtete er aus Rom nach Casale bei Sella – vergeblich: Papst Gregor hatte die Suchaktion nach beiden höchstpersönlich geleitet und auch schnellen Erfolg. Der lockere Ernst mußte zurück an den römischen Schreibtisch, um seine theologischen Studien weiter zu treiben.

Die beste Beschreibung für die Situation nach Gebhards[9] Niederlage und Ernsts Wahl fand der rheinische Oberst Martin Schenck von Nideggen, ein beinharter Soldat. »Wie soll man es doch mit zwei streitenden Pfaffen«, zitiert ihn der Kölner Ratsherr Hermann von Weinsberg. »Soll es ihnen gelingen, den Zwist beizulegen oder wird der Krieg noch länger dauern? Der eine hat ein ehelich Weib getraut und ist abgesetzt worden, der andere hat verschiedene uneheliche Weiber und ist angesetzt worden. Den einen wollte ich zwischen zehn oder 12 Faß guten Weins setzen, denn er säuft gerne den besten, den anderen zwischen zehn oder 12 schöne Weiber, denn er bulirt gerne.«

Dirnen hin, Erzbischof her: Herzog Albrecht hatte postum sein Ziel erreicht. Zum ersten Mal in ihrer Geschichte besaßen die Wittelsbacher eine Kurstimme und mit Köln eines der einflußreichsten geistlichen Fürstentümer, die angestrebte Sekundogenitur im Nordwesten des Reiches war aufgebaut, Sohn Ernst versorgt. Summa summarum eine Million Gulden hatte der Wahlkampf an Spenden, Geschenken und anderen »Sachaufwendungen« gekostet (»Nie habe ich käuflichere Leute gefunden, als in diesem Kölner Kapitel«, notierte 1583 vielsagend der Apostolische Nuntius Malaspina), 705 933 Gulden schlugen alleine für die Finanzierung des sechs Jahre währenden Kölner Krieges zu Buche – mehr als die Hälfte des bayerischen Gesamtaufkommens in dieser Zeit.

Aber: Bayerns Wacht am Rhein stand.

Das gekonnte Spiel der Bayern, stets einen Sohn des amtierenden Münchner Regenten am Rhein herrschen zu lassen, dauerte insgesamt 178 Jahre. Auf Ernst folgte dessen Neffe Ferdinand, auf diesen Maximilian Heinrich, dann kam Joseph Clemens.[10]

Dieser Herr, der Vorgänger von Clemens August, ist schon ein paar Zeilen wert, weil er eine wilde Phase kurkölnischer Geschichte einleitet. Und er ist ein ideales Beispiel dafür, wie die Zeit aus einem überschwenglichen, irrational handelnden Menschen einen ruhigen, gesetzten Charakter macht. Joseph Clemens, am 5. Dezember 1671 geboren, war schon mit 13 Jahren Bischof von Freising und Regensburg, mit 17 Jahren Kurfürst und Erzbischof von Köln – ein Mann der Kirche war er noch lange nicht. Er wollte Soldat sein, Heerführer, Ruhm ernten wie sein Bruder Max Emanuel, der im Kampf gegen die Türken Belgrad erstürmt – eine große militärische Tat –, und Ungarn zurückerobert hatte; den »Blauen Kurfürsten« nannten sie ihn, seine Gegner zitterten, wenn sein Name nur geraunt wurde. Aber Joseph Clemens war nicht von diesem Schlag, kein Haudegen und kein Gebieter. Die Natur hatte ihn benachteiligt, seine Brust und sein Rücken waren gleichermaßen krumm, Hämorrhoiden plagten ihn, er nahm zum Frühstück Eselsmilch und bildete sich danach ein, für den vor ihm liegenden Tag mehr Kraft zu haben.

Keiner seiner Träume wurde wahr, und die Unabhängigkeit, die ein Kölner Territorialherrscher eigentlich hätte besitzen können, wurde ihm aus der Hand genommen. Sein Bruder Max Emanuel ließ ihn ebenso als Marionette zappeln, wie es auch Frankreichs Sonnenkönig Ludwig XIV. tat, mit dem er paktierte – trotz dessen Rolle bei seiner Wahl zum Kölner Erzbischof.[11]

Joseph Clemens glich die politische Minderwertigkeit mit hektischem Lebenswandel aus. Er jagte und spielte, eine von ihm selbst verfaßte Liste von Neujahrsgeschenken für seinen Hofstaat sprüht vor feinem Witz: Die Herren Hofkapläne sollen »das römische Ceremoniale bekommen, damit selber es lernen können«, die Trompeter »einen Zungenlöser, damit sie eine schnellere Zungen haben, in dem Takt zu blasen«, die Oboisten »ein paar Brillen, damit sie den Takt besser sehen«, die adeligen Hofdamen »Nachtspiegel, damit sie darin ihre Fehler ersehen können, weil sonst niemand ihnen solche sagen darf«. »Ihro kurfürstliche Durchlaucht«, damit schließt die Geschenkliste, »geben sich selbst einen Schlaftrunk, damit sie in Ruhe leben können.«[12] Joseph Clemens freilich lebte mitnichten in Ruhe. Kaum waren die militärischen Auseinandersetzungen wegen seiner Wahl vorbei[13], bahnte sich ein Krieg europäischer Dimension an, in den der bayerische Kölner ebenfalls verwickelt wurde: der Spanische Erbfolgekrieg.

Der »Blaue Kurfürst« hatte für lange Jahre die Hoffnung hegen dürfen, in die ganz große Weltpolitik einsteigen zu können. Aus Max Emanuels (erster) Ehe mit der Kaisertochter Maria Antonia stammte ein Sohn, der als Erbe des spanischen Reiches heranwuchs – »schwindelnde Aussichten eröffneten sich dem kleinen Land: Ein bayerischer Kurfürst als König von Spanien, Herr über Mailand, Neapel, Sizilien, die Niederlande und die beiden Indien jenseits des Ozeans!«[14] Der Junge aber starb, ehe die diplomatischen Fäden zu einem festen Netz verarbeitet werden konnten; Frankreich schob einen Prätendenten vor, die Gegner reagierten schnell – der Krieg war da.

In den Vorabend dieser westeuropäischen Auseinandersetzung wurde an einem heißen Augusttag des Jahres 1700 ein Knabe geboren, bei dem nichts weiter auffiel als seine stark ausgeprägte Nase: Clemens August Maria Hyazinth von Bayern.[15] Sein Geburtsort ist Brüssel, wo sein Vater Max Emanuel als Generalstatthalter der spanischen Niederlande residierte. Drei Kinder hatte Max' zweite Frau Therese Kunigunde, eine Tochter des Polenkönigs Johann Sobieski, bereits zur Welt gebracht.

Über die Geburt des Jungen und über seine ersten vier Lebensjahre ist so gut wie nichts bekannt. Dies liegt sicherlich nicht nur an fehlenden oder an durch Kriege und Feuer vernichteten Archivbeständen. Es ist eher so, daß ein Interesse gerade an den ersten Lebensjahren des kleinen Clemens August zwangsläufig untergehen mußte in den lebensbedrohlichen Wirren dieser Zeit. Die frühesten markanten Daten orientieren sich konsequenterweise an Schlachten und Bündnissen, politisch-militärischen Fehlern und Friedensschlüssen. Als Clemens August ein halbes Jahr alt war, schloß (1701) sein Onkel Joseph Clemens mit Ludwig XIV. jenen Pakt, von dem schon kurz die Rede war. Dieser Vertrag ließ wieder einmal Soldaten marschieren. Frankreich schickte Truppen an den Rhein, um seinem kleinen Bundesgenossen zu sekundieren, der vom Kölner Domkapitel angerufene Kaiser konterte mit einer Reichsarmee – Köln als Zankapfel, als Auf- und Durchmarschgebiet, als Land des Leidens: Wie oft eigentlich schon?

Seinen Wunsch vom tapferen Heerführer konnte Joseph Clemens ausgerechnet in einer Zeit nicht realisieren, da sein eigenes Territorium unter Beschuß lag. Die französischen Generale ließen ihn nicht ans Kommando, und als er es einmal auf eigene Faust versuchte, degradierte er sich selbst zur Karikatur eines Soldaten. »Der Kurfürst von Köln ist vor etlichen Tagen mit einigen tausend Mann in das Bergische eingefallen und hat in seiner Gegenwart unterschiedliche Dörfer und Manns- und Weibspersonen ausplündern und den armen Leuten alles Vieh wegnehmen lassen. Bei dieser Exekution hat gedachter Kurfürst auf einer Trommel gesessen und sein Breviarium[16] gebetet, welches Gebet ohne allen Zweifel durch die Wolken gedrungen ist; als aber Alarm gekommen, daß man einige holländische Reiterei sehe, so ist er mit seinen geraubten Ochsen eilends wieder über die Brücke zu Bonn zurückgegangen, und haben die Franzosen, so mit ihm gewesen, sich so sehr geeilt, über die Brücke zu kommen, daß die davon in den Rhein gefallen und ersoffen sind. Bei dieser Aktion hat sich der Kurfürst auch als ein Erzbischof erwiesen, indem er einen Pfarrer visitieret, aber dabei hat ganz ausplündern lassen.«[17]

Als Joseph Clemens der Boden unter den Füßen zu heiß wurde, floh er nach Frankreich. Seine Umgebung ließ er am Tag der Flucht (12. Oktober 1702) über seine wahren Absichten im dunkeln; er gab vor, auf Jagd zu gehen – in Wahrheit schloß er sich den französischen Truppen an, die im Herbst über Luxemburg in Richtung Heimat zogen.

Clemens August war vier Jahre alt, als sein Vater Max Emanuel sich ebenfalls zur Flucht entschloß. Auch er war wie sein Bruder Joseph Clemens Parteigänger Ludwigs XIV., auf dessen Hegemoniebestrebungen alle anderen bedeutenden deutschen Fürsten politisch geantwortet hatten – indem sie sich dem Kaiser anvertrauten, der wiederum mit England verbündet war. Max Emanuel sah sich zum Rückzug aus Bayern nach Brüssel und später Paris gezwungen, nachdem die französisch-bayerische Armee bei Höchstädt (August 1704) eine knappe Niederlage erlitten hatte. »Abends acht Uhr ... war das große blutige Drama zu Ende. Eine der gewaltigsten Feldschlachten, welche man im Abendland bisher erlebt: Die Sieger zählten gegen 12 000 Tote und Verwundete, der Verlust der Franzosen und Bayern wurde auf 14 000 geschätzt, und dazu kamen etwa 13 000 Gefangene, unter ihnen der feindliche Heerführer ... Ein Ereignis wie die Kapitulation der 9 000 Franzosen in Blindheim hatte in der Kriegsgeschichte nicht seinesgleichen. Es war die erste große Niederlage Ludwigs XIV. Nicht von einer Übermacht errungen, sondern im Wettstreit zweier fast gleichstarker Armeen. Der Glaube an die Unüberwindlichkeit französischer Heere und Marschälle erlitt einen empfindlichen Stoß ...«[18]

Max Emanuel und sein Koalitionspartner waren nicht vernichtend geschlagen; aber eine Niederlage bleibt eine Niederlage mit allen Konsequenzen für den Besiegten, der sich einst für seinen erstgeborenen Sohn das spanische Weltreich erhofft hatte. Unmittelbar nach der Höchstädter Niederlage wollte seine Frau samt Kindern ihm ins Exil nachreisen, obgleich sie schwanger war. Als die Familie den ausgemachten Treffpunkt Memmingen im Allgäu erreichte, war nicht Max Emanuel da, sondern ein Kurier: Er sei gezwungen, ließ der Vater brieflich wissen, »eine andere Richtung einzuschlagen und auf die geplante Vereinigung zu verzichten«.[19] Er spürte die Feinde auf seiner Spur; elf Jahre lang sollte der kleine Clemens August seinen Vater nicht mehr sehen.

Therese Kunigunde fuhr zurück nach Bayern, dessen Regierungsgeschäfte ihr übertragen worden waren. Wenige Monate später schon setzte sich der Kaiser selbst als

Verwalter ein. Ihr blieb, im Ilbesheimer Vertrag zugesichert, nur noch das Rentamt München »mit der Territorialobrigkeit, sämtlicher Erträgnis und Nutzen« (Vertragstext). Diese schriftliche Zusicherung war indes nicht viel wert. Am 16. Mai 1705 besetzten kaiserliche Truppen München; als Therese Kunigunde protestierte und erklärte, diese Aggression verletze die vertraglichen Vereinbarungen, antwortete der kaiserliche Truppenchef Prinz Eugen: Es sei konspiriert worden gegen seinen Gebieter, dies sei eine Vertragsverletzung, auf die hätte reagiert werden müssen. Therese Kunigunde ging nach Venedig ins Exil.

Während der Vater vor Sehnsucht verging (»Ich kann hier in Brüssel keine Mutter mit ihren Kindern auf der Straße sehen, ohne daß mir die Tränen in die Augen kommen«), wurde für die hohe Familie anfangs recht gut gesorgt. Sie behielt einen kleinen Hofstaat, der Kaiser selbst gab Order, »daß den kurfürstlichen Prinzen an ihrer Erziehung und Bedienung, auch anderen Notwendigkeiten nichts abgehe, noch im geringsten etwas Widriges, sondern vielmehr alle gebührende Ehr und Höflichkeit erzeiget werden«. Trotz aller Zugeständnisse und Versprechungen wurden die Kinder jedoch von allem, was sie liebten, immer mehr abgeschirmt. Vom Vater waren sie mittlerweile ein Jahr getrennt, im Sommer des Jahres 1705 verweigerten kaiserliche Soldaten der Mutter, nach einem Auslandsaufenthalt zurück zur Familie zu dürfen. Unterwürfig bat der älteste Sohn Max Emanuels, Karl Albrecht, als Wortführer seiner Geschwister den Kaiser um »gnädigste Protektion«, da »wir uns als gleichsam verlassene Pupillen[20] vorkommen«. Das schriftliche (und einen Monat später abgelehnte) Gesuch ging am 18. Juni ab, genau an dem Tag, als ihr kleiner Bruder Aloysius starb; auch dieser Verlust schmerzte sehr.[21]

Es war längst November, da tauchte am Münchner Hof eine mysteriöse Nachricht auf. Das heißt, es war eines jener Gerüchte, das auf dem kurzen Weg von einem Mund zum anderen Ohr immer gewaltiger wird. Bei einer zur Klärung des Vorfalls Monate danach angesetzten Gerichtsverhandlung erinnerte sich ein Zeuge an den Gang der Dinge. Eine Kammerdienerin habe erklärt, ihr habe ein Franziskanerbruder erzählt, abends in der Kirche gehört zu haben, wie jemand geflüstert habe, die Prinzen sollten entführt werden … Entführung!

Das Wort war heraus, und es elektrisierte erst die unmittelbare Umgebung der Kinder, dann die Stadt München und schließlich das ganze Land. Bauern und Wittelsbacher-Treue rotteten sich zusammen, um das geplante Polit-Kidnapping zu vereiteln; doch der Aufstand wurde von den österreichischen Besatzern bereits in der Anfangsphase niedergeknüppelt. Die damals aufgeworfene Frage und Behauptung, Max Emanuel sei von Brüssel aus der Drahtzieher der Aktion gewesen, läßt sich nicht beweisen. Der Kaiser aber glaubte, einen weiteren Beleg für Max Emanuels Gefährlichkeit gefunden zu haben und forcierte nun die Reichsacht gegen seinen ehemaligen Schwager und dessen Bruder Joseph Clemens, den Kölner. Trotz erheblicher Proteste – unter anderem warnte Preußen vor einem solchen Schritt – wurden die beiden Wittelsbacher am 29. April 1706 geächtet; Clemens August war zu diesem Zeitpunkt knapp sechs Jahre alt. Die Reichsacht gegen den Vater und den Onkel freilich war nicht die letzte kaiserliche Pression. Es sollte für die Kinder noch schlimmer kommen.

An einem schönen Maimorgen werden Clemens August und seine Brüder Karl Albrecht, Philipp Moritz und Ferdinand Maria sehr früh geweckt. »Wir machen einen mehrtägigen Ausflug. Zieht euch schnell an«, sagt einer der Kammerdiener. »Wo ist Maria?« fragt Karl Albrecht, der älteste. Maria Anna Karoline ist neun Jahre, Johann Theodor acht Monate und Max Emanuel anderthalb Jahre alt. »Die drei bleiben hier, ihr vier fahrt alleine«.

Die schwerbewaffneten Soldaten, die den Konvoi begleiten, lassen keinen Zweifel zu: Max Emanuels Söhne starten nicht in einen Urlaub – sie werden weggebracht, weggeschafft als Gefangene des Kaisers; so also läuft die geplante Entführung ab, die die bayerischen Bauern und Patrioten mit Dreschflegeln und Holzknüppeln verhindern wollten. Kein gewaltsames Kidnapping, es fließt kein Blut. Aber der Kaiser hat sich der Prinzen bemächtigt.

Die Fahrt geht in Richtung Innsbruck, nächstes Ziel ist Klagenfurt. Unterwegs wird Prinz Ferdinand Maria krank; fünf Tage muß er mit Windpocken das Bett hüten. Am 10. Juni 1706 erreicht die Reisegesellschaft wider Willen Kärntens Hauptstadt Klagenfurt. Im Portia'schen Haus wird sie einlogiert.

Den Kindern geht es recht gut. Zwar bekommen sie neue Erzieher, aber die meisten Mitglieder des kleinen,

30köpfigen Hofstaates kennen sie ja aus München; das lindert ein bißchen den Schmerz der Trennung. Ihr Tagesablauf in Klagenfurt sieht so aus: Um acht Uhr müssen sie aufstehen, bis neun Uhr angekleidet sein und das Morgengebet gesprochen haben. Um neun Uhr wird eine Messe gelesen, von zehn bis 12 dauert der vormittägliche Unterricht. Punkt 12 Uhr ist Mittagessen, danach haben die Prinzen zwei Stunden Freizeit. Von zwei bis vier Uhr wird der Unterricht fortgesetzt. Am späteren Nachmittag und abends geht man in der Stadt spazieren oder stattet einen Besuch beim Kärntner Landeshauptmann ab.[22] Auch kindliche Spiele und andere Vergnügungen kommen nicht zu kurz. Im Herbst gehen die Prinzen oft auf Vogeljagd, der Karneval wird ausgiebig gefeiert. Clemens August tritt als holländischer Bauer auf, Karl Albrecht als Jäger, Philipp Moritz als Fischer und Ferdinand Maria als Schweizer. Die Kostüme sind allesamt aus feinster Seide geschneidert.

Brieflicher Kontakt zu den Eltern ist den Jungen verboten; auch die Namen von Vater und Mutter dürfen in offiziellen Gesprächen nicht genannt werden. Mit dieser strengen Maßnahme will man vermeiden, daß es zu Gefühlsausbrüchen der Kinder kommt. So hart dieses Verbot auch erscheint – es dient letztendlich dem Zweck, aufkeimende Harmonie zwischen den Gefangenen und ihren Aufsehern nicht zu zerstören.

Vater Max Emanuel im fernen Brüssel denkt naturgegeben anders. An seine Frau schreibt er: »Welch ein Tyrann ist der Kaiser! Ich versichere Ihnen: Solche Taten werfen einen unauslöschlichen Makel auf den Täter, sind etwas Unerhörtes, noch nie Dagewesenes im Reich. Kaum hat jemals ein Tyrann so gefrevelt gegen die Gesetze des Anstandes und das Recht der Völker und Fürsten.«[23]

Der »Blaue Kurfürst«, der Haudegen von Belgrad, der Soldatenführer faßt abenteuerliche Pläne ins Auge. Darauf ist er spezialisiert, unmöglich scheinende militärische Operationen kann er möglich machen. Er will seine Kinder befreien – aber wie? Persönlich darf er keinen gewaltsamen Einsatz leiten; er ist geächtet und damit vogelfrei. Max Emanuel versucht sich im Exil als Diplomat: Bruder Joseph Clemens solle beim Papst intervenieren, der Doge von Venedig wird ebenso um Vermittlerdienste gebeten wie die Königin von England. Von Anfang an aber ist er sich klar darüber, daß die Aussichten auf Erfolg gering sind: »Die Kaiserlichen haben einmal beschlossen, unsere ganze Familie in Sklavenbanden festzuhalten ...« Seine Frau Therese Kunigunde beruhigt er: »Unsere Kinder haben ein gutes Herz. Und wenn man sich auch Mühe gibt, sie Vater und Mutter vergessen zu machen, so werden wir sie schon wieder daran erinnern und ihnen begreiflich machen, was sie uns schuldig sind, und der Rest der falschen Grundsätze und Empfindungen wird dann nicht schwer auszurotten sein.« Damit spielt Max Emanuel auf eine angebliche Äußerung seines ältesten Sohnes Karl Albrecht an. »Mein Vater«, soll dieser in Anbetracht Max Emanuels franzosenfreundlicher und gegen das Reich gerichteter Haltung an den Kaiser geschrieben haben, »hätte noch strengere Strafe verdient.«[24] Kindliche Fehleinschätzung der politischen Vergangenheit oder gar der raffinierte Versuch eines gerade zehnjährigen Jungen, den Vater zu belasten und dadurch für seine Brüder und sich eine noch bessere Behandlung zu erreichen?

Etwa zur gleichen Zeit startet die innereuropäische Politik zu einer Berg- und Talfahrt. Der Pfälzer Kurfürst will vom Kaiser endlich den Lohn für treue Unterstützung während des Spanischen Erbfolgekrieges und verlangt weite Teile des bayerischen Besitzes. Brandenburg und Sachsen stimmen dagegen und geben zu bedenken, daß Max Emanuel bei einem etwaigen Friedensschluß ja zurück in die Heimat dürfe; Mainz und Trier halten es mit dem Pfälzer. Sie argumentieren gar, daß die gefangenen Söhne Max Emanuels »rechtlich als tot« anzusehen seien.

Ein hartes Wort. Dem Kaiser gelingt es schließlich, alle stimmberechtigten Mitglieder des Kurkollegiums auf einen Nenner zu bringen: Die Pfalz bekommt die (bayerische) Oberpfalz und die Grafschaft Cham; der Kaiser selbst nimmt sich die weiten Lande zwischen Salzburg und Passau – was bleibt, ist der karge Rest München mit der näheren Umgebung. Ein Feigenblatt, wie der Kaiser zugibt: »In diesem Stück will ich lieber die Gnade vor Recht gehen lassen als mich selbst durch die Unterdrückung des unglücklichen Nachbarn zu bereichern.« Zwischen sich und »anderen Ständen wolle er keine Jalousie zuziehen«. Keine Jalousie, das heißt: Nicht noch mehr Eifersucht, nicht noch mehr Ärger als schon vorhanden, die Brücken nicht abreißen. So dumm ist der Kaiser nicht, nein.

Clemens August ist zehn Jahre alt, als diese Entscheidung fällt. Die Zukunft scheint immer dunkler, über der Isar sind schwarze Wolken aufgezogen; bleibt die Trennung von den Eltern ewig bestehen? Hat denn niemand ein Herz mit den jungen Burschen, die »rechtlich tot« sind, aber gerade erst wenige Jahre leben? Sie wissen, wie es um die Heimat ihres Geschlechtes bestellt ist. Sie wissen aber nicht, daß es in der Neuformation des Reiches bereits gärt; daß es Geheimverhandlungen ihres Vaters mit Engländern und Holländern gibt, um die Bundesgenossen des Kaisers zu einem Separatfrieden zu bewegen.

Max Emanuels Versuche haben keinen Erfolg; doch da stirbt der Kaiser, und sein Nachfolger kennt andere politische Prinzipien. Leise, aber beständig, betreibt er eine Annäherung an Frankreich, Max Emanuels und Joseph Clemens' Verbündeten. Der Kurs des neuen Kaisers[25] wirkt sich auch aus auf die Reichsgefangenen, die Söhne des geächteten Bayern. Sie werden 1712 von Klagenfurt nach Graz gebracht, wo man sie ausgesprochen höflich und gütig umsorgt und »sie fürstmäßig erzieht«.

Die Order des Kaisers wird von der Familie der Prinzen und den Wittelsbach-Anhängern gründlich mißverstanden. Es ergießt sich eine zweite Welle von Verdächtigungen und Befürchtungen, den geliebten Kindern könnte es schlecht gehen, sie würden grausam behandelt, als Gefangene seelisch gequält. Die Mutter überfällt Schmerz und Zorn, und der Kaiser muß sich den Vorwurf gefallen lassen, er wolle die Prinzen als Geiseln be-

halten und sie beim fälligen Friedensschluß nur auslie-
fern, wenn die Familie Bayern hergebe.

Nein, der Kaiser hat mit dem ältesten Wittelsbacher
etwas ganz anderes vor. In Graz wird das Gerücht kol-
portiert, er wolle seine Tochter mit Karl Albrecht ver-
mählen. Eben noch Gefangener, jetzt bereits Schwieger-
sohn in spe? Karl Albrecht, 15 Jahre jung, glaubt freilich
die Realitäten zu kennen: »Wie könnte ein Gefangener
davon träumen, daß ihm die Tochter eines Kaisers die
Hand reichen würde!« Die Grazer hören den geschliffe-
nen Satz mit Staunen. »Selbst ein reifer Mann hätte keine edlere und klügere Antwort finden können.«[26]

Wie schon in Klagenfurt, werden die mittlerweile
fünf bayerischen Prinzen[27] auch in Graz vorbildlich unterrichtet. Nach Morgengebet und Frühstück beginnt
um neun Uhr die Schule, die mit der mittäglichen Un-
terbrechung stets bis 16.30 Uhr beziehungsweise 17 Uhr
dauert. Clemens Augusts Lehrer ist der Jesuitenpater
Adlmayer, ein hochgebildeter Mann. Von 17 bis 18 Uhr
kommt ein Tanzmeister, die Stunde danach ist Musik-
zeit. Clemens August, Karl Albrecht und Ferdinand
Maria schlagen Laute, Johann Theodor spielt Gitarre,
Philipp Moritz bläst Flöte. Um 19 Uhr wird zu Abend
gegessen, bis 21 Uhr darf jeder machen, was er will;
dann gehen die Prinzen ins Bett. Clemens August kann
minutenlang vor einem Spiegel stehen und sich die Haare bürsten. Er liebt sein braunes, glänzendes Haar, und
er kümmert sich darum mit fast zärtlichen, mädchenhaf-
ten Gebärden. Ja, man könnte tatsächlich meinen, ein
Mädchen säße da vor dem Spiegel ...

Sieben Jahre sind die bayerischen Prinzen bereits Gefangene, als sich Westeuropa über die Unsinnigkeit des Krieges endgültig klar wird. In drei aufeinanderfolgenden Friedensschlüssen (Utrecht, Rastatt, Baden im Aargau) sortieren die kriegführenden Mächte den halben Kontinent neu, Max Emanuel erhält »aus Gründen der allgemeinen Ruhe« Länder und Würden zurück, sein Bruder Joseph Clemens darf wieder Kölner Boden betreten. Das 12jährige Exil hat diesem Hallodri gut getan; er wurde nach langen inneren Kämpfen doch noch Geistlicher und am 1. Mai 1707 zum Bischof geweiht. Sechs Tage später empfing er das erzbischöfliche Pallium, jenes mit sechs Kreuzen verzierte, wollene, liturgische Amtszeichen des Metropoliten. »Es läßt sich nicht bestreiten, daß der Kurfürst ein religiöses, ja in äußerlichen Dingen frommes Leben führte und die Pflichten seines Amtes im Ganzen treu erfüllte.«[28]

Am 7. September 1714 wird der Frieden von Baden geschlossen, am 8. April 1715 treffen die Prinzen auf Schloß Lichtenberg ein. Die Eltern erkennen die Kinder nicht wieder, so sehr sind sie gewachsen und haben sich verändert. Clemens August wird 15, Karl Albrecht 18. Während die Prinzen bemerkenswert zurückhaltend Max Emanuel und Therese Kunigunde begrüßen, sind die Eltern zu Tränen gerührt. »Da beeilten sie sich, ihrer Freude Ausdruck zu geben.«[29]

Drei Tage später zieht die Familie in München ein, in ihr München. Der Empfang ist ein einziger Triumph für Max Emanuel; »er ist der Ausdruck einer ans Irreale grenzenden Verehrung für diesen Herrscher, der seinem

Land Not und Leiden auferlegt hat wie kaum einer zuvor. In Max Emanuel hatte das bayerische Selbstbewußtsein seine Verkörperung gefunden.«[30]

Max Emanuel erkennt natürlich, daß alle Behauptungen über eine harte und grausame Gefangenschaft seiner Söhne Unsinn oder auch möglicherweise Propaganda waren. Er dankt dem Kaiser für »die beste Erziehung« und glaubt sogar schreiben zu müssen, daß »ich und sie, meine Prinzen, uns solch kaiserlicher und königlicher höchsten Gnaden zu aller Zeit lebenslang untertänigst erinnern«.

Nach ihrer Rückkehr in die Münchner Residenz wurden Erziehung und Ausbildung der Prinzen fortgesetzt; gegenüber Klagenfurt und Graz änderte sich nicht viel – nur bestimmte jetzt der Vater. Clemens August wurde nun in der »5ten Schuell oder Poesi« unterrichtet, neben Musizieren, Fechten und Tanzen sollten die jungen Herren die »französisch- und welsche Sprache« lernen und Latein. An den Samstagvormittagen wurde der Wochenstoff wiederholt, der Nachmittag galt der biblischen Geschichte. An Sonn- und Feiertagen beschäftigten sie sich mit Zeitungslesen, der Architektur, der Kosmographie, der Arithmetik und »andern solchen leichtern und zu ergötzlichkeit dienenden Scientien.«[31] Max Emanuel bestand darauf, daß seine Söhne neben Ritter- und Ballspielen vor allem »in dem Waidtwerch, schiessen aus den Feur Röhren, Fischen und dergleichen sachen, welche zwar zu einer diversion angesehen, aber die Persohn zu grösseren sachen langsamer machen, erlustiget werden mögen«.

Doch der »Blaue Kurfürst« wäre kein Wittelsbacher, dächte er nicht auch sofort wieder an die Konstruktion eines Machtgefüges. An der Isar ist die Sonne längst wieder aufgegangen, die schwarzen Wolken sind vertrieben. Clemens August muß wie so oft den Spott seiner Brüder ertragen. Seine ganze Liebe gehört immer noch den Haaren, die er hegt und pflegt. Die Brüder zerren daran, ärgern ihn wegen seines Haarfimmels, er bittet, sie mögen doch aufhören. Da preßt er's aus sich heraus: »Ich hoffe, daß ich bald ein viel größerer Herr bin als ihr!«

DER HERR VON FÜNFKIRCHEN

Geistliche Studien beim Papst in Rom
Staatsmann Ferdinand von Plettenberg
Das Duell und die Melancholie

Frankreich-Heimkehrer Joseph Clemens plagten Sorgen. Geld, Geld und nochmals Geld. Immer, wenn er Sorgen hatte, war der Mangel an Geld mit schuld daran: »Manchmal besaß er kaum soviel, daß er die Trüffel, welche nie auf seiner Tafel fehlen durfte, hätte bezahlen können.«[1]

Seinem Bruder in München, Max Emanuel, ging es entschieden besser. Er besaß das nötige Kapital, für die Zukunft der Kinder sorgen zu können; zumindest hatte er die besseren Verbindungen zu Finanziers. Sein Ziel aber hieß nicht nur, die Söhne standesgemäß zu versorgen. »Es kam ihm in erster Linie darauf an, die Macht seines Hauses zu erweitern.« Doch »zweifellos spielte neben dem überkommenen Minderwertigkeitskomplex des bayerischen Hauses gegenüber der habsburgischen Großmacht das persönliche Moment eine Rolle. Der leidenschaftliche Wittelsbacher, dessen Ehrgeiz und Hochmut das Maß für Wirklichkeit und Möglichkeit bei ihm nicht selten verschwimmen ließen, hegte im stillen den

Plan, nach dem Tode Kaiser Karls VI. die habsburgischen Niederlande, zu deren Erlangung er sich im Spanischen Erbfolgekrieg auf die Seite Ludwig XIV. geschlagen hatte, wie auch die Kaiserkrone an sein Haus zu bringen«.[2] Ein hochfliegendes Projekt.

Zwei Figuren seines diplomatisch-politischen Schachspiels wollte er in die entscheidenden Positionen schieben: Philipp Moritz und Clemens August. Während der älteste Sohn Karl Albrecht laut Primogeniturgesetz seine Nachfolge als bayerischer Herrscher anzutreten hatte, sollten dessen Brüder in den geistlichen Stand eintreten. Für Clemens August wurden die Hochstifte Freising und Regensburg (später auch Speyer) ins Auge gefaßt, der ältere Philipp Moritz bereitete sich darauf vor, die Ämter seines Onkels Joseph Clemens in Nordwestdeutschland zu übernehmen.

Doch Joseph Clemens war anscheinend nicht sonderlich fixiert auf die Pläne des Bruders. Erstens meinte er selbst noch genug Chancen für Ämter zu besitzen (er hoffte auf die Herrschaft in Münster, »welche einen Herrn formidabel macht«[3]); zweitens bereitete ihm, dem abergläubischen Menschen, der Gedanke an einen Nachfolger und damit an das nahende Ende, arge Not; und drittens favorisierte er nicht Philipp Moritz, sondern seinen Neffen Clemens August.

Schon 1715 wollte Joseph Clemens ihn zu seinem Koadjutor[4] machen, obgleich er selbst erst 44 Jahre alt war. Der Kurfürst überlegte lange; dann aber verwarf er diese Absicht, weil ihm der 15jährige zu jung und ungefestigt schien. »Er ist fromm, steht nachts auf und betet den Rosenkranz«, schrieb Joseph Clemens an seinen Kanzler Karg von Bebenburg, »er ist ein haupt gutter Kerl, still, aber das beste Gemüth von der Welt.« Aber er schrieb auch: »*Il ne pay certainement pas de sa personne, mais il est un très grand colin.*« Er stehe nicht mit seiner Person ein und sei eine sehr große Blindekuh.[5] Hatte Joseph Clemens da nicht übertrieben? Hatte er den Neffen etwa verkannt? Am Ende des Jahres stellte der amtierende Papst dem jungen Bayern das Wählbarkeitsbreve für Regensburg aus; damit erlaubte er ihm per apostolischem Brief, sich hier zum Bischof wählen zu lassen. Dies geschah auch am 26. März 1716 mit der großen Mehrheit von 13:1 Stimmen. Clemens August war noch keine 16 Jahre alt und doch schon in hohem Amt.

Kurz danach reisten er und sein Bruder Philipp Moritz nach Rom, begleitet von einem fast 80köpfigen Hofstaat. So arg war der Prunk für die Verhältnisse nicht, und den gewünschten Eindruck schindete er auch nicht. Vorerst nicht. Die Prinzen sollten sich ins Herz des Papstes schleichen, von dessen Fürsprache viel für die Zukunft des Wittelsbacher Hauses abhing. Clemens August wollte ihm die Erlaubnis für Freising abringen, Philipp Moritz die für die nordwestdeutschen Territorien. Die jungen Herren freilich gaben nicht ihr Inkognito preis – und der Papst und seine Kardinäle der verschiedenen Kongregationen weigerten sich, Gäste inkognito zu empfangen.[6]

Die Weigerung des Papstes drang sowohl nach München als auch nach Wien an den kaiserlichen Hof. Man empörte sich über die schroffe Haltung der höchsten Geistlichkeit, die auch Diskussionsthema im Kabinett war. Beamte gaben sich ans Aktenstudium, um die ungeheure Vermessenheit des Papstes mit Parallelfällen vergleichen zu können. Tatsächlich fanden sie einen Vorgang – einen Vorgang, der ihnen recht gab: Schon einmal hatte ein Papst einen Prinzen inkognito empfangen, warum dann diese Zurückhaltung bei Clemens August und Philipp Moritz, warum diese Brüskierung? Der Papst gab schließlich nach. Am 16. März 1717 empfing er die Wittelsbacher zum persönlichen Gespräch. Und sie gefielen ihm, die jungen Herren.

Beide studierten unter seiner persönlichen Aufsicht. Philipp Moritz, ein wortgewandter, mutiger, kecker Bursche ohne sonderlich gute Manieren; Clemens August, der zurückhaltende, leicht unterdrückbare und formbare Junge, der sich in Rom erstmals mit seiner Lebensperspektive auseinandersetzt: Ich ein Geistlicher, ein Bischof, ein Seelsorger und Diener vor dem Herrn?

So jung Clemens August ist: Er zweifelt. Und er barmt und ärgert sich, weil seine langen Haare geschoren werden. Es drängt ihn, diese Sorge dem Vater mitzuteilen; Max Emanuel antwortet: »Wenn Du mit Verdruß Deine Haare hast abschneiden lassen, hab ich's empfunden, denn sie schön gewesen. Allein diese Unlust wird Dir hundertfach mit allen zeitlichen und ewigen Vergnügungen vergolten werden, wenn Du, wie ich nicht zweifle, einen guten Vorsatz hast, in Deinem Stand zu verharren.«[7]

Die Brüder befaßten sich auch eifrig mit dem Studium der Logik, der Physik und der Philosophie, beide gaben mehrfach in öffentlichen Disputationen Proben des Fortschritts. Die Zeit für Zerstreuung war dennoch reichlich bemessen. Sie gingen ins Theater, auf Gesellschaften und unternahmen Ausflüge in die Umgebung der Ewigen Stadt. »Unß schlagt Gott lob die Romaner luft noch biß dato ganz wohl an«, schrieb Clemens August am 17. April 1717 in eigenwilliger Orthographie an seinen Onkel Joseph Clemens. »Berichte Euer Churfürstl. Durchl., daß wir schon zweymahl die gnad gehabt, Euer Päbstliche Heiligkeit den fueß zu küssen, ware allezeit gar obligant gegen Unß, hat Unß vergangene Wochen daß regement geschickt, in welchen alle stunden des tagß aufgetheilet, ware ein recht freud ihm in den charwochen alle functionen verichten zu sehen, deren wir keine ausgelassen.«[8]

Während die Brüder zügig lernen, zählt Max Emanuel daheim jeden Taler. Sein großes Ziel heißt jetzt, für Philipp Moritz die Koadjutorie in Münster zu erkaufen. Zu erkaufen, denn ohne Geld geht nichts in diesem Geschäft. Und die Chancen stehen nicht schlecht. Der amtierende Bischof Franz Arnold von Wolff Metternich zur Gracht zeigt durchaus Neigung, einen Koadjutor anzunehmen; Karl Joseph von Lothringen, Kurfürst von Trier und bis dato aussichtsreichster Aspirant, war bereits Heiligabend 1715 an den Blattern gestorben – gerade 36 Jahre jung.

Bischof Franz Arnold ist kein unbescheidener Mensch. Der von Max Emanuel mit dem Wahlmanagement be-

auftragte bayerische Generalwachtmeister Graf von Seiboltsdorf[9] meldet nach München, der Bischof sei für
eine Koadjutor-Wahl bereit, »wenn das Haus Bayern
dreimal 100 000 Taler[10] Schulden, welche er noch selb-
sten zur Erlangung des Stifts hatte machen und negoti-
ieren müssen, vor ihn abtrüge und bezahle«. Johann
Adolph von Wolff Metternich zur Gracht, der Bruder
des Bischofs, forciert dessen Interesse: Auch er, der kurkölnische Geheime Rat und Obermarschall, bekommt
von Franz Arnold noch einen dicken Batzen Geld. Fast
200 000 Taler.

Seiboltsdorf rät dem Bayern, die geforderte Summe
zu zahlen. Der Besitz von Münster, meint der Generalwachtmeister, eröffne auch gute Aussichten auf Paderborn und Osnabrück. Max Emanuel hört diese Botschaft gern. Nach außen hin freilich läßt er erkennen,
daß er nur »unter Weh und Ach« zur Zahlung bereit
sei.

Noch aber hat Max Emanuel sein Ziel nicht erreicht.
Joseph Clemens spielt auch weiterhin mit dem Gedanken, in Münster einzuziehen, Holländer, Engländer und
der Kaiser wollen engagiert bis halbherzig die Wahl eines Wittelsbachers verhindern, außerdem gibt es einen
ernstzunehmenden Gegenkandidaten: den Kölner Dompropst, Erzbischof von Gran sowie Bischof von Raab
(beides in Ungarn), Kardinal Christian August von Sach-
sen-Zeitz. Ein interessanter Mann, dieser Christian August. Dritter Sohn des Herzogs Moritz von Sachsen und
erster Angehöriger des sächsischen Hauses, der wieder
zum katholischen Glauben konvertierte; finanziell recht

schwachbrüstig, aber Favorit des Kaisers und auch des Kölner Nuntius. Allein der preußische König ist gegen ihn, da man »ihn für noch gefährlicher hält als einen bayerischen Prinzen, weil er absolut von dem kaiserlichen Hofe dependierte, auch für die evangelischen … Fürsten im Reich ein böses Exempel gäbe, wenn von der evangelischen Religion zu der katholischen tretende Prinzen zu dergleichen großen … Bischofstümern … gelangten.«[11]

Der wandlungsfähige Kardinal sieht allerdings schnell ein, daß er die Finger von Münster lassen solle. In einer Diskussionsrunde mit bayerischen Gesandten rechnet er vor, daß allein das Erzbistum Gran »ein mehres in den jährlichen Einkünften als das Bistum Münster abwerfe«; auf Gran und Raab aber müsse er im Falle seiner Wahl verzichten.[12]

Auch Joseph Clemens macht nun einen endgültigen Rückzieher, und Frankreich ebnet für den alten Bundesgenossen Bayern politische Hindernisse ein. Am 25. Dezember 1718 stirbt Münsters Bischofs Franz Arnold, und auch Paderborn ist mittlerweile vakant. Obgleich Max Emanuel bis zum jetzigen Zeitpunkt bereits 500 000 Taler für die angestrebte Doppelwahl geopfert hat[13], drohen wiederum massive Schwierigkeiten. Aus Münster wird bekannt, daß sich nach dem Tode Franz Arnolds 15 Mitglieder des Domkapitels unter Eid verpflichtet haben, nur einen Kandidaten aus den eigenen Reihen (ex gremio) zu wählen. Vier Kapitulare rechnen sich Chancen aus. Der Dompropst selber, dann der Finanz- und Wirtschaftsexperte des Kapitels und zwei Domherren.

Einer von ihnen, Christian Franz Dieter von Fürstenberg zu Herdringen, habe die Mitra[14] bereits »stark im Kopfe«.

Max Emanuel hat in seinem abenteuerlichen Leben natürlich gelernt, Fallen zu stellen und mit Finten zu operieren. Seine bayerischen Wahlmanager bringen ein angeblich vom Dompropst verfaßtes (gefälschtes) Schreiben unters Volk, in dem dieser verspricht, sich für den Wittelsbacher Kandidaten einzusetzen. »Außerdem streute man das Gerücht aus, der Dompropst wolle seine Stimme lieber dem ›großen Mogul‹ als dem Domkellner (dem Verwalter des Stiftsvermögens, d. Verf.) von Westphalen geben«[15] – also nicht jenem Finanz- und Wirtschaftsexperten des Kapitels.

Der schmutzige Trick zieht. Die Fronten im Domkapitel bröckeln, die Kapitulare halten sich nicht mehr an den eigenen Eid, für Philipp Moritz ist plötzlich die Mehrheit da – sowohl in Paderborn als auch in Münster. Am 14. März 1719 wird er einstimmig zum Bischof von Paderborn gewählt; vier Tage später trifft ein Melder am Münchner Hof ein und überbringt die gute Nachricht. Fast zur selben Stunde aber hetzt aus Rom ein Eilbote heran und hat eine schlechte Nachricht: »Philipp Moritz ist tot!« An den Blattern ist der junge Prinz gestorben, ganz plötzlich und ohne lange zu leiden. In der Münchner Residenz Max Emanuels und am Bonner Hofe Joseph Clemens' brechen Welten zusammen. Joseph Clemens spricht aus, was viele denken: »Gott hat offenbar sein Mißfallen über dieses simonisch ausgekünstelte Wahlwesen zeigen wollen.«[16] Drei Tage später, am 21.

März, tritt das münstersche Domkapitel zur Wahl zusammen; die Nachricht vom Tode Philipp Moritz' ist noch nicht bis in den Norden gedrungen: Man kürt einen Toten zum Bischof von Münster.

Ist etwa alles vergebens gewesen? Hatte Max Emanuel ein Vermögen verpulvert, um jetzt nichts als Gegenleistung zu bekommen? Ein junger Diplomat, Ferdinand von Plettenberg, wird aktiv; er hatte bereits an Stelle des erkrankten Seiboltsdorf den Bayern wertvolle Schrittmacherdienste geleistet. »Allein unser Graf von Plettenberg war nicht saumselig, die Sache bei den Domkapiteln durch Vorschub des päpstlichen Hofes so einzufädeln, daß statt des verstorbenen Prinzen dessen Bruder Clemens August zum Fürsten und Bischof zu Münster und Paderborn erwählet wurde.«[17] Und der Papst in Rom sieht ein, daß er das bayerische Kurhaus »in diesem ganzen desolaten Zustand in etwas zu konsolidieren müsse«[18] und stellt das Wahlbreve für Clemens August aus. Am 26. und 27. März 1719 – nur eine knappe Woche nach Philipp Moritz' Wahl – wird Clemens August auf die beiden Bischofsstühle berufen. Geistlicher freilich ist er zu diesem Zeitpunkt noch nicht.[19]

Derweil studiert Clemens August weiterhin in Rom. Erst Ende April verläßt er die Heilige Stadt und kehrt zurück nach München. Der Vater eröffnet ihm, was die diplomatischen Anstrengungen gekostet hatten: Seiboltsdorf kassierte für seine Aktivitäten in Münster 100 000 Taler, Plettenberg für Münster und Paderborn 110 000 Taler, »die derselbe auf fünf verschiedenen

Quittungen empfangen hat«.[20] 210 000 Taler als Honorar für zwei Macher. Eine Summe, die sämtliche Rahmen sprengte; und Max Emanuel war erst am Anfang. Zwei Jahre später. Clemens August ist 22 Jahre alt, ein schlanker, hochgewachsener Mann von über 1,80 Meter Größe. Gebildet, gut erzogen, ein treuer Diener seiner Familie in München. Die sieben Jahre seit Ende der kaiserlichen Ehrenhaft in Klagenfurt und Graz waren vollgestopft mit Ereignissen und Episoden; jetzt ist er »der größere Herr«, der er stets sein wollte, wenn seine Brüder ihn, den nachgiebigen Charakter, ärgerten.

Sein Onkel Joseph Clemens ists augenscheinlich mit ihm zufrieden. Doch die Zeit hatte den alternden Kurfürsten geändert; er zeigt nur noch schwache Bereitschaft, Clemens August als seinen Nachfolger im Amte zu favorisieren, mehr: Er beginnt sich zu sträuben. In ihm wächst der Aberglaube, daß der Allmächtige ihn nach Bestellung eines Koadjutors sofort abrufen könnte. Plettenberg schaltet sich ein, der erfolggewohnte Manager. Max Emanuel zahlt wieder: diesmal 148 000 Taler.[21] Wer alles kassierte? Joseph Clemens hat sicherlich die Hand weit aufgehalten; seine Geldnot ist ja hinlänglich bekannt.

16 Mitglieder des Kölner Domkapitels treten am 9. Mai 1722 zur Wahl des Koadjutors zusammen. Der Kandidat mit den größten Chancen: Clemens August. Acht fehlen, von den anwesenden zehn Domgrafen lassen sich vier vertreten. Die Liste der Kapitulare liest sich wie ein Stück deutscher Adelsgeschichte, illustre Namen und Titel. Da ist der Dompropst Christian August von Sach-

sen-Zeitz (den wir schon kennen), zum Zeitpunkt der Wahl 55 Jahre alt; der Domdechant heißt Herzog Philipp von Croy (69), den Montesquieu als weichen, friedlichen Menschen beschreibt, dessen Geliebte ihn aber »wie einen Hund behandelt«.[22] Graf Johann Friedrich von Manderscheid-Blankenheim (44) ist Vizedechant, das Amt des Chorbischofs hat Graf Max Philipp von Manderscheid-Falkenstein-Kyll (43) inne. Es folgen der Scholaster Franz Georg von Schönborn (39), Pfalzgraf Franz Ludwig (57), Fürstbischof von Breslau und Hochmeister des Deutschen Ordens, Graf Johann Ernst von Löwenstein-Rochefort (55), Prinz Alexius von Nassau-Siegen (48), Graf Moritz Gustav von Manderscheid-Blankenheim (45), Joseph Wilhelm Fugger Graf von Kirchberg (38), Graf Anton von Fürstenberg-Stühlingen, Graf Franz Heinrich von Hohenzollern-Sigmaringen; ob dessen Bruder Ferdinand Leopold und die Grafen Heinrich Anton Truchseß von Waldburg-Zeil, Joseph von Königsegg oder Anton von Hohenzollern-Sigmaringen auch Mitglieder des Domkapitels zur Wahlzeit waren, ist ungewiß.

Aus dem achtköpfigen Kollegium der Priester sind sechs laut Protokoll anwesend. Johann Werner von Veyder (64), Heinrich Mering (etwa 55), Johann Heinrich Mörs, Franz Kaspar von Francken-Siersdorf (38), Johann Bertram Syberts (etwa 48) und Johann Arnold de Reux (56). Es fehlen: Maximilian Franz Josef von Otten (28) und der jüngste Domherr, Christian August von Buschmann (21), ein Trunkenbold durch und durch.

Clemens August ist, wie gesagt, der aussichtsreichste Kandidat. Sein Gegenspieler, der Kapitular von Löwenstein-Rochefort, besitzt nur Außenseiterchancen. Lediglich einen Domherrn weiß er sicher auf seiner Seite: Heinrich Mering. Plettenberg hat natürlich vorgesorgt. Wo er spürt, daß mit Geld Stimmen zu holen sind, zahlt er; das mit sechs Diamanten besetzte Domherrenkreuz des Kapitulars von Nassau-Siegen, das dieser wegen akuten Geldmangels versetzt hatte, löst Plettenberg wieder ein.

So gesehen, ist die Wahl am 9. Mai nur eine Formsache. Clemens August wird Koadjutor seines Onkels in Köln, einstimmig!

Nach 35 Jahren als Kurfürst und Erzbischof von Köln stirbt Joseph Clemens am 12. November 1723, drei Wochen vor seinem 52. Geburtstag. »Der Gedanke an die ungeheuren Summen, die er seiner Dienerschaft, seinen Soldaten und Hoflieferanten schuldig bleiben mußte, soll sein frühes Ende gefördert haben.«[23]

Clemens August, 23 Jahre jung, ist Kurfürst und Erzbischof von Köln; ein Jahr später wird er Bischof von Hildesheim, 1728 Bischof von Osnabrück. Im fernen Berlin hallt verächtlich eine Stimme. »Dieser Monsieur de cinq églises«, mokiert sich der junge Friedrich, »dieser Herr von Fünfkirchen …« Nach offizieller Rechnung hat Clemens Augusts Karriere, diese einmalige Karriere hin zu fünf Bischofssitzen und einer Kurstimme, seinen Vater exakt 800 611 Gulden, 32 Kreuzer und vier Heller gekostet. Doch scheint, daß mehrere Posten an anderer Stelle abgebucht wurden. »Die Gesamtsumme belief sich dann auf 1 215 611 fl. Rechnet man für Hildesheim die doppelte Summe, kommen wir auf 1 440 611 fl.«[24]

Blenden wir aber noch einmal kurz zurück. Zurück ins Jahr 1724. Erinnern wir uns. Clemens August fühlte sich nicht zum Geistlichen geschaffen; er schreckte davor zurück, weil er spürte, die Verantwortung nicht tragen zu können. Um dies nicht offen zugeben zu müssen, schob er allerlei unsinnige Gründe vor: die angebliche Furcht, seine schönen Haare zu verlieren, die vermeintliche Abscheu vor Meßwein, ja, er trägt sich sogar mit dem Gedanken, ins Kloster zu gehen. Alles wegwerfen, alles hinter sich lassen, nur nicht verantwortlich sein für irgendwen und irgendwas.

In einem Brief an den Vater schrieb er sich alle Pein von der Seele, vergaß aber nicht, auch über Annehmlichkeiten zu berichten. »Ich habe hier« – im sauerländischen Arnsberg – »schon 12 Hirschen geschossen, gestern allein sechs und alle mit der Kugel durch den Hals …« Max Emanuel antwortete umgehend, so wichtig war ihm die Sache. Er versuchte, seinen Sohn aufzurichten – halb drohend, halb gütig, aber ganz väterliche Autorität: »Daß Du Grausen vor dem Wein beim Gottesdienst hast, ist eine große Schwachheit in einer so wichtigen Sache, wo Gott in dem höchsten Geheimnis seine Gnade mitteilt. Du kannst ja sonst den Wein vertragen … In ein Kloster sich zurückzuziehen, sehe ich als einen desperaten Gedanken an, auf welchen es nichts zu antworten gibt … Ich schicke Dir diese meine Antwort per Kurier, auch in der Hoffnung, durch dessen baldige Rückkehr getröstet zu werden. Ich nehme es Dir nicht übel, sondern betrachte dieses Schreiben als Vertrauensbeweis Deinem Vater gegenüber; Du begehrest meinen Rat und meine Absicht zu wissen … Bitte Gott, den Du vor allem um das wahre Licht und Assistenz anrufen mußt, Dich zu erleichtern und mit seinem Segen Dich zu führen, dazu gebe ich Dir meinen väterlichen Segen und verbleibe, mein herzliebster Sohn, Dein treuer und guter Vater Max Emanuel.«

Diese beiden Briefe zeigen, daß sich Clemens August »seiner Unfähigkeit, Priester zu sein, so tief bewußt war, daß er sogar bereit war, auf die Einkünfte aus vier Fürstbistümern zu verzichten«.[25] Der Vater freilich sah die Machtstellung des Hauses Wittelsbach gefährdet, für die er reichtlich Geld investiert hatte – und zwang praktisch seinen »underthänigst gehorsambsten« Sohn zur Priesterweihe. Die heilige Handlung fand am 4. März 1725[26] in der Hofkapelle des Schlosses Schwaben statt; als Termin für seine Primiz war ursprünglich der 2. April, Ostermontag, vorgesehen. Doch in der Nacht zuvor befiel seine Mutter Therese Kunigunde eine Unpäßlichkeit. Deshalb wurde Clemens Augusts erste öffentliche Messe auf Osterdienstag, den 3. April, verschoben.[27]

Gut zwei Jahre später weihte der Papst Clemens August zum Bischof. Nicht in Rom, weil er dort Ärger mit seinen Kongregationen bekommen hätte, sondern nahe des Städtchens Viterbo, das in der Provinz Latium liegt.[28] In der Dominikanerkirche Madonna della Quercia assistierten Papst Benedikt XIII. an jenem 9. November 1727 vier hohe Geistliche; als Geschenke überließ Clemens August dem Heiligen Vater nicht nur 24 000 Taler in bar, sondern auch ein goldenes Kreuz, sechs ebenfalls goldene, mit Juwelen verzierte Leuchter, ein mit Smaragden versehenes, goldverbrämtes Paternoster, eine Medaille, ein weiteres diamantenes Kreuz und ein goldenes Kästchen mit Reliquien der in Köln verehrten Gebeine der Heiligen Drei Könige.[29]

Clemens August, der Mann mit den höheren Weihen: nicht nur gewählter Bischof von Münster, Paderborn, Hildesheim und Osnabrück und Erzbischof von Köln, nun auch konsekrierter Oberhirte; das, was er nie wollte, was er fürchtete, was ihn belastete. Ein geistlicher Herr mit ungeheurer Machtfülle; ein weltlicher Herrscher über bedeutende Länder – ausgerechnet in einer Zeit, »als alle diplomatischen Fäden ganz Europas von schamlosen, schmutzig-geizigen Staatskünstlern in Bewegung gesetzt waren, um durch mannigfache Bündnisse und Verträge einer sich häufig widersprechenden Natur für Fürsten, Mätressen und Minister höchstmögliche Gewinne zu erzielen. Von höheren politischen Zwecken und Ideen ist bei all den Kabalen und Intrigen, die eine Reihe von Jahren die meisten Kabinette beschäftigten, keine Rede: Nur der augenblickliche Vorteil war der Zweck, und, war der nicht mehr zu erreichen, brach man gewissenlos, was man gestern geschrieben und versiegelt. Man log und betrog in solchen Staatsverträgen mit einer Unverschämtheit und Doppelzüngigkeit, die ans Unglaubliche grenzt«.[30]

Der zwar liebenswürdige, aber instabile Clemens August brauchte jemanden, der ihn lenkte und der ihn leiten konnte. Max Emanuel hatte dies längst erkannt. Er wußte, daß sein Sohn in dieser ausgesprochen schwierigen Zeit ohne starke Hand rettungslos zwischen die Mühlsteine der hinterhältigen Diplomatie geraten würde. Es gab einen Mann, der dazu geboren war, alle Situationen des Lebens zu meistern: Clemens Augusts Wahlmacher, jener Ferdinand von Plettenberg.

Schauen wir uns diesen Mann an; diesen Westfalen, der weder spröde noch unbeweglich war (wenn die Vorurteile stimmen, die man gemeinhin Westfalen entgegenbringt). Ferdinand wird am 27. Juli 1690 in eine prominente Familie geboren. Sein Vater Johann Adolf ist der Bruder des amtierenden Bischofs von Münster, seine Mutter Franziska Theresia die Schwester des bischöflichen Nachfolgers Franz Arnold von Metternich. Er studiert Jura in Köln und Gießen und erhält 1711 die Herrschaft Nordkirchen südlich von Münster. Ein Jahr später heiratet er Bernhardine von Westerholt; mit ihr zieht er aufs Schloß Nordkirchen, das zum Mittelpunkt des gesellschaftlichen Lebens im Lande wird. 1719 holt ihn Max Emanuel als Chefkämmerer für Clemens August;[31] gleichzeitig erhält er den Titel eines Geheimrats. Fünf Jahre später wird Ferdinand von Plettenberg in den Grafenstand erhoben, nachdem er die Herrschaften Witten, Schlenacken und Eyß in der Nähe von Aachen erworben hat.

Ferdinand von Plettenberg ist fast auf den Tag genau zehn Jahre älter als sein Herr Clemens August. Zehn Jahre sind bei erwachsenen Menschen kein großer Altersunterschied; aber Clemens August, der Kurfürst, und Ferdinand von Plettenberg, seit 1725 der Premierminister, verkörpern zwei verschiedene Welten. Stark und schwach sind die richtigen Gegensätze.

Hinter Plettenbergs »ganzem Wirken stand als antreibender Motor ein starker persönlicher Ehrgeiz, er war ein Herrenmensch, entschlossen, in der großen Politik eine bedeutende Rolle zu spielen und mit allen Mitteln die eigene Macht zu steigern. Er wußte, daß er zu großen Dingen befähigt war, er verstand die Kunst der Politik, er kannte sich in allen Kniffen der Diplomatie aus, er hatte sich ausgezeichnet unterrichtet und fand sich an den großen Höfen Europas ebenso gut zurecht wie in dem Labyrinth der Verfassung des Heiligen Römischen Reiches Deutscher Nation. Die Wahlgeschäfte in Münster, Paderborn, Köln, dann auch in Hildesheim, Lüttich und Osnabrück, von Nordkirchen oder Bonn aus geleitet, waren eine treffliche Schule. Seine Stellung als leitender Minister eines großen Reichsfürsten führte ihn dann in höhere Bezirke der politischen Betätigung, mit den Aufgaben wuchs er selbst, entwickelten sich seine natürlichen Fähigkeiten, die Schärfe des Verstandes, der Reichtum des Geistes. Hinter dem Lächeln des weltgewandten Kavaliers, hinter der liebenswürdigsten Glätte der Worte verbarg sich bei ihm der verzehrende Drang zur Bestätigung, zur Sucht, überall die Finger im europäischen Spiel zu haben ...«[32]

War er tatsächlich ein mieser Charakter? Ein kalter Erfolgsmensch? Skrupellos?

Ein Zeitgenosse sieht es anders. »Der Graf übt seine Macht mit Mäßigung aus. Er ist ein liebenswürdiger Aristokrat. Sein Auftreten ist edel und gewandt, sein Äußeres angenehm. Er zeigt keineswegs jenen Anflug von Hochmut, den gewöhnlich die vom Glück begünstigten Menschen annehmen. Premierminister eines großen Fürsten in einem Alter geworden, in dem gewöhnliche Sterbliche kaum an eine Einmischung in die Politik zu denken wagen, hat er sich aus der Arbeit ein Vergnügen gemacht, ohne jene geheimnisvolle und verschlossene Miene zu zeigen, die nur die Herzen entfremdet. Man hat leicht Zutritt zu ihm, dann hört er mit Aufmerksamkeit zu und antwortet bestimmt ohne Ausflüchte und Weitschweifigkeiten. Er ist großmütig, freigebig und wohltätig, wachsam und arbeitsfreudig. Jeden Tag steht er schon um fünf Uhr auf und widmet den Morgen den Geschäften. Sodann hält er glänzend Tafel, wobei er inmitten von Überfluß und Üppigkeit sich selbst einer gerade bei hochgestellten Persönlichkeiten so lobenswerten Genügsamkeit befleißigt. Nach dem Essen begibt er sich in sein Kabinett, wo er den untergeordneten Ministern Audienz gibt, während die Gräfin, seine Gemahlin, in seinem stets allen Leuten von Rang und Verdienst geöffneten Hause die Honneurs macht.«[33]

Der eigentliche politische Aufstieg Plettenbergs fällt mit einem Schlüsselerlebnis des gerade 25 Jahre alten Clemens August zusammen. Das heißt, der Premier zieht aus diesem Erlebnis für sich taktische Konsequenzen. Am 30. August 1725 brechen Clemens August, seine aus München angereisten Brüder Karl Albrecht, Ferdinand Maria und Johann Theodor und auch Plettenberg von Bonn aus nach Paris auf. Sie sind zur Hochzeit Ludwigs XV. mit der Tochter des vertriebenen Polenkönigs Stanislaus Leszczynski eingeladen – ein europäisches Ereignis. Fünf Tage dauert die Reise bis in die französische Hauptstadt, am 5. September lassen sie sich nach Fontaine-bleau kutschieren, wo die Vermählung stattfindet. Die Wittelsbacher treten unter Pseudonymen auf; Clemens August gibt sich als Abt von Stromberg aus.

Fontainebleau. Der Duft der großen, weiten Welt. Pulsierendes Leben, höfische Verschlagenheit, Eleganz, Bälle, Theater. Damen, die knisternde Röcke und die Brust halbfrei tragen; junge Männer in engen Kniebundhosen. Im Mittelpunkt Ludwig XV., der Urenkel des Sonnenkönigs! Clemens August ist geblendet. Einer merkt, wie sehr sich der junge Kurfürst an der Pracht, an den Farben, an dem Leben hier ergötzen kann: André Hercule de Fleury, der Lehrer und engste Berater des französischen Königs.[34]

Der alte Fleury weiß, daß das schmale Land am Rhein, das Clemens August regiert, für die europäischen Interessen Frankreichs von großer Bedeutung ist. Er läßt den Gast riechen und fühlen am Rokoko, zeigt ihm Paris, Versailles, Chantilly. Clemens August bleibt über Gebühr lange in Frankreich; erst als Max Emanuel aus München mahnt, man möge doch die Rückkehr antreten, reißt sich Clemens August los vom höfischen Leben des westlichen Nachbarn. Am 29. Oktober startet er von

Paris aus nach Lille, wo er einen Tag später eintrifft. Von Lille geht es über Dünkirchen, Ostende, Gent, Brüssel und Antwerpen zurück nach Bonn; 20 Tage dauert die Heimreise mit Umwegen. Clemens August fühlt sich nicht mehr nur als Kurfürst. Er fühlt sich als Fürst der Freude, des Glanzes, des Rokoko. Er ist der Sonnen-fürst!

Die Bitte des Vaters, endlich Paris den Rücken zu kehren, kam natürlich nicht von ungefähr. Der Kaiser in Wien sah es gar nicht gern, daß Clemens August soviel Interesse für seinen Traditionsfeind Frankreich zeigte. Auch Plettenberg riet zur Vorsicht gegenüber Ludwig; er freilich mit dem Hintergedanken, irgendwann einmal als Minister in die kaiserlichen Dienste zu treten. Zwar war Kurköln Mitglied der 1724 auf Max Emanuels Drängen hin abgesegneten Wittelsbacher Hausunion (Bayern, Pfalz, Köln und Trier), die ganz offensichtlich gegen das habsburgische Imperium gerichtet war. Aber dieses Bündnis mußte politisch gesehen zurückstehen hinter dem am 30. April 1725 geschlossenen Vertrag zwischen Österreich und Spanien, der vordergründig die Unantastbarkeit beider Gebiete und die Pragma-tische Sanktion[35] von 1713 festschreiben sollte. Zwangs-läufig war diese Allianz natürlich auch eine Bedrohung Frankreichs. Paris reagierte. Auf Schloß Herrenhausen bei Hannover schlossen sich Frankreich, England und Preußen gegen den Kaiser zusammen; Fleury versuchte, Kurköln für dieses Bündnis zu gewinnen. Vielleicht hät-te seine gekonnte Schmeichelpolitik auch Erfolg gehabt, wenn nicht am 26. Februar 1726 Clemens Augusts Vater

Max Emanuel mit 63 Jahren gestorben wäre. Ohnmächtig brach der Kölner Kurfürst am aufgebahrten Leichnam seines Vaters zusammen, so sehr schmerzte ihn der Verlust.

Mit dem Tode des »Blauen Kurfürsten« verlor Frankreich einen seiner treuesten Bundesgenossen. Die Söhne fühlten sich nicht mehr der frankophilen Linie verpflichtet und sondierten das politische Terrain nach eigener Neigung. Am 15. Juli 1726 traf sich Clemens August in Wesel mit Preußenkönig Friedrich Wilhelm I., der ihn augenscheinlich in die Herrenhauser Allianz ziehen wollte. Der junge Wittelsbacher machte auf den Soldatenkönig einen guten Eindruck. An seinen Freund Leopold von Anhalt-Dessau schrieb der Preuße einen Tag später: »Der Kurfürst von Köln ist gestern hier gewesen, ist ein feiner Herr, schade, daß er nicht ein Soldat, denn er alle Inklinazionen hat, ich habe gute Freundschaft gemacht.« Auch Friedrich Wilhelm blieb erfolglos. Während der neue bayerische Kurfürst Karl Albrecht[36] ganz offensichtlich Paris favorisierte, trimmt Plettenberg seinen Clemens August auf das Kaiserhaus. Und Clemens August wiederum konnte seinem Bruder Karl Albrecht klar machen, daß trotz traditioneller Spannungen zwischen München und Wien die Unterschrift unter den österreichisch-spanischen Vertrag wichtiger wäre als die Unterstützung Frankreichs. Der Bayer sah dies ein. Am 1. September 1726 traten beide dieser Allianz bei. Sie »befestigten eine ewige unzertrennliche Freundschaft und Einigung dergestalt, daß ein des anderen Teils Nutzen und Frommen häufen und befördern, hingegen Schaden und Ungemach nach bestem Vermögen wenden solle und wolle«.[37]

Kurköln sollte als Anerkennung ein jährliches Honorar von 400 000 Gulden kassieren; die Zahlungen begannen am 1. Dezember. Bis zum 10. Juni 1728 überwies der Kaiser insgesamt 562 500 Gulden. Frankreich fühlte sich durch diese Zuwendungen wieder auf den Plan gerufen. Ludwig XV. schickte einen Sonderbotschafter an den kurkölnischen Hof, den Chevalier de Boissieux, einen wohlerzogenen, zurückhaltenden, dennoch cleveren Mann. Einen Diplomaten, der sich exakt an die Spielregeln höfischen Lebens hielt, um guten Eindruck zu machen. »Durch einen Edelherrn ließ er dem Großkämmerer seine Ankunft melden und um eine Audienz beim Fürsten bitten. Dieser läßt ihn durch seinen Truchseß bekomplimentieren und von der Stunde benachrichtigen, wo er zur Audienz gelassen werden solle. Der Gesandte fährt in einem Wagen mit sechs Pferden in Begleitung des Truchseß, hinter sich einige kurfürstliche Bedienten, zur Hofburg. Hier wird er an der Haupttreppe vom Kapitän der Garde empfangen, von diesem bis an die Türe der Antichambre geleitet und dort dem diensttuenden Kammerherrn übergeben. Er wird dann von einem Offizier dem Kurfürsten gemeldet und tritt allein in den Audienzsaal. Gleich nach seinem Eintritt erscheint der Kurfürst von der anderen Seite des Saales, stellt sich vor seinen Sessel, hört stehend den Antrag des Herrn von Boissieux an, nimmt das Kreditiv entgegen und entfernt sich stillschweigend. Der Gesandte wird nun auf dieselbe Weise nach Hause geleitet, wie er auch gekommen.«[38]

Als Boissieux im August 1728 nach Bonn kam, hatte die französische Diplomatie längst wieder den Münchner Kurfürsten Karl Albrecht aus dem Wiener Bündnis brechen können. War Boissieux genau so erfolgreich? Gelang es ihm, Clemens August auf seine Seite zu ziehen? Ludwig XV. kam es vor allem darauf an, das Protektorat über die locker gehandhabte Wittelsbacher Hausunion zu bekommen, die durch die unterschiedlichen Interessen der vier Kurfürsten bereits recht durchlöchert war.

Plettenberg signalisierte nach Frankreich, daß es durchaus zu einer vertraglichen Verschmelzung der Union und den Alliierten von Herrenhausen kommen könnte. Allerdings waren nur noch Frankreich und England übriggeblieben: Preußen hatte sich, eigentlich halbherzig, wieder losgesagt. 1729 trafen sich erst in Hannover und dann auf Schloß Neuhaus bei Paderborn englische und französische Diplomaten mit Plettenberg zu Verhandlungen. »Zwischen Frankreich, England, Preußen, Holland, Dänemark, Schweden, Mainz, Köln, Bayern und Pfalz sollte eine freundschaftliche Einigung geschlossen werden, welche Ruhe und Frieden im Reiche zu erhalten und die Teilnehmer auf der Basis des Westfälischen Friedens und der bestehenden Verträge in ihren Besitzungen, Rechten und Freiheiten zu schützen im Stande sei.«[39]

Paris hatte konkrete Vorschläge. Würde Kurköln mitmachen, dann wollten sich Frankreich und England beim Papst für die Wahl Clemens Augusts zum Bischof von Lüttich einsetzen; außerdem versprachen sie eine jährliche Zahlung von 300 000 Gulden. Die Gegenleistung neben dem bloßen Beitritt: Clemens August müßte eine Armee von etwa 4 000 Mann stellen und die Festungen, Magazine und Arsenale im Lande ausbauen lassen. Plettenberg schien mit dem Gang der Verhandlungen zufrieden zu sein, zumal ihm so ganz nebenbei ein gutes Geschäft angeboten worden war. 100 000 Taler wollte ihm der Preußenkönig zahlen, wenn Plettenberg es schaffte, im Rahmen eines Neuhauser Vertrages dem Staat im Osten totale Ansprüche auf Jülich und Berg (eine wichtige Bastion im Westen) zu sichern. Der französische Unterhändler Chavigny meldete nach Paris, Plettenberg sei der treueste, aktivste und fähigste Diener des Hauses Bayern und damit des Franzosenkönigs: »Sie finden vielleicht, daß ich das Lob Plettenbergs und alles dessen, was von ihm kommt, übertreibe, aber er verdient es.«[40] Der Vizekanzler des Reichs, Friedrich Karl von Schönborn, hielt ihn für »das Haupt der französischen Partei im Reiche«.

Beide Herren irrten. Plettenbergs eigentliches Ziel war, wie gesagt, die Position eines kaiserlichen Ministers.

Inmitten der Neuhauser Gespräche erreichte ihn die Nachricht, daß Vizekanzler Schönborn sein Amt zur Verfügung stellen wolle. Plettenberg als Schönborns Nachfolger, warum eigentlich nicht? Der Premier brach die Verhandlungen ab und ließ einen entsetzten Chavigny zurück. Umgehend bot er sich dem Kaiser an, dessen Kabinett im Juli 1730 über Plettenbergs Bewerbung beriet. Man kam in Wien zum Schluß, die Reichstreue des kurkölnischen Ministers erst einmal gründlich zu testen. Plettenberg verstand. Sein Plan: Clemens August zu überreden, die Wittelsbacher Hausunion zu verlassen, sämtliche Annäherungsversuche Frankreichs zu unterbinden (Boissieux war da recht erfolgreich) und schließlich dafür zu sorgen, daß sein Chef die Pragmatische Sanktion anerkennt.

Halten wir einmal hier die Zeit an. Fünf Jahre hat Plettenberg bereits die Politik Clemens Augusts gelenkt, geleitet, sie forciert. In Paris konnte er beobachten, wie sich der Kurfürst vom Rokoko hatte infizieren lassen; so wuchs zwangsläufig die Neigung des labilen Clemens August für Frankreich, eine Neigung, die durch die Haltung des Vaters sozusagen angeboren war. Plettenberg wußte, daß er diese Sympathie für die Franzosen nicht mit Gewalt unterdrücken durfte. Er mußte vorsichtig taktieren. Deshalb ließ er Clemens August am langen Zügel laufen; er zog nur dann daran, wenn er merkte, daß der Kurfürst zu weit in Richtung Paris gelaufen war. Was bei oberflächlicher Betrachtung als Zickzack-Kurs ausschaut oder als politisches Wechselbad, ist also in Wahrheit lediglich Taktik – eine Taktik mit dem Ziel, mit Hilfe seiner kurkölnischen Politik schrittweise aufzusteigen in die kaiserliche. Daß Plettenberg dennoch wertvolle Dienste für Kurköln leistete, ist kein Widerspruch.

Plettenberg schafft in der Tat, was er sich vorgenommen hatte. Gegen den Willen und Widerstand seines Bruders Karl Albrecht verpflichtete sich Clemens August am 26. August 1731, alle Pläne und Projekte des Kaisers zu unterstützen. Daran schloß sich unmittelbar die Garantieerklärung für die Pragmatische Sanktion auf dem Regensburger Reichstag 1732 an; Clemens Augusts Lohn waren 100 000 Taler[41] im Jahr und die Zusicherung des Kaisers, ihn bei seiner angestrebten Wahl zum Bischof von Lüttich oder zum Hochmeister des Deutschen Ordens zu unterstützen.

Hoch- und Deutschmeister, ein neues Amt. Ein weltliches und geistliches Amt gleichermaßen. Ein Amt mit langer Geschichte und Tradition. Die Verpflichtung des Kaisers, sich für Clemens August einzusetzen, hatte aktuelle Gründe. Schon zu Beginn des Jahres 1732 zeigte sich, daß der amtierende Hoch- und Deutschmeister Franz Ludwig von Pfalz-Neuburg vom Tode gezeichnet war. Die letzte Verfügung Franz Ludwigs datiert vom 4. April 1732; an diesem Tag stiftete er 6 000 Gulden für die Vollendung einer Kapelle.[42]

Der Meister starb am 18. April mit 68 Jahren auf seinem Breslauer Bischofssitz. Bereits ein Jahr zuvor hatte der Kaiser den Vorschlag gemacht, daß alle Deutschordens-Angelegenheiten in einem dreiköpfigen Gremium verhandelt werden sollten. Die Mitglieder: Der Kanzler des Kaisers, Philipp Ludwig Wenzel von Sinzendorf, der böhmische Reichstagsgesandte Friedrich Graf Harrach – und der kurkölnische Premierminister Ferdinand von Plettenberg. Für Clemens August standen die Chancen also gut, zumal Harrach bereits am Abkommen mit dem Kaiser beteiligt war. Außerdem hatte Franz Ludwig schon zu Lebzeiten den Vorschlag unterbreitet, seinen

Kölner Kollegen zum Nachfolger zu wählen. Als Clemens August am 26. April vom Tode Franz Ludwigs in Zons erfuhr, meldete er sofort seine Ansprüche an. Dem Kaiser schrieb er: »Die Ordensbrüder haben die Gedanken auf mich gerichtet.«

Schauen wir kurz zurück. Der Kaiser hatte ja zweierlei versprochen: entweder die Lütticher Bischofswürde für Clemens August oder eben das Amt des Hoch- und Deutschmeisters. Beides zusammen ging nicht. »Obschon das Deutschmeistertum wegen des großen Einflusses, den es in allen Kreisen des Reichs und bei dem deutschen Adel hat, von besonders großer Wichtigkeit ist, so scheint es jedoch weniger bedenklich zu sein, dieses Hochstift als das Bistum Lüttich in kurkölnischen Händen zu sehen.«[43] Wie Sinzendorf war auch Harrach der Meinung, daß aus strategischen Gründen Clemens August nicht Bischof in Lüttich werden dürfe, da »das Territorium, das der Wittelsbacher am Rhein beherrschte, durch den Erwerb des an Kurköln grenzenden Lüttich wesentlich gestärkt und abgerundet würde, was für die Politik des Erzhauses (des Kaisers) gefährlich werden könnte«.[44]

Der Kaiser freilich blieb unentschieden in dieser Frage. Er ließ Clemens August offen, ob dieser Hoch- und Deutschmeister oder Koadjutor mit Anspruch auf den Bischofsthron in Lüttich werden wollte. Sollte er sich für Lüttich entscheiden, müßte er – so meinte der Kaiser – auf Paderborn verzichten. »Die Wittelsbacher in Köln und München überlegten nun folgendes: Das Meistertum kam an Einkünften sicher nicht dem reichen Fürstbistum Lüttich gleich. Zusammen mit Paderborn jedoch sah einerseits die finanzielle Lage anders aus, und andererseits wollten sowohl Clemens August als auch sein Bruder Karl Albrecht nicht auf das geschlossene Territorium am Rhein und in Westfalen verzichten.«[45] Nicht nur der Kaiser äußerte seine Vorstellungen zum Thema Neuwahl. Die Mitglieder des für die Wahl zuständigen Generalkapitels machten sich eigene Gedanken. »Nur ein reicher Bewerber kam in Frage, da die Kompetenzen des Meisteramtes dem standesgemäßen Aufwand eines Reichsfürsten nicht genügten. Da kein Kandidat von irgendeiner Seite besonders favorisiert wurde, konzentrierte sich – nicht zuletzt aus der Teilnahmslosigkeit der anderen Wähler – das Interesse auf den 32jährigen Wittelsbacher Clemens August ... Die Bewerbung eines so bedeutenden Potentaten im Reich war von solchem Gewicht, daß man über alle Bedenken der Regel sogleich hinwegging.«[46]

Eine der Regeln besagte, daß ein Hoch- und Deutschmeister 16 deutschblütige Ahnen aufweisen mußte. Zu Clemens Augusts Vorfahren gehörten aber Polen, Franzosen und Spanier, viele mit großen Namen. Heinrich IV. und Maria Medici (seine Ururgroßeltern väterlicherseits), Jakob Sobieski und Theophile Danilowicz (seine Urgroßeltern mütterlicherseits) oder Adelheid Henriette von Savoyen, seine Großmutter.[47] Die Wahlkapitulare erteilten ihm den gewünschten Dispens, wiesen aber gleichzeitig darauf hin, daß diese Entscheidung kein Präjudiz für künftige Wahlen sei. Man nahm es genau in Mergentheim an der Tauber, dem Sitz des Deutschen Ordens.

Nach einer Kur in Schlangenbad traf Clemens August am 15. Juli 1732 in Mergentheim ein. Tags darauf versammelte sich das Generalkapitel in der Hofkapelle, wo der Kurfürst die Ordensinsignien Kreuz, Mantel, Degen und goldene Sporen erhielt; dann erteilte ihm der Landkomtur[48] von Elsaß-Burgund den Ritterschlag. Die eigentliche Wahl – einstimmig – fand am 17. Juli statt. Clemens August leistete den Eid, der mit den Worten endete: »Wie mir vorgehalten worden und ich wohl verstanden habe, gelob und verspreche ich bei christlichem Glauben, fürstlichen Ehren und Würden ein Wort der Wahrheit stets und fest zu halten, demselben nachzukommen und zu geloben, treulich und ohne alle Gefährde. So wahr mir Gott helfe und sein heiliges Evangelium.«

Bereits am selben Tag noch schrieb Clemens August seinem Bruder Karl Albrecht aus Mergentheim, daß er gewählt sei und fügte stolz hinzu: »Diese Würde kommt unserem Haus zum erstenmal zugute.« Vier Tage noch blieb er am Ordenssitz und tat das, was zu seinen liebsten Beschäftigungen gehörte: Er jagte.

An dem feierlichen Ereignis in Mergentheim hatten zwei Menschen teilgenommen, die man als Fixpunkte in Clemens Augusts Karriere bezeichnen kann. Da war Ferdinand von Plettenberg, den wir schon kennen; der zweite trat an jenem 16. Juli 1732, dem Tag des Ritterschlags, in Clemens Augusts Leben: Johann Baptist von Roll. Der damals 49jährige amtierte während der Inthronisation in der Mergentheimer Schloßkapelle als Zeremonienmeister – als einem der dienstältesten der Ordensverwaltung stand ihm dies zu. Seine Vorfahren waren aus Italien in die Schweiz ausgewandert, dort hatte sich die Familie dann getrennt; ein Zweig ließ sich auf Schloß Bernau nieder, das auf vorderösterreichischem Gebiet nahe des Bodensees lag und wo Johann Baptist am 14. November 1683 geboren wurde. Nach seiner schulischen Ausbildung in Pruntrut und in Freiburg/ Breisgau nahm ihn der Vorgänger Clemens Augusts als Hoch- und Deutschmeister, Franz Ludwig von Pfalz-Neuburg, als Page in seinen Dienst auf. 1707 trat Johann Baptist als Novize in den Deutschen Orden ein; gleichzeitig war er Führer eines Fähnleins, das zum fränkischen Kreisregiment Boyneburg und damit zur Reichstruppe gehörte. Nachdem er am l. April 1709 zum Ritter geschlagen worden war, zog er freiwillig ins Feld und wurde in der Schlacht von Malplaquet (gegen die Franzosen) durch einen Säbelhieb am rechten Arm schwer verwundet. Die folgende Kriegsgefangenschaft war nur kurz. Johann Baptist blieb mehrere Jahre Soldat, ehe er von 1718 an im Deutschen Orden schnell nach oben stieg. Als Clemens August zum Hoch- und Deutschmeister gekürt wurde, war Roll immerhin Präsident der Mergentheimer Regierung.

Schon die erste Begegnung mit dem 17 Jahre älteren Roll muß auf Clemens August den größten Eindruck gemacht haben. Nur so ist zu erklären, daß er in einsamer Entscheidung den Mergentheimer Regierungspräsidenten zu sich nach Bonn holte und zum Minister für die Angelegenheiten des Ordens ernannte. Plettenberg hat er mit Sicherheit nicht zu Rate gezogen und erst spät in-

1 Clemens August als Hochmeister des Deutschen Ordens

CLEMENT AUGUSTE, PRINCE DE BAVIERE, EVESQUE DE MUNSTER ET PADERBORN

Dedie a son Excellence Plettenberg, Seigneur de premier Ministre et grand S.A.S Monseigneur le Prince Paderborn

Monseigneur le Baron de Nortkirchen et de Vog Hang Marechal hereditaire des Eveque de Munster et...

2 Bischof mit jungen Jahren: Clemens August ist noch keine 19 Jahre alt, als ihn die Domkapitel von Münster und Paderborn zum Chef ihrer Territorien wählen. Der bayerische Generalwachtmeister von Seiboltsdorf und der Westfale Ferdinand von Plettenberg hatten die entscheidende Vorarbeit geleistet – gegen gutes Geld.

CLEMENS AVGVSTVS
Episcopus Monaſt et Paderbornenſis
Dux Bavariæ et Comes Palat:Rheni

Claudianus
————————— Primordia veſtra
Vix pauci meruere ſenes —————————

3 Schüchtern, vielleicht ein bißchen hilflos, kein Mann der großen
Worte: Der Bischof von Münster und Paderborn mußte erst
in seine Rolle wachsen. So sah Clemens August mit etwa 21 Jahren aus;
die Locken der Perücke waren stets sehr gepflegt –
darauf legte er großen Wert.

4 Er glaubte an die Glückskraft, die in einem Amulett steckt, und viele
   seiner Bürger am Rhein und in Westfalen auch. Sie trugen solche
   Anhänger mit einem Minibild des Landesherrn an einer Halskette.
   Sein Vorname war im übrigen damals bei frischgebackenen Eltern
   ganz groß in Mode.

5　Im Morgenrock, die Mürtze noch auf dem Kopf, genießt Clemens
August eine Tasse Tee. Dieses Ovalbild von Joseph Vivien (1657-1735)
erntstand vermutlich vor 1723 in Münster.
　Zwanglos hat der Wittelsbacher seine Linke auf den Sessel gelehnt;
so, als unterhielte er sich mit dem Porträtisten und gestikuliere dabei.

6   Der Kurfürst als Erzbischof von Köln, vor 1730

7 Von einer Krankheit gezeichnet? Ein spätes Bildnis

8 In blau, silberbestickt: Clemens August als Falkner

9 Erster Wittelsbacher am Rhein:
Ernst von Bayern

10 Ernsts Nachfolger und Neffe
Ferdinand

11 Der stillste Wittelsbacher
in Köln: Maximilian Heinrich

12 Joseph Clemens: aus dem Exil
zur Priesterweihe

13 Clemens Augusts Ururgroßmutter: Maria Medici

14 Die Mutter Therese Kunigunde, Königstochter aus Polen

15 Der Vater: Max Emanuel, der Blaue Kufürst

16 Ein majestätischer Bruder: Clemens August krönte Karl Albrecht
zu Beginn des Jahres 1742 in Frankfurt zum Kaiser.
Der Wittelsbacher trug den Namen Karl VII., hatte das hohe Amt
nur drei Jahre inne.

Philippus Mauritius Max. II Boj Ducis Elect
et Theresiae Cunig Filius nat. 5 Aug. 1698. elect. die
14 Mart. 1719 in Episc. Pad erborn et die 21 eiusd.
mensis in Monaster. mor tuus 12 Martii 1721.

17   Philipp Moritz von Bayern. Er war bereits zum Bischof
von Paderborn und Münster gewählt, als er im Jahre 1719
plötzlich mit nur 21 Jahren an den Blattern starb.
Das auf dem Kupferstich von J. A. Zimmermann
(nach einem Gemälde von Vivien) genannte Todesdatum
12 Martii (März) 1721 ist falsch.

18 Theodor Johann von Bayern. 1703 geboren, 1719 Bischof
von Regensburg, 1727 Bischof von Freising, 17 Jahre später Bischof
von Lüttich. 1746 wurde er Kardinal. Bei der Wahl zum Hoch-
und Deutschmeister war er der einzige Gegenkandidat seines Bruders
Clemens August, wurde von den Franzosen unterstützt – und verlor.

Ferdinandus Maria
et Theres. Cunig. Reg.
nat.5 August. 1699
piar. nec non S.R.I Sum̃o Rei
cembris

Max.II Elect. Bav.
Princ. Polon. Filius,
S. Cæs. Majest. Suprem. Co.
Torment. Præfect, denat. g. De.
1738.

19 Ferdinand Maria von Bayern. Er startete eine militärische Karriere
und wurde 1738, mit 39 Jahren, kaiserlicher Generalfeldmarschall
und Reichsgeneralfeldzeugmeister.
Im selben Jahr starb Clemens Augusts drittältester Bruder.

formiert; denn der gewiefte Premier hätte sofort gespürt, daß ihm in Rolls Person starke Konkurrenz erwachsen könnte. Nicht politisch gesehen, sondern aus einer zwischenmenschlichen Beziehung heraus. Plettenberg war zwar Clemens Augusts Polit-Mentor; im innigen Verhältnis zueinander aber standen sie eigentlich nicht.

Roll kam nur »wider seinen Willen und Neigung« an den Rhein; doch schon nach wenigen Monaten spielte er »dank der Gunst Clemens Augusts eine wichtige Rolle im höfischen und politischen Leben«.[49] Plettenberg wollte anfangs nicht wahrhaben, daß Rolls Einfluß immer größer wurde. Er fühlte sich fester denn je im Sattel, zumal Clemens August in der Öffentlichkeit nie Zweifel an Plettenbergs Stellung aufkommen ließ. Ja, der Premier wähnte sich so gut im Geschäft, daß er seine ursprüngliche Absicht, in kaiserliche Dienste zu wechseln, erst einmal aufgab.

Innerhalb zweier Jahre hatte Plettenberg die Herren in Paris zweimal düpiert, verärgert, hintergangen. 1730, als er das fast schon geschlossene Bündnis von Neuhaus sabotierte und im Namen Clemens Augusts Kurköln an den Kaiser verpflichtete; und eben jetzt, als er entscheidende Schrittmacherdienste für die Wahl zum Hoch- und Deutschmeister leistete. Ludwig XV. hätte lieber einen franzosenfreundlichen Fürsten als Ordenschef gesehen, zum Beispiel Clemens Augusts jüngeren Bruder Johann Theodor, der das Erbe des Vaters als französischer Gefolgsmann gut vertrat.

Plettenbergs Autorität mußte also untergraben, gegebenenfalls ganz zerstört werden, wollte Paris Clemens

August für sich gewinnen. Sonderbotschafter Boissieux hatte nach einigen Anfangserfolgen keine Aussichten mehr und wurde abgezogen. Was sollte man machen? Wie konnte man Plettenberg stürzen? Mitten in diese taktischen Überlegungen hinein ereignete sich eine Tragödie, die wie eine Lawine den gesamten Bonner Hof erfaßte und Clemens Augusts Seele zeitweise verdüsterte.

Am Vormittag des 4. Mai 1733 brechen von Bonn aus acht Männer nach Brühl[50] auf. Bis auf einen Kammerherrn sind alle illustre bis schillernde Persönlichkeiten; Clemens August, der bereits vorgeritten ist, hat sie zur Jagd eingeladen. Das Revier zwischen Augustusburg und Falkenlust gehörte zu den besten, vor allem für die Reiherbeize.

Die Männer, die mit Falken Reiher jagen wollen, müssen wir uns genau anschauen. Sind sie doch – gewollt oder ungewollt – die Hauptdarsteller eines Kriminalstücks, dessen Ausgang eine Bedeutung fast europäischer Dimension bekommen soll. Um jeden Verdacht einer Voreingenommenheit auszuschalten, werden sie hier in alphabetischer Reihenfolge genannt.[51] Da ist der 33jährige Freiherr Friedrich Christian von Beverförde, ein Verwandter Plettenbergs, der wie der Premier aus dem Münsterland stammt. Beverförde, schnell aufbrausend, frech und kräftig, verwaltet für den noch unmündigen Sohn Plettenbergs das Amt des stellvertretenden Obriststallmeisters.

Freiherr Johann Hubert von Burgau, etwa 30, Bayer von Geburt, diente 1731 noch als Kapitän in einem

Münsteraner Infanterieregiment, seit September 1732 aber als Obristleutnant der Kavallerie. Jetzt ist er Kommandant der Parforcejagd und gleichzeitig einer der höchsten Offiziere der berittenen Leibgarde Clemens Augusts.

Der ranghöchste Jagdfreund heißt Graf August Wolfart von der Lippe, 44, bereits 1727 Generalleutnant der Armee des Fürstbistums Münster, drei Jahre später kaiserlicher Feldmarschall-Leutnant. Schon mit 16 war er unter dänischer Flagge ins Feld gezogen. Der Offizier ist ein Freund Plettenbergs.

Dann Johann Baptist von Roll, der älteste in der Runde; er ist bereits bekannt. Baron von Sparr, der fünfte, hatte schon 1715 Clemens August und dessen Bruder Philipp Moritz zum Studium nach Rom begleitet, war bayerischer Kämmerer und Offizier. Später wurde er Geistlicher. Zur Zeit ist er Hofkaplan und gehört zur Clique um Plettenberg.

Wie Burgau stammt auch Freiherr von Thann aus Bayern. Nummer sieben ist der 27jährige August Wilhelm von Wolff Metternich zur Gracht, Domherr in Osnabrück und Domscholaster in Paderborn, ebenfalls ein Parteigänger Plettenbergs; der letzte im Bunde ist der Freiherr Bertram Ludwig von Zweiffel zu Overheid.

Zwischen Roll und Beverförde hatten schon seit Tagen erhebliche Spannungen bestanden. Beverförde gehörte, wie gesagt, zur Gruppe um Plettenberg, deren Mitglieder eifersüchtig und mit Argusaugen auf die immer enger werdende Bindung zwischen Clemens August und Roll schauten. Zu Burgau und zu Lippe bemerkt der Deutschordensminister Anfang Mai: »Beverförde versucht seit langem schon, sich meinen Befehlen zu widersetzen.«

Als die Gruppe am Vormittag des 4. Mai Schloß Falkenlust in Brühl erreicht, kommt es zum Eklat. Ein Knecht führt einen heruntergekommenen polnischen Schimmel in den Stall, wo Rolls wertvolle Pferde stehen. »Ein Geschenk für den Herrn Komtur«, sagt er zu seinem erstaunten Kollegen.

Rolls Pferdepfleger erstattet nach dem Mittagessen seinem Herrn Bericht. Der Minister argwöhnt sofort, daß sich nur Beverförde mit ihm diesen dummen Scherz erlaubt haben könnte. Beim Verlassen des Speisesaals in Falkenlust stellt Roll seinen Widersacher zur Rede. Beverförde entgegnet: »Ich habe keinen Befehl gegeben, dieses Pferd in Ihren Stall zu führen. Sie haben doch selbst nach dem Pferd verlangt!«

Während beide die Treppe hinunter auf den Hof gehen, wird der Streit immer lauter. Roll schreit: »Das ist gelogen!« Beverförde erregt sich: »Wer mich einen Lügner nennt, ist ein Hundsfott!« Roll daraufhin: »Bärenhäuter!«

Der hitzige Dialog reicht. Die »sensiblen und schmutzigen, unter Kavalieren unerlaubten Worte« lassen nur eine Konsequenz zu: Satisfaktion, Genugtuung, Wiederherstellung der Ehre, Duell!

Es wird Abend in Brühl. Beverförde bittet den alten Haudegen Lippe, mit Roll auszumachen, wie dieser sich »der vorgefallenen Affaire wegen explizieren und auf welche Weise er dasselbe verstanden haben wollte«.

Lippe nimmt den Auftrag an und begibt sich in Rolls Zimmer. Später wird er zu seiner eigenen Entschuldigung behaupten, er habe beiden Parteien ein friedliches Ende des Zwischenfalls geraten. Roll, laut Lippe: »Wenn Beverförde den Bärenhäuter auf dem Buckel behalten, bitte, dann bin ich fürs Ende. Aber wissen Sie, Lippe, mein Degen und meine Pistolen sind bereits auf dem Weg hierhin.« Lippe informiert Clemens August, der bereits durch Burgau von dem ernsten Streit erfahren hat. Der Kurfürst überlegt. Dann sagt er: »Beide müssen unter Arrest gestellt werden.« Feldmarschall Lippe rät ab: »Damit ist nichts behoben. Die treffen über kurz oder lang wieder aufeinander. Man muß beiden Gelegenheit geben, den Vorfall auszudiskutieren.«

»Sprechen heißt Schlagen«, meint Clemens August, »davon will ich nichts wissen. Absolut nichts!«

Lippe erhält Order, sowohl Beverförde als auch Roll auszurichten, sich »jeder Tätlichkeit zu enthalten und sich gütlich zu vergleichen«. Der Offizier beruhigt den Kurfürsten: »Sie können sich auf mich verlassen. Ich werde dafür sorgen, daß kein Unglück geschieht.«

Die geplante Reiherbeize findet am nächsten Morgen bereits sehr früh statt. Clemens August warnt Beverförde, es nicht zum Letzten kommen zu lassen und schlägt vor: »Sie können erklären, die Worte seien im Rausch gefallen. Alles sei nur ein Mißverständnis.« Beverförde scheint nun doch Angst bekommen zu haben; denn Metternich erzählt er von einem »kuriosen Händel um eine Bagatelle«. Aber er sei »bereit«. Auch Roll läßt Feldmarschall Lippe wissen, daß er »nun spazieren« reite. Das ist das Zeichen.

Während die Falkenjagd auf Reiher weitergeht, treffen sich die Duellanten an der Kamesgasse,[52] unmittelbar vor dem Köln-Tor. Beverförde ist in Begleitung von Lippe, Zweiffel und zwei Reitknechten; Roll hat Burgau und ebenfalls zwei Knechte mitgebracht. Da prescht auf dem Pferd Metternich heran. Clemens August hatte das Fehlen seiner fünf Begleiter bemerkt und sofort vermutet, daß sie »wegen der verfluchten Kinderei Händel« beginnen wollten. Metternich sollte nochmal versuchen, dies zu verhindern – wenn es sein mußte, mit Unterstützung der Wachsoldaten. Lippe beruhigt: »Nicht nötig.« Auch Beverförde und Zweiffel wiegeln ab.

Metternich reitet zu Roll und Burgau. »Kommen Sie mit zur Kurfürstlichen Durchlaucht, ei, was wollen Sie Händel machen. Die Kurfürstliche Durchlaucht hat es befohlen. Vertragen Sie sich in Güte.« Roll scheint nicht mehr ganz bei Sinnen und reißt Metternich den Hut vom Kopf: »Kerl, Du drehst mir die Worte herum. Ja, Brüderle, es läßt sich so nicht ausmachen.« Metternich gibt dem Pferd die Sporen.

Beverförde und Zweiffel gehen auf Roll zu. Zweiffel will vermitteln, aber Roll steigert sich in einen Wortschwall hinein. Beverförde unterbricht ihn: »Allons, fangen wir an!« Beide ziehen ihren Degen, Roll geht voraus in einen kleinen Obstgarten und ruft Beverförde zu: »Attackiere er mich!« Über das, was dann geschieht, gehen die später zu Protokoll gegebenen Beobachtungen Burgaus, Lippes und Zweiffels auseinander. Doch es gibt drei Zeugen, die sich zum Zeitpunkt des Duells unerkannt in unmittelbarer Nähe aufhielten und deren Aussagen sich weitgehend decken.

Die 16jährige Margaretha Contzen, die gerade dabei war, Gras fürs Vieh zu rupfen: »Ich bemerkte im Garten zwei Herren, einer kurz von Positur mit einer schwarzen Perücke (nämlich Roll), der andere etwas länger mit eigenen Haaren in einem blauen Kleid (Beverförde). Der Kürzere wendet sich etwas nach links und hält die Hand so, als wenn er seinen Degen wirklich wieder eingestochen hätte. Der Längere hatte seinen Degen nur halb in der Scheide, nahm in dann mit Schwung heraus und stieß ihm dem Kürzeren von unten nach oben in den Körper. Der Kürzere ging noch ein, zwei Schritte und stürzte dann nieder.«

Der frühere Soldat und jetzige Knecht Jakob Paulus: »Ich saß in einer Hecke, nur vier bis fünf Schritt von Roll entfernt. Beide zogen den Degen, Beverförde wich zunächst zurück, für Roll wäre es ein leichtes gewesen, den anderen über den Haufen zu stechen. Er hieb aber nur ständig in der Luft herum und hat wahrscheinlich den Vizestallmeister am Kopf verwundet. Als der die Blessur bekommen, hat Roll gesagt, es ist genug, wir wollen ein Glas Wein trinken und wie Brüder zusammen leben. Roll wandte sich ab und steckte seinen Degen weg. Auch Beverförde tat so, aber dann stach er den Roll über den Haufen.«

Johannes Rüb, der als Maurer am Brühler Schloß beschäftigt ist: »Der kleinere Herr hat zu dem größeren, der Blut am Gesicht und auf der Hand hatte, gesagt, Bruder es ist genug. Beverförde zog den halb eingesteckten

Degen und führte einen Stoß aus. Roll wich zurück, sank zur Erde und sagte, Bruder, ich habe genug.«

Beverfördes Degen trifft Roll links unter der zweiten Rippe und dringt parallel ins Herz ein. Während Lippe und Beverförde sofort den Tatort verlassen und nach Köln fliehen, kümmern sich Burgau und Zweiffel um den sterbenden Roll. Ein aus Brühl herbeigerufener Arzt kann indes nicht mehr helfen. »Jesus, Maria, Joseph«, haucht Roll mit letzter Kraft; dann ist er tot.

Als Clemens August vom Tode seines engen Freundes erfährt, bricht er zusammen. Unermeßlich ist seine Trauer. Für ihn ist ein Mord an Roll geschehen, ein gemeiner Mord. Und in die »Trauer mischten sich Gewissensbisse, mischt sich vor allem aber eine ängstliche Sorge um des Toten Seelenheil«.[53] Hatte er genug getan, um das Duell zu verhindern? Hätte er energischer dazwischenfahren müssen? Wäre es nicht besser gewesen, beide erst einmal festzunehmen?

Roll wird bereits am nächsten Tag, dem 6. Mai, unter starker Anteilnahme der Bevölkerung in der Brühler Pfarrkirche beigesetzt; kein Reichsfürst hätte ein würdevolleres Begräbnis erhalten. Clemens August stiftet 1 000 Taler, damit jeden Dienstag und Freitag Seelenmessen gelesen werden können. In seinen Privatgemächern in Brühl und Bonn läßt er Porträts des verstorbenen Freundes aufhängen; sie erhalten einen Ehrenplatz gleich neben Bildern seines Vaters Max Emanuel und seines Bruders Karl Albrecht.

Der Kurfürst setzt mehrere Untersuchungskommissionen ein, die unabhängig voneinander die Umstände des Duells klären sollen. Sein Urteil freilich steht schon vorher fest, und trotz einiger Hinweise, die gegen Roll sprechen und damit Beverförde entlasten, will er von einer Mitschuld seines Freundes nichts wissen. Warum diese hitzige Attacke Rolls auf Clemens Augusts Unterhändler Metternich? Weshalb schlug er alle Vermittlungsversuche Lippes aus? Beverförde war augenscheinlich an einer Einigung interessiert; als er Rolls Sturheit bemerkte, fügte er sich in die vermeintliche Notwendigkeit.

Die ersten Tage und Wochen nach dem tödlichen Duell zieht sich Clemens August völlig zurück. Ihn, der zwar oft nachdenklich, aber niemals introvertiert war, hat eine starke Melancholie befallen, die ihm nur wenige Lichtblicke läßt. Sein Bruder Karl Albrecht schreibt ihm aus München und bittet förmlich, diesen »Zufall nicht gar zu sehr zu Herzen zu nehmen und, da doch nichts mehr in Sachen zu ändern, desselben werteste Gesundheit zu menagieren und die Betrübnis so viel wie möglich auszuschlagen«.[54] Außer seinen Ärzten läßt Clemens August nur einen Menschen zu sich: den unmittelbar nach dem Tode des Bruders aus Bruchsal angereisten Wormser Domdechanten Joseph Anton von Roll.

Eines Abends widerfährt dem 45jährigen Geistlichen Merkwürdiges. Der halbausgekleidete Clemens August ruft ihn in sein Schlafzimmer und zeigt ihm sein Unterhemd. Obenherum, wo die Brust sich befindet, ist der Stoff verklebt, fast verharscht. Die leicht geschwollenen Brüste laktieren, kein Zweifel.

Diese körperlichen Veränderungen machen Roll Sorge: Insgeheim informiert er die Leibärzte. Um welches medizinische Phänomen kann es sich hierbei handeln? Man überlegt, liest sich ein in die Fachliteratur, wägt ab. Die Herren Doktoren kommen zum Schluß, daß dies eine Folge des Bewegungsmangels sein könnte. Clemens August hatte ja immer viel Sport getrieben, geritten, gejagt. Die plötzliche Ruhe hindere die Körpersäfte daran, aus den Poren zu treten; er schwitze sozusagen durch die Brüste. Roll empfiehlt daraufhin dem Kurfürsten, er solle so oft wie möglich an der frischen Luft spazieren gehen.[55]

In seiner seelischen Not erinnert sich Clemens August einer Nonne in Kaufbeuren, Maria Crescentia Höß. Sie, die einfache Weberstochter aus Kaufbeuren, hatte man ohne die übliche Mitgift, nur aus Gnade und Barmherzigkeit, ins Kloster aufgenommen; schon bald war ihre Gottseligkeit, ihre Gottinnigkeit, Gesprächsthema an europäischen Höfen. Fast täglich beantwortet die mittlerweile 51jährige Oberin ein oder zwei Briefe, deren Schreiber oder Schreiberinnen sich in gefährlichen, psychischen Ausnahmezuständen befinden. Und Crescentia von Kaufbeuren kann durch die Kraft ihrer Worte helfen.

Am 16. Mai, elf Tage nach Rolls Tod, schreibt sie an Clemens August: »Eure kurfürstliche Durchlaucht gibt auf meinen Brief vom 11. dieses Monats[56] gnädige Antwort, ich sollte bei der göttlichen Majestät, ich, die ich eine arme Nichtigkeit bin, um gnädige Offenbarung bitten, in welchem Zustand sich diese (Rolls) Seele befindet. Ich habe dreimal gebetet, weil Eure kurfürstliche Durchlaucht in so große Not und Betrübnis gesetzt worden sind um dieser Seele willen. Da hat die göttliche Güte sich gewürdigt mir folgende Antwort zu geben und gesagt: ›Diese Seele ist nicht ewig verunglückt oder verloren, sondern sie ist im Stande der Gnade, aber es wird viel brauchen!‹ Diese Worte erhielt ich immer auf meine Bitte. Mehr hat der Herr nicht geredet, noch auf welche Weise man der Seele zu Hilfe kommen sollte … Eure kurfürstliche Durchlaucht bitte ich alleruntertänigst um die Gnade, Sie möchten gnädigst hierfür alle diese Gelegenheiten, wo solche Unglücksfälle sich ereignen könnten, meiden und abstellen; denn sonst könnte es geschehen, daß einer ewig verunglückt und eine Seele verlustig gehen möchte.«

Auf den Tag genau einen Monat später antwortet sie wiederum – und ihre Zeilen lassen erkennen, in welchem Gemütszustand sich Clemens August befindet. »Dem lieben verstorbenen Freund ist die große Betrübnis Eurer Durchlaucht, die sein Hinscheiden verursacht hat, gar wohl bewußt. Ich werde, was ich schon vorher besprochen habe, mit meiner Gebetshilfe ihm beispringen und für ihn zu Gott bitten. Er wird hingegen bei Gott für die Anliegen Eurer kurfürstlichen Durchlaucht bitten, die er in Gott erkennt. Auch will ich den allerhöchsten Gott noch bitten, daß er Ihnen an Stelle des verstorbenen guten Freundes wiederum einen solchen frommen, tugendhaften und Gerechtigkeit liebenden und dienstbereiten an den kurfürstlichen Hof schicken wolle … Sie fragen, ob der Verstorbene noch gute Gedanken gehabt, sonst wäre er nicht so glücklich gestorben. Und in dieser Sache ist er der Unschuldigste gewesen, er hat niemals verlangt solches zu tun. Allein, weil große Personen große und wichtige Geschäfte und Ämter haben, haben sie dort die entsprechende Verantwortung und weil die Gerechtigkeit äußerst strenge ist, muß alles gar hart gebüßt werden.«

In den nächsten Briefen spielt Crescentia die Mittlerin zwischen dem verstorbenen Roll und Clemens August; sie gibt die angeblichen Ratschläge weiter, die im Zwiegespräch mit dem Toten an ihr Ohr dringen. »Ich werde noch von dem guten Freund Eure Durchlaucht an etwas zu erinnern angehalten, daß er nämlich ganz liebreich rät, daß man das Gewissen öfter reinige und auch, daß Eure kurfürstliche Durchlaucht beflissen sein wollen, das Gewissen rein zu erhalten ...«

Oder: »Also im Vertrauen nur darf ich Ihnen die nunmehr ewige Glückseligkeit des so geliebten und treuen Freundes ansagen. Die Güte und Barmherzigkeit Gottes hat unsere Bitte erhören wollen, ihn aus der Pein des Fegefeuers befreit und seinen Auserwählten zugesellt. Wie groß seine Freude ist, kann nicht beschrieben werden und auch nicht wie er seine Dankbarkeit bei Gott für Ihre Durchlaucht erzeigen wird. Er weiß wohl, was für ihn getan worden ist ...«

»Der liebe Freund hat an seinen gnädigsten Kurfürsten den Wunsch, daß Sie die Eitelkeit der Welt und das gefährliche Spiel, das diese Zeit mit sich bringt, erkennen mögen, so tun sie ihm die größte Freude und Glorie bereiten; denn es ist Gott eine Freude und Ehre, wenn solche Beleidigungen verhindert werden … Der liebe Freund sagt auch, daß Sie sich noch immer Sorge machen, weil damals ein Fehler gemacht worden sei, weil man sich nicht näher umgesehen habe, so dürfen Sie beruhigt sein, er achtet dessen nicht mehr, das ist vorbei, auch seiner Mörder nicht, sondern bittet für sie bei Gott …«

»Daß Eure kurfürstliche Durchlaucht sich befragen wegen Ihres im Himmel wohnenden lieben und guten Freundes, habe ich nach einigen Bitten zu Gott folgendes von ihm selbst vernommen: Er habe nach dem Stich eine kurze Zeit gehabt, einen guten Gedanken zu fassen und in dieser Zeit habe ihm Gott eine große Gnade gegeben, daß er seinem Feinde vollkommen verzeihen konnte. Auch Eure Durchlaucht seien ihm in den Sinn gekommen, es habe ihm wehe getan, daß man ihn nicht genug beschützt habe, aber, wie er in die Ewigkeit hinübergekommen sei, habe er gleich gesehen, daß Sie unschuldig gewesen und alles getan haben. Was er mit den andern geredet und auf welche Weise er den Stich bekommen und wer ihm zugesprochen, könnte er wohl sagen, aber er wolle das alles auf sich beruhen lassen und nichts davon melden …«

Unterdessen nähert sich der 5. Mai 1734, Rolls Todestag. In aller Herrgottsfrühe bricht Clemens August von Brühl aus ins fast 50 Kilometer entfernte Nievenheim zu einer Fußwallfahrt auf; sechs Stunden nur will er für die Strecke gebraucht haben. In der Nievenheimer Kirche betet er vor dem Erlöserbild für die Seele seines Freundes.

Zwei Tage später läßt er Rolls Grab in der Brühler Pfarrkirche öffnen. Crescentia hatte Clemens August in dieser Absicht bestärkt. Er könne das wohl tun, es sei kein Unrecht, da »Sie damit die beste Absicht haben, seine Unschuld der Welt zu offenbaren und bekannt zu machen«. Gott sollte ein Zeichen setzen. Befindet sich der Leichnam in der ursprünglichen Verfassung, so ist Roll – glaubt Clemens August – unschuldig gestorben. Andererseits: Ist der Körper bereits verwest, war er dann an seinem Tode mitschuldig? Waren dann sowohl der Kurfürst als auch der Zweikämpfer selbst mitschuldig? Clemens August nimmt auf Anraten seiner Ärzte an der Graböffnung nicht teil; sein labiler seelischer Zustand könnte sich noch verschlechtern. So muß er sich auf die Berichte von Zeugen verlassen. Tatsächlich wird ihm nach dem feierlichen Zeremoniell gemeldet, der Leichnam Johann Baptist von Rolls befinde sich in gleichem Zustand wie bei der Beerdigung vor einem Jahr. Pfarrer Breuer, der anwesend war, trägt in sein Totenregister ein: »Die Leiche ist ohne jede Entstellung unversehrt. Mit eigenen Augen habe ich gesehen, was ich über jenen Herrn geschrieben.«[57] Seinen Bruder Karl Albrecht läßt Clemens August wissen: »Ich will's zwar für kein Mirakel ausschreien, alleinig natürlich ist es dennoch nicht. Die Unschuld des Abgelebten wird aus diesem genug bekräftigt … Es war kein übler Geruch festzustellen, ja mehrers ein wohlriechender.«

Der Kurfürst ist derart beeindruckt von den Zeugenberichten, daß er eine zweite Graböffnung beschließt; dies geschieht drei Wochen danach.[58] Nach einem Gutachten seines Leibarztes Mauritius Peter von Müsch genannt Paßera wird eine kolorierte Zeichnung angefertigt. Sie zeigt den toten Roll im Sarg liegend, den Mund halb geöffnet, auf der Brust das Kreuz des Ritterordens, in den gefalteten Händen den Rosenkranz. Man hat ihm den rechten Stiefel ausgezogen und das Leichentuch über der Brust aufgeschlagen; tatsächlich ist der Körper vollständig erhalten. Ein Augenzeuge der Graböffnung weiß zu berichten: »Man hat den Körper so frisch gefunden, als wenn er eben erst begraben worden, das Fleisch gesund, vollkommen, weich und farbig, die Wunde blutend, das Blut flüssig.«

Es ist durchaus möglich, daß die Zeugen beider Exhumierungen beschlossen hatten, über den wahren Zustand von Rolls Körper ihrem Herrn nichts zu melden;[59] daß der Leichnam, wie es eigentlich normal wäre, längst verwest gewesen sei; daß sie Rücksicht nehmen auf Clemens Augusts schwere Depressionen, unter der sie ja alle leiden. Der Kurfürst jedenfalls befindet sich im Glauben und in der Überzeugung, daß sein Freund im Sarg noch so liege, wie er am 6. Mai 1733 hineingebettet worden sei. Er schreibt an Crescentia, und sie antwortet am 23. Juni 1734: »Aus dem allergnädigsten Handschreiben vernehme ich auch die große Freude, die Euer Durchlaucht gehabt haben, wie man bei der Eröffnung des Grabes des seelenguten Freundes seinen Leib unverwest gefunden hat … Eure kurfürstliche Durchlaucht erachten selbst durch Ihre hohe Vernunft, ob dies natürlich sein kann, ein ganzes Jahr in der Erde vergraben zu liegen und nicht zu verwesen. Das ist gewiß zu bewundern und würde nicht erhört worden sein, wenn es nicht etwas Besonderes und Übernatürliches wäre, das der liebe Gott geschehen ließ, um zu zeigen, wie er den Seinigen, die ihn lieben und fürchten, Ehre auf dieser Welt und dann erst im Himmel seine ewigen Freuden gibt.«

Crescentias Einflußnahme (sie sprach ja von Mördern und von harter Buße gegen sie) und Clemens Augusts eigenwillige Betrachtung der Duell-Affäre hatten schon lange vor den Graböffnungen in ihm Gefühle hervorgerufen, die man ihm nicht zugetraut hätte: Er wurde zum Racheengel. Es nutzte nichts, wenn seine besten Freunde Rolls Widersacher Beverförde und dessen Sekundanten Lippe und Zweiffel als gerade, ehrliche Männer hinstellten; auch der Hinweis, daß Roll, der eigentliche Verursacher, »ehrlicherweise von des Überwinders Faust geblieben« sei, zog nicht. Clemens August tat alles, um seine Feinde auszuschalten.

Beverfördes Güter wurden eingezogen; erst als er mit den Preußen ins Geschäft kam, änderte sich seine Lage. Er starb wahrscheinlich 1768. Lippe mußte seinen Dienst als Oberkommandierender quittieren, trat aber dann in die Armee des Kaisers ein; sein Tod wurde am 18. Januar 1739 gemeldet. Zweiffel schied aus dem Deutschen Orden aus – er war Novize – und übernahm ebenfalls ein kaiserliches Amt. Sparr verschwand ebenso aus Clemens Augusts Gesichtskreis wie Thann. Selbst Burgau, in dessen Armen Roll gestorben war, bekam den Zorn des Kurfürsten zu spüren. Clemens August bat in Jülich um Amtshilfe und ließ ihn im Gefängnis des dortigen Schlosses festsetzen; damalige Klatschblätter wie der »Europäische Staats-Secretarius« berichteten zwar von Burgaus Hinrichtung. In Wahrheit aber wurde er nach etwa zwei Jahren Haft entlassen. Burgau ging zurück in seine bayerische Heimat; die letzte Nachricht über ihn datiert vom 20. Januar 1758.[60] Lediglich Metternich blieb verschont.

Am schlimmsten traf es aber einen Mann, der unmittelbar mit dem Duell gar nichts zu tun hatte: nämlich Ferdinand von Plettenberg, den kurkölnischen Premier. Clemens August steigerte sich in die Überzeugung hinein, Plettenberg sei der wahre Schuldige am Tode Rolls, zumal der »Mörder« Beverförde ein naher Verwandter des höchsten Ministers war. Er warf ihm »häßliche Eifersucht auf Roll« vor, weil der Deutschordensminister so schnell »mein Vertrauen« hatte erobern können; tatsächlich war das Verhältnis zwischen Roll und den Plettenberg-Anhängern nicht spannungsfrei.

Clemens August gab Order, alle Vorwürfe gegen Plettenberg zu sammeln, um ein internes Verfahren gegen ihn einzuleiten. Ungeachtet der Tatsache, daß Plettenbergs Sohn Ansprüche auf die Position des Obriststallmeisters hatte, berief der Kurfürst Rolls Bruder Ignaz in dieses Amt – ein deutlicher Affront gegen seinen noch amtierenden Premier.

Es paßt ins Charakterbild des seelisch gebrochenen Clemens August, daß alle seine Handlungen nun extreme Dimensionen annahmen. Noch gestern war Plettenberg der unumstrittene politische und diplomatische Führer, sein Mentor, sein wichtigster Mitarbeiter; heute ein Verfolgter, Ausgestoßener, Geächteter. In diese persönliche Auseinandersetzung zwischen Clemens August und Plettenberg griffen nur folgerichtig die diplomatischen Wühlmäuse Frankreichs und Bayerns ein; sie erkannten die Chance, die sich für die alten Pläne wieder eröffneten. Wenn der starke Plettenberg nicht mehr am Hofe war, konnten sie Clemens Augusts Bindung an den Kaiser unterminieren. Und sie leisteten perfekte Arbeit. »Alles ist hier in Verwirrung, eine Kabale, hitzig und heftig in ihren Ratschlägen und in ihren Maßnahmen, hat«, so wußte ein Zeitgenosse zu berichten, »die Gelegenheit des tragischen Endes des Herrn von Roll benutzt, um im Gemüt des Kurfürsten Groll und Mißtrauen anzufachen, und sie hat nur zu gut Erfolg gehabt.«

Clemens Augusts Reise nach München am 11. Juni 1733 signalisierte dann endgültig seine feste Absicht, zurück auf die französisch-bayerische Linie zu schwenken. Plettenberg verschwand nach Nordkirchen, wo ihn im September die Degradierung erreichte. Schlau wie er war, wußte er, was ihm noch blühen könnte. Um sich einer Festnahme zu entziehen, setzte sich Plettenberg in seine Herrschaft Witten ab. Sein Sekretär wurde in der Tat festgenommen und in die Zitadelle von Münster geworfen. Der Bruch zwischen Clemens August und Plettenberg war perfekt.

Ging's von nun an bergab?

DIE AUSSENPOLITISCHEN QUERFELDEINLÄUFE

Mächtige Länder im Nordwesten des Reichs
Ein Mann schwankt im Geld
Wie solide ist die Innenpolitik?

Der offizielle Titel Clemens Augusts reflektiert Macht, Einfluß und Größe – nur auf dem Papier? »Erzbischof zu Köln, des Heiligen Römischen Reiches durch Italien Erzkanzler und Kurfürst, geborener Legat des Apostolischen Stuhles zu Rom, Administrator des Hochmeistertums in Preußen, Meister des Deutschen Ordens in Deutsch- und welschen Landen, Bischof zu Hildesheim, Paderborn, Münster und Osnabrück, in Ober- und Niederbayern, auch in der Oberpfalz, in Westfalen und zu Engern Herzog, Pfalzgraf bei Rhein, Landgraf zu Leuchtenberg, Burggraf zu Stromberg, Graf zu Pyrmont, Herr zu Borckelohe, Werth, Freudenthal und Eulenberg.«[1]

Der bayerische Herzogstitel war ihm ebenso in die Wiege gelegt wie der oberpfälzische; faktisch brachte er ihm nichts. Daß er Legat des Papstes sei, ist von Rom immer bestritten worden; also war dies – wie auch das des Kanzlers – nur ein theoretisches Amt. Die Zeiten eines Hoch- und Deutschmeisters waren so gut wie vorbei, Pyrmont, Borckelohe, Werth, Freudenthal, Engern (bei Rinteln/Weser) bedeutungslose Flecken.

Was übrig blieb, war freilich gewichtig genug. Der Kölner Erzbischof rangierte nach seinem Mainzer Amtskollegen in der Liste der wichtigsten geistlichen Persönlichkeiten im Reiche auf Platz zwei, die Bistümer Hildesheim, Paderborn, Münster und Osnabrück waren aufgrund ihrer günstigen geographischen Lage ertragreiche Stücke Erde; der Kurfürst aus kölnischen Landen gehörte zu den ranghöchsten Territorialherren, die Funktion eines Herzogs von Westfalen einschließlich des Vestes Recklinghausen spielte hingegen eine untergeordnetere Rolle.

Werfen wir einen Blick auf Größe und Einwohnerzahl des Clemens-August-Reiches. Das Erzbistum Köln maß rund 6 600 Quadratkilometer einschließlich der knapp 2 800 Quadratkilometer des reinen Kurfürstentums;[2] die gesamte Einwohnerzahl lag bei 200 000. Die Größe Münsters betrug 10 500 Quadratkilometer (350 000 Einwohner), Osnabrücks 3 080 Quadratkilometer (120 000 Einwohner), Hildesheims 2 970 Quadratkilometer (80 000 Einwohner), Paderborns 2 420 Quadratkilometer (100 000 Einwohner); das Terrain des Hoch- und Deutschmeisters, aufgeteilt übers ganze Reich, war 2 200 Quadratkilometer groß. Rechnerisch gesehen, herrschte Clemens August also über eine Fläche, die ungefähr ein Neuntel der heutigen Bundesrepublik Deutschland ausmacht. Die Zahl der Einwohner ergibt addiert 850 000, etwa 160 000 weniger als Köln in heutigen Tagen.

Über die strategische Bedeutung ist zu Beginn schon einiges gesagt worden. Geopolitisch gesehen, lagen Kurköln und die Bistümer konzentriert im Nordwesten und stellten für Ost-West- als auch für Nord-Süd-Bewegungen eine erhebliche Barriere dar. Ferdinand von Plettenberg hatte diese Stärke, nicht immer ganz geradlinig, auszunutzen verstanden. Sein Nachfolger im Amt, der Kölner Domdechant Ferdinand Leopold von Hohenzollern-Sigmaringen, besaß mitnichten Plettenbergs Qualitäten; er war »politisch unbefähigt, desinteressiert und in Staatsgeschäften höchst nachlässig«.[3]

Hatte Plettenberg den Kurfürsten über lange Jahre hinweg neutral bis kaiserfreundlich halten können, so steuerte Clemens August ab Herbst 1733 einen außenpolitischen Kurs mit fast anarchistischen Zügen. Dies lag nicht allein an ihm, sondern vielmehr an seinen vermeintlichen Beratern, die nur ihre eigenen Interessen kannten und sie auch vertraten. Der Bonner Hof war »frei für Intriganten und Stellenjäger jeder Art«.[4] Und da die Franzosen dieses Geschäft mit am besten verstanden, holten sie Clemens August zurück in die alte bayerisch-französische Allianz.

Clemens Augusts erster Kurswechsel fiel zeitlich zusammen mit der Kriegserklärung Frankreichs an Österreich, das bis vor kurzem noch Vertragspartner des Kurkölners war. Die eigentliche Ursache des Waffengangs lag nicht in Wien, sondern in Warschau. In Polen war August der Starke gestorben, und Rußland und Österreich unterstützten als neuen Kandidaten dessen Sohn Friedrich August II. Frankreich hingegen favorisierte

– Familie verpflichtet – Ex-König Stanislaus Leszczynski, dessen Tochter Maria mit Ludwig XV. verheiratet war. Der Franzosenkönig dachte freilich über diesen Polnischen Erbfolgekrieg hinaus; er sorgte sich vielmehr um die bevorstehende Hochzeit der Kaisertochter Maria Theresia mit Herzog Franz von Lothringen, die »eine an der französischen Nord- und Ostgrenze gefährliche Konzentration habsburgischer Macht ergeben könnte. Da französische Truppen nicht nur Lothringen besetzten, sondern auch die Reichsfeste Kehl belagerten und nahmen, kam es im Frühjahr 1734 zur Kriegserklärung des Reichs«.[5]

Anfangs hatte sich Kurköln defensiv verhalten; doch dann erlag Clemens August, der eigentlich dem Kaiser verpflichtet war, den Lockungen der Franzosen. Am 10. Januar 1734 schlossen Ludwig XV. und Clemens August ein Bündnis, das »die Anerkennung der Pragmatischen Sanktion, die für Karl VI. alles bedeutete und die von Kurköln vor kurzem noch feierlich ausgesprochen worden war, jetzt desavouierte und widerrief, dagegen aber alle vom bayerischen Kurhause auf einen Teil des österreichischen Erbes erhobenen Ansprüche als berechtigt anerkannte«.[6] 300 000 Gulden sollte Clemens August als Dank für diesen Vertrag kassieren; zu seinen Gegenleistungen gehörte die Aufstellung eines 10 000-Mann-Heeres und die Verpflichtung, »in allen allgemeinen wie in besonderen Versammlungen des Reiches die französischen Interessen … zu vertreten«.[7]

Ein Jahr später kam es zu einer Erneuerung des Kontraktes. Ludwig XV. band seinen östlichen Nachbarn noch enger an sich; Clemens August verpflichtete sich in einem geheimen Zusatzartikel, seinen französisch gesinnten Bruder bei dessen Griff nach den österreichischen Erblanden und der Kaiserkrone kräftig zu unterstützen – vorausgesetzt, Karl VI. starb tatsächlich, ohne noch einen männlichen Erben in die Welt gesetzt zu haben. Fast fürsorglich versprach Ludwig XV., alle Schwierigkeiten, die Clemens August aus diesem Vertrag entstehen könnten, aus der Welt zu schaffen. Und wenn gar nichts mehr in dieser Richtung ging, wollte er ihm eine jährliche Pension von 250 000 Taler zahlen.

Der gute Clemens August glaubte diesen schriftlich fixierten Beteuerungen. Warum auch nicht? Aber der gutgläubige Kurfürst kannte nicht die nackte, politische Realität; er konnte sich nicht vorstellen, von dem mächtigen Franzosen im Stich gelassen zu werden. Doch er war nur Spielball. Rücksichtslos vertrat Ludwig seine eigenen Interessen, als er bei den Wiener Friedensverhandlungen spürte, für seinen Schwiegervater Lothringen herausschlagen zu können. Dies war ja sein eigentliches Ziel: einen Prellbock zu besitzen zwischen Habsburg und sich. Er ließ Kurköln fallen wie eine heiße Kartoffel, anerkannte die Pragmatische Sanktion im Salto rückwärts und ward's zufrieden.

Clemens August mag betroffen gewesen sein von diesem eiskalten Manöver, das unter Plettenbergs Ägide nicht geschehen wäre; die Konsequenzen aber zog er nicht. Er wurde zur Wetterfahne, zur europäischen Marionette. War er aber der dümmliche Hanswurst, als der er oft hingestellt wird? War er willfährig, knetbar, nur ein Opfer seiner Subjekte am Hof?

»Man wird vergebens in seiner Außenpolitik eine klare, einheitliche Linie suchen, sie bestand vielmehr aus einem halt- und charakterlosen Hin- und Herpendeln zwischen den jeweiligen europäischen Mächtegruppen, in dem es nur ein Gesetz gab, nämlich eben jene durch die verschwenderischen Ausgaben aller Art gebotene Notwendigkeit, Subsidien zu nehmen.«[8] Das war's, genau das war's! Die schlechte Erfahrung mit Ludwig XV. hatte ihn eines gelehrt: Geld kassieren, wo es nur ging. Ja sagen, Verträge unterzeichnen, die Hand aufhalten. Rückzieher machen, einem neuen Partner sich anbiedern, wieder die Taler in die Geldkiste klimpern lassen. Besser eine Schaukelpolitik, die viel Geld brachte, als eine feste, klare Politik, die vielleicht noch Geld kostete ...

Den Beweis für diese Behauptung anzutreten, ist nicht schwer. Die Etappen der Außenpolitik Clemens Augusts lassen sich auf wenige Zeilen raffen; eine solche Verkürzung der Darstellung drückt erst recht die Hektik von über zwei Jahrzehnten aus.

Im Jahre 1740 stirbt Kaiser Karl VI. tatsächlich ohne männlichen Nachkommen. Laut Pragmatischer Sanktion soll seine Tochter Maria Theresia Chefin des Hauses Österreich werden. Clemens August hatte dieses Gesetz mal anerkannt, dann wieder verworfen; jetzt, wo eine aktuelle Entscheidung gefordert wird, neigt er doch der Wienerin zu. Der Unterhändler Maria Theresias hält schriftlich fest, daß Clemens August die Nachfolge anerkenne und seinerseits um Unterstützung bitte, falls deshalb »von Seiten des Königs von Preußen ... was Tätliches ... unternommen werde«.

Knapp zwei Monate später überrascht eine französische Gesandtschaft Clemens August bei der Auerhahn-Jagd nahe Arnsberg. Gegen gutes Geld soll er der zweiten Erneuerung des Frankreich-Vertrags zustimmen; der Kurfürst fackelt nicht lange, zieht sein Plazet für Maria Theresia zurück und betreibt nun die Wahl seines Bruders Karl Albrecht zum Kaiser, ganz im Sinne der Franzosen. Am 12. Februar 1742 krönt er ihn in Frankfurt.[9] Der Akt ist kaum vollzogen, da liebäugelt Clemens August wiederum mit Wien; denn er fühlt sich düpiert, da »das brüderliche Gefühl dem kaiserlichen Hoheitsschwindel weichen mußte … Am wenigsten konnte er es dem kaiserlichen Bruder vergessen, daß er sich demselben nur mit gebeugtem Knie nahen durfte«.[10]

Das heißt, er will nicht direkt Partei ergreifen im nun ausgebrochenen Österreichischen Erbfolgekrieg. Aber Kapital aus ihm schlagen, das könnte man schon … Er versucht, zwischen seinem Bruder und Maria Theresia zu vermitteln – ohne sichtbaren Erfolg allerdings. Als Ersatz quasi geht er am 4. Juli 1744 einen Vertrag mit den Seemächten England und Holland ein, die Österreich unterstützen. Sein Entgelt: 260 000 holländische Gulden.

Karl VII. stirbt im Januar 1745. Und wieder kann es Clemens August nicht lassen, den Mittler zwischen Wien und München, zwischen Maria Theresia und seinem Neffen Max Joseph, spielen zu wollen. Als Preis für seine Tätigkeit als Unterhändler schwebt ihm eine abenteuerliche Sache vor: Die Stadt Köln soll in den Kurstaat eingemeindet werden.[11] Wien aber winkt ab. Köln war und ist österreichisch gesinnt, das muß honoriert werden. Österreich freilich verliert an Einfluß, die Chancen Frankreichs steigen im gleichen Maße.

Während einer rauschenden Kirmes-Festivität in Poppelsdorf findet Clemens August zu Ludwig zurück. Der bietet ihm am 9. Juli 1747 durch einen pfälzischen Agenten pro Monat 20 000 Gulden; Clemens August sagt zu, obgleich sein Vertrag mit den Seemächten noch läuft. Egal. Zweieinhalb Jahre später ist er sich dann wieder mit den Seemächten einig, gegen ein Honorar von 400 000 Gulden im Jahr; nur 12 Monate danach kettet er sich erneut an Frankreich. Man sagt ihm zu, frühere Schulden abzutragen und zusätzlich pro Jahr 270 000 Gulden zu zahlen. Ist das denn nichts?

Clemens August beruft den franzosenfreundlich eingestellten Freiherrn Hermann Werner von Asseburg an seinen Bonner Hof, Westfale wie Plettenberg,[12] ihm auch äußerlich ähnlich. Asseburg fixiert ihn für mehrere Jahre auf die Pariser Linie. Da wiederholt sich der Vorgang von 1733: Clemens Augusts neuer Günstling Baron Anstel, »ein unbedeutender Mann mit schlechten Manieren«,[13] stirbt ganz unerwartet. Wieder befällt ihn diese tiefe Trauer, wieder verfällt er in schwere Depressionen, wieder fällt sein Verdacht auf einen engen Vertrauten. Clemens August argwöhnt, sein amtierender Kabinettschef Asseburg habe seine Finger beim Tode Anstels im Spiel gehabt; man spricht von Vergiftung, Mord, aus dem Weg räumen – Asseburg stürzt. Doch ehe sich Clemens August über einen neuerlichen Frontwechsel Gedanken machen kann, hat ihn die hohe Politik eingeholt. Frankreich und Österreich brauchen sich gegenseitig, um dem Mann aus Berlin Kontra geben zu können: Friedrich der Große schickt sich an, Mitteleuropa umzukrempeln.

So spulte sich der außenpolitische Part einer sonderbaren Karriere ab. Wie sah es innerhalb der Landesgrenzen aus? Desolat? Düster? Zunächst einmal dies: Clemens August gebot zwar nominell über ein riesengroßes Territorium, das in der Außenpolitik Wirkung zeigen konnte. »Aber auch die häufige Vereinigung der Kölner Kurwürde mit der Leitung westfälischer Bistümer führte keineswegs zum Aufbau einer zentralistischen rheinisch-westfälischen Gesamtverwaltung. Vielmehr waren gerade die geistlichen Landesherrn aus dem Hause Wittelsbach gezwungen, ihr Regiment in Westfalen in einem Ausmaß mit den einheimischen Ständen zu teilen, das zu dem absolutistischen Zeitgeist in einem bemerkenswerten Gegensatz steht.«[14] Innerhalb dieser einheimischen Stände zählten die Domkapitel zu den einflußreichsten. Auch das kölnische Herzogtum Westfalen und das Vest Recklinghausen blieben abgenabelt von Mutter Köln und regierten sich sehr ordentlich selbst; in Mergentheim führten Spezialisten den Deutschen Orden. Was für eine innenpolitische Betrachtung bleibt, ist also Kurköln selber; Innenpolitik heißt für Clemens Augusts Regierungszeit nicht nur Verwaltung und Verordnung. Unter dem Oberbegriff Innenpolitik rangiert praktisch das gesamte öffentliche Leben: Wirtschaft, Finanzen, Ver- und Entsorgung, öffentliches Bauwesen, Gesetzgebung. Und hier schneidet der Kurfürst nicht schlecht ab.

Kurköln war unterteilt in zwei Provinzen, das Ober- und Niederstift. Die südliche Provinz (Oberstift) umfaßte eine Fläche von 1645 Quadratkilometern und die Ämter Altenahr, Altenwied/Linz, Andernach, Bonn, Brühl, Godesberg/Mehlem, Hardt/Lechenich, Nürburg, Rheinbach, Rhens, Zeltingen, Zülpich und Alcken, das zusammen mit Trier verwaltet wurde. Die nördliche Provinz (Niederstift) war mit 1 148 Quadratkilometern und den sieben Ämtern Köln/Deutz (Sitz in Deutz), Hülchrath/Erprath, Kaiserswerth, Kempen/Oedt, Liedberg, Linn/Uerdingen etwas kleiner. Größte zusammenhängende Kommune war nicht etwa die Residenzstadt Bonn, sondern die Große Honschaft Kempen mit 3 820 Hektar.

Die Staatsführung selbst bestand – gegen Ende der Regierungszeit Clemens Augusts – aus der Kurfürstlichen Hohen Staatskonferenz, die einschließlich des Territorialherrn vier Mitglieder zählte. Zum Geheimen Rat gehörten insgesamt 51 Mitglieder, zur Geheimen Kanzlei drei Staatssekretäre. Die Geistliche Konferenz war das höchste Organ für alle kirchlichen Angelegenheiten; der Hofrat war letzte Gerichtsinstanz und Innenministerium zugleich, die Hofkammer das Finanzministerium. Die einzelnen Behörden arbeiteten nicht immer sauber getrennt. »Für uns sind die gegenseitige Durchdringung der Kompetenzen und die daraus resultierende häufige Verschiebung der Gewichte schwer verständlich, doch stellen sie in der deutschen Staatenwelt des 18. Jahrhunderts nichts Außergewöhnliches dar.«[15]

Obgleich ein Mann des Absolutismus, konnte Clemens August mitnichten absolutistisch regieren. Durch die Erblandesvereinigung von 1463 (1550 erneuert), die den Charakter eines Grundgesetzes hat, besaßen die einzelnen Stände weitreichende Rechte. Allen voran das Domkapitel, dem der Kurfürst-Erzbischof jedes Jahr ein Rechenwerk staatlicher Einnahmen und Ausgaben vorlegen mußte. Zusammen mit den Ständen der Grafen, Ritter und Städte bildete das Domkapitel den Landtag, der sich stets im Bonner Kapuzinerkloster versammelte – pro Jahr einmal und dann sechs Wochen lang. Ohne Zustimmung dieser vier Landstände durfte Clemens August weder Krieg führen noch neue Steuern erheben.

Die Konstruktion des Kurstaates Köln war also recht kompliziert. Für die Menschen am Rhein brauchte sie nicht allzu durchschaubar zu sein. Hauptsache, daß das, was in Bonn geplant und beschlossen wurde, den Bürgern allgemein verständlich erklärt werden konnte. Und Clemens August dachte bürgernah. So verfügte er am 25. Mai 1729, daß beim Offizialat in Köln, dem geistlichen Hofgericht, statt der lateinischen die deutsche Sprache eingeführt werden müsse.[16] Um seine Untertanen vor Winkeladvokaten zu schützen, durften nur jene Rechtsanwälte bei Gericht zugelassen werden, die den Richtern als »fähig bekannt« waren; Revisionen, so wies er die Gerichte an, hätten im Interesse der Parteien zügig zu behandeln zu sein.

Nicht nur der Schutz der Bürger vor allzu selbstherrlicher Obrigkeit lag ihm am Herzen. Clemens August wollte auch verhindern, daß sie sich selbst gefährdeten. Am 16. Juni 1749 erneuerte er das schon früher ergangene Fensterl-Verbot für junge Burschen – in lauen Sommernächten nach reichlichem Alkoholgenuß eine oft tödliche Angelegenheit; weil er wußte, daß auch bei den Richtfesten die Flaschen unentwegt kreisten, machte er sich über diese Problematik Gedanken: »Die bei vollendeten Neubauten für Hilfeleistungen geschehenen Bewirtungen der Nachbarn und Freunde sollen nur noch mit Unterlassung aller schwelgerischen Gastmahle, Tänze und Zechereien erlaubt sein.« Wegen der großen Brandgefahr im Sommer untersagte er unter Androhung von Geld- und Haftstrafe das »feuergefährliche Schießen, Raketenwerfen und Abbrennen von Feuerwerken in Städten, Flecken und Dörfern.« Wurden aus einem Nachbarstaat Kurkölns ansteckende Krankheiten gemeldet, durften Reisende hierzulande nur mit Gesundheits-Bescheinigungen passieren; auch mitgeführte Waren mußten als »nicht infiziert« abgestempelt sein. Mit einer Order freilich war niemand so recht einverstanden. Clemens August übernahm von seinem Vorgänger Joseph Clemens die Bestimmung über Sperrstunden in Kneipen, die recht restriktiv gehandhabt wurde. Bis zum 21. Mai 1742 durften die Wirte nach neun Uhr abends nichts mehr ausschenken; wer dagegen verstieß, bekam eine Strafe von immerhin 25 Gulden aufgebrummt. Der Kurfürst, selbst nie ein Freund exzessiven Alkoholgenusses, liberalisierte das Gesetz etwas. Danach war im Sommer um zehn Uhr Polizeistunde, im Winter blieb es bei neun Uhr. Außerdem durften die Gastwirte »kein liderliches und verdächtiges Gesindel aufnehmen« und »sollten jeden Abend einen Nachtzettel über die bei ihnen logierenden Fremden einreichen«. Im übrigen: Wer nach Einbruch der Dunkelheit ohne Licht auf der Straße angetroffen wurde, mußte drei Gulden Strafe zahlen. Damit wollte Clemens August das »nächtliche Schwärmen und Schwelgen« verhindern.[17]

Für die Einhaltung der inneren Sicherheit sorgte eine mobile Gendarmerie-Truppe. Sie zog ohne festen Marschplan von Landstrich zu Landstrich und sollte durch ihr plötzliches Auftreten Verbrechen präventiv bekämpfen. Die einzelnen Ortschaften waren per Dekret verpflichtet, diese Elite-Polizisten »mit Obdach und Lagerstätten unentgeltlich, mit Fourage und Mundverpflegung aber gegen billigen Preis« zu verpflegen. Außerdem mußten als Unterstützung jederzeit Schützen bereitstehen, die dann dem Befehl der Gendarmerie Folge zu leisten hatten. Für Verhaftungen bekamen diese Bürgerpolizisten entsprechende Belohnungen. Um »Schlägereien, Verwundungen und Duelle« zu vermeiden, durften Apotheker- und Barbiergesellen, Lakaien, Handwerksburschen, Rechtsanwälte, Prokuratoren, deren Gehilfen und junge Kaufmannssöhne keine Degen tragen. Wer zuwider handelte, dessen Degen wurde eingezogen. Außerdem drohte ihm eine Haftstrafe.[18]

A propos Duell. Erst gut neun Jahre nach dem Tode seines Lieblings Johann Baptist von Roll im Zweikampf erließ Clemens August eine scharfe Bestimmung gegen das Duellieren. Wegen der »in den erzstiftischen Landen dies- und jenseits des Rheines fortdauernden Duell-Sucht« packte er das Übel an der Wurzel – und ahndete schon solche Handlungen, die eine Veranlassung zum Zweikampf sein könnten: Verleumdungen, Beschimpfungen, Bedrohungen oder Tätlichkeiten. Wurden dennoch Duellanten ertappt, drohten ihnen und ihren Sekundanten drastische Strafen: Gefängnis, Adelsverlust, Zerbrechen der Wappen durch Henkershand, Einzug des Vermögens, möglicherweise Hinrichtung durch Strang oder Schwert. »Zugunsten solcher Verbrecher sollen weder Verjährung noch landesherrliche Begnadigung eintreten können.«

Der kurkölnische Hofrat setzte erstmals ein völlig neues Fahndungsmittel ein – die »Gauner- und Zigeunerlisten«. Sie enthielten präzise Beschreibungen gesuchter vermeintlicher oder mutmaßlicher Täter, die allerdings oftmals bei Inquisitionsprozessen unter der Folter denunziert worden waren. Solche Listen, die auch andere Landesherren erstellen ließen, wurden mit den Nachbarterritorien ausgetauscht, was »Fahndung und Überprüfung von Vaganten durchaus erleichterte«.[19]

Auch bei der Strafvollstreckung arbeiteten die Anrainer zusammen. So organisierten Köln, Mainz und Trier gemeinsame Transporte Verurteilter nach Venedig, wo auf sie die Galeerenstrafe wartete. Der Transport über die Alpen war teuer, weil Venedig »die überbringungs Kosten« bezahlte, lohnte er sich nur, wenn mindestens 20 Delinquenten zusammen kamen.[20]

Ob es einem Volk gut oder schlecht geht, hängt nicht ursächlich mit Schutzbestimmungen den Bürgern gegenüber zusammen; aber sie können etwas aussagen über die Fürsorge eines Landesherrn – und diese Fürsorge zählt ja schließlich zur Lebensqualität. Über die Regierungszeit des Wittelsbachers geistert ein altes Wort durch die Jahrhunderte: »Bei Clemens August trug man blau und weiß, da lebte man wie im Paradeis!« Satire – oder Lob für den Kurfürsten? Wirklichkeit oder Wunschdenken?

Bezogen auf die Wirtschaftskraft des Landes und die Infrastruktur mag dieser Spruch gestimmt haben – in Friedenszeiten. In Clemens Augusts 38jährige Amtszeit fielen der Polnische und der Österreichische Erbfolgekrieg und ab 1756 der Siebenjährige; immerhin fast 20 Jahre lang waren fremde Soldaten im Land, die sich nie an die Spielregeln des Lebens hielten. Kontributionen, Fourage, Quartier, wer sich widersetzte, hatte mit brutaler Rache zu rechnen. »Wenn es durchaus sich nicht anders einrichten läßt, als daß die Truppen Eurer Majestät ihre Winterquartiere in meinen Ländern nehmen«, schrieb Clemens August an Ludwig XV.,[21] »so bitte ich, daß es auf eine Art geschehe, daß meine Untertanen nicht zur Verzweiflung gebracht oder gezwungen werden, um nicht Hungers zu sterben, das Land zu verlassen.«

Aber die Menschen und der Boden erholten sich immer wieder. Den Bürgern half bei diesen Kraftanstrengungen das Wissen, für sich selbst und nicht für irgendeinen Fremdling zu arbeiten. Immerhin gehörte ihnen – Städtern und Bauern – fast die Hälfte des kurkölnischen Grundes, während sich die andere Hälfte Adel und

Geistlichkeit in etwa teilten.[22] Hinzu kam, daß das Ackerland in weitesten Teilen Kurkölns sehr fruchtbar war (und ist). Im Südwesten wurde Wein angebaut, ganz guter Wein übrigens. Um die Versorgung der Bevölkerung in schweren wirtschaftlichen Zeiten zu sichern, erließ Clemens August mehrere Exportverbote. So durfte im Oktober 1742 keine Butter ausgeführt werden, auch der Export von Kohle und Holz wurde (1746) völlig eingestellt; selbst gebündeltes Brennholz unterlag diesen Bestimmungen, »wegen steigender Preise und zu besorgenden Mangels desselben«. Als Strafmaßnahme wurde Konfiszierung des Holzes und dessen Transportmittel angedroht. Rinder mußten ebenfalls im Lande bleiben.

Auch in Zeiten der Rezession freilich war Clemens Augusts Reich einer der wirtschaftlichen Mittelpunkte in Europa. »Unbeeinflußt von politischen und verwaltungstechnischen Maßnahmen des Staates bildet die wirtschaftliche Tätigkeit der Menschen und die durch sie verursachten vielfältigen ökonomischen Erscheinungen mit den natürlichen, landschaftlichen Bedingungen ein unauflösbares Ganzes. Dementsprechend« sei von »Wirtschaftslandschaften zu sprechen, unter denen eine aus natürlicher Ausstattung und Lage, dem Wirken der Wirtschaft und der zusammenführenden Tätigkeit der Verwaltungen geformte Einheit zu verstehen« sei.[23] Im Rheinland und in Westfalen gab es mehrere dieser Landschaften. »Im Süden das rohstoffreiche, metallwirtschaftlich ausgerichtete Siegerland, nördlich davon das fast agrarische kölnische Sauerland mit seinem Holz-

und Wasserreichtum; das Süderland, der südlich der Ruhr gelegene Teil der Grafschaft Mark, vereinte durch seine eigenen Rohstoffvorräte und die Nähe der siegenschen Vormaterialerzeugung fast alle Zweige einer gewerblichen Halbfabrikateproduktion. Das westlich sich anschließende, rohstoffarme Bergische Land war gekennzeichnet durch die gewerbliche Weiterverarbeitung bezogener Rohstoffe und Halbfabrikate durch den weltweiten Handel mit verfeinerten Erzeugnissen. Der Hellweg als alte Handelsstraße vom Rhein zur Weser stellte aufgrund seiner Fruchtbarkeit die Kornkammer der umliegenden, gewerblich orientierten Landschaften dar. Linksrheinisch die nördliche, zum Herzogtum Jülich gehörige Eifel mit ihrem Eisen- und Textilgewerbe und der Gerberei, an die sich nordwestlich das heterogene Gewerbezentrum um die Städte Aachen und Stolberg, nordöstlich die alte Handels- und Gewerbestadt Köln anschloß. In der niederrheinischen Bucht und im nördlichen Flachland bildete die größtenteils nebengewerblich betriebene, ländliche Textilwirtschaft den Schwerpunkt des gewerblichen Lebens.«[24]

Kurköln war eingebettet in starke wirtschaftliche Regionen; dies kam zur eigenen Kraft hinzu. Um die Mitte des 18. Jahrhunderts begann an Rhein und Ruhr die Industrialisierung, vor allem die Metallverhüttung und die Stahlproduktion – ein noch junges Verfahren. Nach dem damaligen Stand der Technik verschlangen diese Systeme sehr große Mengen an Holz; die Kohle löste schließlich das Holz ab. Die Eisenerzeugung en gros begann im übrigen unter Clemens Augusts Herrschaft:

1758 wurde in Osterfeld (Vest Recklinghausen) die Hütte »St. Antony« gegründet, die mit Sumpf- und Raseneisenerzen arbeitete. »Durch die fortgeschrittensten Teile ihrer Industrie erscheinen die Rheinlande schon früh mit dem Weltmarkt in Verbindung, zahlreiche Zusammenhänge fesseln ans übrige Deutschland, vor allem aber bilden sie miteinander ein wirtschaftliches Ganzes.«[25]

Zwei Beispiele zeigen, daß Clemens August auch gewillt war, für ein funktionierendes Verkehrssystem zu sorgen. Da ist der Max-Clemens-Kanal, ursprünglich von seinem Vor-Vorgänger Maximilian Heinrich geplant, dann in Clemens Augusts Regierungszeit realisiert – finanziert allerdings wurde der Kanal von den Münsterschen Landständen. Der eigentliche Plan war gegen Mitte des 17. Jahrhunderts, eine Kanalverbindung zwischen dem Niederrhein und der Ems zu schaffen, um unter Umgehung Hollands einen eigenen Rhein-Nordsee-Anschluß zu besitzen; diese Absicht wurde dann fallengelassen. Was blieb, war der Gedanke, den starken Güterverkehr zwischen dem Münsterland und Holland mit Hilfe einer künstlichen Wasserstraße weitaus kostengünstiger zu gestalten. Als beste Verbindung schien den Planern wegen der vorhandenen kleinen Flußläufe die Strecke Münster-Rheine-Oldenzaal-Zwolle. Da die Kalkulation große Gewinne versprach, drängte Clemens August den Baumeister Meetsma[26] zum schnellen und daher überstürzten Beginn; dieses Ruck-Zuck-Verfahren sollte sich später als verhängnisvoller Nachteil herausstellen. Am 9. Mai 1724 tat Clemens August den ersten Spatenstich, anderthalb Jahre danach bereits konnte er auf dem ersten Teilstück eine Probefahrt machen. Die »Frankfurter Zeitung« meldete am 29. Dezember 1725, daß der »Canal bey seiner Churfürstl. Durchlaucht sowohl als auch dem Herrn Bruder und übrigen Standespersonen ein völlig hohes Vergnügen erwecket haben.«[27]

Wegen der viel zu kurzen Planungszeit verzettelte sich Meetsma; die Trasse wurde zum Teil durch ungünstige Böden gezogen, so daß es zu erheblichen Verteuerungen kam. Zum Schluß reichten die veranschlagten 120 000 Taler nur zum Kanalbau bis westlich von Rheine; das Ende der Wasserstraße hieß Clemenshafen. Aber immerhin: Man war Holland ein großes Stück nähergekommen.[28] Der Kanal wurde nicht nur zum Transport von Fracht genutzt, auch Personen und die Post wurden befördert.

Zwar hatte Clemens August von Beginn an diesen Wasserweg als bischöfliches Monopol betrachtet, das zur Vermehrung seiner Einkünfte dienen sollte. »Indes in der ganzen Einrichtung des Kanalbetriebes als staatliches Monopol, denn Fürst und Staat sind eben damals dasselbe, nähert sich Clemens August in auffälliger Weise dem Bestreben unserer Zeit zur Verstaatlichung der gesamten wichtigeren Verkehrsmittel, wie es namentlich in den letzten Jahrzehnten sich in Deutschland gezeigt hat. Ja, man könnte die Einrichtung Clemens Augusts in gewissem Sinne schon eine Verwirklichung des erst in der allerjüngsten Zeit aufgetauchten Gedankens einer staatlichen Monopolisierung des Schiffahrtsbetriebes auf den künstlichen Wasserstraßen nennen.«[29]

Zweites Beispiel: die Straßen. Ein Blick in die frühere Literatur zeigt, wie wichtig den Menschen damals ordentlich befestigte und saubere Ortsverbindungen waren. Obgleich einem Herrn namens Johann Joseph Süss in seiner »Kurzen Geschichte der Bischöfe, Erzbischöfe und Churfürsten im Erzstifte Köln« (Köln, 1825) für die Beschreibung Clemens Augusts nur wenige Druckzeilen zur Verfügung standen, vergaß er nicht, seinen Lesern diese Information zu geben:

»Zur Verschönerung des Landes hat Clemens August sehr viel gethan, ließ 1752 alle Landstraßen in seinem Erzstifte erhöhen und pflastern …« Das ist der längste Satz überhaupt in dieser Mini-Biographie aus dem Jahre 1825.[30]

1727 gab Clemens August Order, die vielbefahrene Direkt-Verbindung Bonn – Köln (Bunnestraze, Lange-Meil, heute Bonner Straße) auszubessern, teilweise zu pflastern und links und rechts mit 3 537 Lindenbäumen zu bepflanzen. Da die Allee-Linden immer wieder angefahren und verletzt wurden, erließ er am 19. Dezember 1729 ein Gesetz zum Schutz der Bäume; als Strafmaßnahmen wurden Geldbuße, Haft und öffentliche Auspeitschung angedroht. In dieses Gesetz wurde später auch die Landstraße Köln – Königsdorf, die heutige Aachener Straße, einbezogen. Wie intensiv Reise- und Postverkehr in jener Zeit war, zeigt ein Blick auf den Fahrplan der kaiserlichen Post für einen beliebigen Sonntag im Jahre 1740: Um neun Uhr kam in Köln die

Post aus Braunschweig, Hannover, Westfalen, Niedersachsen, dem Märkischen, dem kölnischen Niederstift und den brandenburg-preußischen Landen an, um 11 Uhr aus Nordfrankreich, Holland, Brabant und »bei günstigem Winde« aus England, um ein Uhr aus Geldern und dem Jülicher Land, um vier Uhr aus Wien und Italien. Sendungen gingen um 12 Uhr nach Zweibrükken, in die Unterpfalz, den Rheingau, nach Lothringen, Luxemburg und ins Moselland, um vier Uhr nach Italien, Tirol, Bayern, Schlesien, in die österreichischen Erblande, nach Franken, in die Schweiz, nach Schwaben, in das Elsaß, zum Oberrhein, nach Sachsen, Thüringen, in den Westerwald und ins Hessenland.[31]

Die baulichen Aktivitäten Clemens Augusts besaßen neben der strukturellen Verbesserung des Landes auch eine beschäftigungspolitische Variante. Beim Anblick seiner schönen Schlösser Brühl, Falkenlust oder Clemenswerth kann man zwar über Prunksucht, Prestige und Pomp sinnieren. Aber man dürfe »dabei nicht übersehen«, notierte der Kölner Historiker Friedrich Eberhard von Mering, »daß viele dieser Schlösser nicht sowohl zum Prunke gebaut worden sind, als vielmehr um der arbeitenden Klasse Erwerb zu verschaffen, ganz im Geiste der damaligen Zeit, welche noch nicht dahin gekommen war, durch Fabriken und andere weit aussehende Geschäftsverbindungen den Impuls zum Erwerb in Masse zu schaffen«.[32] Um seine Arbeiter vor Konkurrenten aus der Stadt zu schützen, wurde am 6. Februar 1728 ein Spezialgesetz erlassen. Stadtkölnische Handwerker durften im Kurstaat weder für Neubauten angeworben werden noch hier ihre Produkte verkaufen; wer an schon begonnenen Bauten arbeitete, mußte schleunigst seine Tätigkeit einstellen.

Diese Anordnung diente freilich nicht nur dem Schutz der eigenen Leute; sie war gleichermaßen die juristische Antwort auf ein gleichgelagertes Verbot des Kölner Rates. An dieser Situation zeigt sich, daß die jahrhundertealte Spannung zwischen Stadt Köln und Kurköln mitnichten abgebaut war. Wer über Clemens August als Innenpolitiker nachdenkt, darf diesen Abschnitt rheinischer Geschichte nicht vergessen.

Wie ernst die Lage auch in der ersten Hälfte des 18. Jahrhunderts war, beweist ein Zwischenfall wenige Tage nach Clemens Augusts offiziellem Einzug als neuer Kurfürst und Erzbischof von Köln. Am 19. Mai 1725 hatte der in Köln lebende, ehemalige kaiserliche Rittmeister Jakob von Latomus[33] auf offener Straße den Ankläger beim Hohen Gericht, Simon Ordenbach, angegriffen – angeblich aus Notwehr. Das Hohe Gericht, unmittelbar dem Kurfürsten unterstellt, ließ Latomus festnehmen und ins städtische Gefängnis schleifen; der Rat protestierte energisch, weil die alleinige Befugnis, Verbrecher innerhalb der Stadtmauern zu ergreifen, in seiner Hand lag (Antastrecht). Nachdem eine zweimalige Aufforderung ans Hohe Gericht, den Ex-Offizier aus der Haft zu entlassen, nichts genutzt hatte, griff man zur Selbsthilfe: Latomus wurde kurzerhand auf freien Fuß gesetzt. Clemens August war erbost. Er sann auf Rache, und diese Rache stand in keinem Verhältnis zum eigentlichen Anlaß. Der Rat besaß – teils zur privaten, teils zur öffentlichen Nutzung – im Stift ausgedehnte Güter. Anfang Juni fielen Dutzende kurfürstlicher Gardereiter in mehrere dieser Güter ein und zwangen die Pächter, sie über Wochen hinweg zu verpflegen. Die Reiter benahmen sich wie die Berserker, knechteten die Belegschaft, trieben das Vieh fort oder verschleppten Getreide und andere Feldfrüchte. Die finanzielle Einbuße des Rates war enorm; doch Clemens August hatte noch nicht genug. Am 4. Juli ließ er einen hohen städtischen Beamten auf kurkölnischem Gebiet aus dessen Kutsche holen und auf Schloß Hülchrath einsperren. Köln rief den Reichshofrat in Wien an, den die ganze Angelegenheit aber nicht sonderlich bekümmerte. Erst am 19. Juli 1726 ordnete er an, Clemens August müsse die Gardereiter abziehen, den Beamten freilassen und den verursachten Schaden bezahlen. Ehe das kaiserliche Dekret den Bonner Hof erreichte, hatte der Kurfürst bereits gehandelt – im Sinne der Anordnung.

Dies war längst nicht die einzige Auseinandersetzung zwischen Stadt und Staat Köln;[34] lassen wir weitere Exzesse links liegen. Konzentrieren wir uns auf einen alten Traum der Kölner Kurfürsten: die Rückeroberung der Stadt.

Clemens August hat zeitlebens mit dem ernsthaften Gedanken gespielt, Köln wieder einzuverleiben in den Staat; jeder auf dem Stuhl des Kölner Erzbischofs, der ja gar nicht in Köln saß, hatte diese Absicht zum politischen Prinzip erhoben. Dabei war die Stadt überhaupt nicht mehr attraktiv; sie hatte ihre alte Stellung als eine der wichtigsten Handelsstädte Mitteleuropas längst verloren, weil nun statt der Binnenplätze die Seehäfen dominierten. Ihre innere demokratische Struktur war durch Korruption und Klüngel ausgehöhlt, ihr äußeres Bild ein Bild von Traurigkeit. Köln sei, so schrieb ein reisender Franzose, die abscheulichste Stadt Deutschlands, starr vor Schmutz und halb entvölkert, beherrscht von Bettlern, die in Stuhlreihen vor den Kirchen säßen: »Stirbt der vorderste ab, so rückt sein nächster Nachbar nach der strengsten Ordnung in der Reihe nach. Die Eltern, welche zu dieser Zunft gehören, geben einen bestimmten Platz vor einer Kirchentür ihren Söhnen oder Töchtern zur Aussteuer mit, wenn sie heiraten.« Daß sich in der Stadt Köln die Bettler unbehelligt tummeln konnten, war die unmittelbare Folge einer scharfen Gesetzgebung im Kurstaat. Die einschlägigen Verordnungen riefen sogar »die bewaffneten Untertanen allmonatlich ein oder zweimal zur Vaganbunden-Jagd« auf. Wer sich einer Festnahme widersetzte, auf den durfte geschossen werden, »für den Fall, daß sie nicht zu überwältigen sein möchten, müsse die Hilfe der nächsten Garnison requiriert werden«. Köln war für die Bettler die einzige Ausweichstation.

Um die Mitte des 18. Jahrhunderts wohnten in der Stadt etwa 40 000 Menschen; höchstens aber 58 000.[35] Der kaiserliche Resident in Köln, Franz Josef von Bossart, urteilte: »Wenn nach der Größe des Umfangs der Stadt alle leeren Plätze bebaut, die ledigen Häuser bewohnt, Fabriken und Manufakturen angelegt, Justiz und Polizei gehandhabt und mit einem Wort eine vernünftige Regierungsform zu Bevölkerung und blühender

Handlung eingeführt würde, könnten wohl 200 000 See-
len Raum und Nahrung finden.« Aber so siechte die
Stadt dahin.

Ihre Eingemeindung in den Kurstaat hätte möglicherweise sogar zu dessen innenpolitischer Schwächung geführt; diese Überlegung stand freilich hinter dem jahr-
hundertealten Wunsch zurück, die freien Bürger Kölns,
die einst dem Territorialherrn die Stirn geboten und ihn
hinausgeworfen hatten, in die Knie zu zwingen. Zwischen seinem Regierungsantritt und dem Jahre 1753[36]
hat Clemens August ein gutes halbes Dutzend Mal den
Versuch unternommen, die Stadt zu annektieren; doch
bevor er in Köln einmarschieren konnte, machten seine
jeweiligen Koalitionspartner einen Rückzieher und ver-
sagten ihm die für einen solchen Schritt unerläßliche di-
plomatisch-politische Rückendeckung. Ein anderes Mal
drängten ihn seine Berater, eine Studentenrevolte innerhalb der Stadtmauern auszunutzen und einen Überra-
schungscoup zu landen; es war im Mai 1744, und damals
hatte es zwischen der städtischen Obrigkeit und den Studenten der Kölner Universität tagelange schwere Auseinandersetzungen gegeben. Im Mittelpunkt stand die
junge Sibylla Gumpertz aus Wesel, die von zu Hause
ausgerissen war und in Köln vom jüdischen Glauben
zum katholischen konvertieren wollte. Da sie als Jüdin
den vorgeschriebenen Passierschein nicht besaß, wurde
sie festgenommen – für die Herren Studiosi ein gewalt-
tätiger Akt der Bürokratie und der Obrigkeit.

Für sie war auch Clemens August Obrigkeit; dennoch
versuchten sie, ihn in der Auseinandersetzung mit dem

Rat der Stadt für sich zu gewinnen. Doch es war Mai, und der Mai war der Todesmonat seines Freundes Johann Baptist von Roll. In solchen Tagen waren nur Melancholie und Depression seine Berater. Nein, von Gewalttätigkeiten wollte er dann nichts wissen …

EIN FREUND
DER MENSCHEN?

Clemens August, der Geistliche

Der Jesuitenpater Jungen, Pfarrer in einer kleinen Ortschaft unweit von Bonn, hatte mit seinen Schäfchen jede Menge Sorgen. Setzte er eine Taufe um 11 Uhr an, kamen die Paten garantiert eine Stunde zu spät, weil sie auf dem Weg zur Kirche in einer Kneipe haltmachten; einmal verlangte ein völlig betrunkener Pate, Jungen solle den neugeborenen Sohn seines Bruders auf den Vornamen »Muttergottes« taufen; starb jemand, brachten die Angehörigen den Leichnam ohne Anmeldung zur Beerdigung. Nachts wurde er oft aus dem Bett zu Todkranken geholt, denen er die letzte Ölung und ein paar Almosen spendete – tags darauf waren sie wieder gesund und amüsierten sich königlich, den armen Pfarrer zum Narren gehalten zu haben.

Dies schwere Amt, über das er lauthals klagte,[1] verwaltete der Jesuit im Jahre 1729. Ging es im ganzen Bistum Clemens Augusts so zu wie in Jungens Gemeinde?

Hatte Bacchus zu sagen, und nicht etwa der Pfarrer? Bier statt Bibel und (Wein-)Geist statt Glaube? Pauschale Urteile sind nicht angebracht; Jungen und viele seiner Kollegen aber hatten Grund genug, um zu stöhnen.

Clemens August selbst, der Erzbischof, war im Gegensatz zu seinen oft verlotterten Untertanen ein Mann von – man kann fast sagen – disziplinierter Frömmigkeit. Er ließ kaum eine Messe aus, ging fast täglich zur Kommunion, er betete viel. Er ließ Kirchen bauen, renovieren, engagierte sich in der Heidenmission, wobei er ein besonderes Augenmerk auf China richtete. Die schulische Unterrichtung der Kinder, eine der Hauptaufgaben der Geistlichen, lag ihm vor allem am Herzen. »Unser ernstlicher Will und Meinung aber ist«, heißt es in einer Verfügung vom 12. Oktober 1731 über die Schulpflicht, »daß die Jugend fleißig zur Schule geschickt wird.« Den Eltern droht er mit Strafe: »Kraft dieses werden die Eltern nachdrücklich erinnert, daß sie ihre Kinder sowohl sommers als auch winters, wenn sie bei der Arbeit nicht ganz nötig gebraucht werden, fleißig zum Schulgang anhalten. Mit der Warnung, daß diejenigen, die solches unterlassen oder verabsäumen, neben dem gewöhnlichen Schulgeld ein Strafgeld bezahlen müssen.«[2]

Zwei Jahre später verschärfte Clemens August diese Anordnung, weil »in vielen Pfarreien die religiöse Unterweisung der Jugend wieder auf ein tiefes Niveau gesunken war, vielfach durch die Indolenz und Gleichgültigkeit der Eltern, vielfach aber auch durch die unverantwortliche Pflichtversäumnis der Pfarrer, die sich um die katechetische Instruktion mancherorts nicht kümmerten«.[3] Nachlässige Eltern mußten je nach »Schwere des Verbrechens« ein, zwei oder drei Pfund Wachs bezahlen; Pfarrer, die grundlos die Sonn- und Feiertagskatechese ausfallen ließen, wurden mit Strafen von einem Gulden an aufwärts bedroht.

Der Erzbischof war kein geistlicher Führer, nein. Kein katholischer Kämpfer, erst recht kein Fanatiker. Was er als verbesserungsbedürftig erachtete, ließ er seine kirchlichen Funktionäre realisieren. Und das war auch besser so. Denn die von ihm ernannten Würdenträger – der Weihbischof als sein Vertreter bei Pontifikalhandlungen, der Generalvikar als Verwalter des Erzbistums und der Offizial als geistlicher Gerichtsherr – machten ihre Sache recht gut.[4] Der Generalvikar arbeitete fast in eigener Verantwortung; mußten zwischen ihm und seinem Erzbischof Kontakte hergestellt werden, traten in der Regel Clemens Augusts Beichtväter Franz Ellspacher und Meinolph Nebel als Mittler auf. Die Administration bekümmerte den Kirchenfürsten kaum.

Eine Ausnahme bildete die Wiederbelebung des Priesterseminars in Köln, das gegen Ende des 17. Jahrhunderts sang- und klanglos eingegangen war. Die Initiative dazu hatte bereits im Jahre 1709 der Papst in Rom ergriffen; doch finanzielle Schwierigkeiten und die Weigerung des Kölner Rates, der toten Hand – der Kirche also – innerhalb der Stadt neuen Besitz zuzugestehen, torpedierten das Projekt vorerst einmal. Anfang April 1727 plötzlich verlangte Clemens August »vom Generalvikar eine Aufstellung, über die zugunsten des Seminars vorhandenen Mittel und etwa noch zu erwartende Legate und ein Gutachten, wie das Seminar am besten einzurichten und zu verwirklichen sei«.[5] Kaum waren zwei Wochen verstrichen, wiederholte er seine schriftliche Aufforderung und erbat sich die Antwort in spätestens vier Tagen. Am 28. April 1727 dann ordnete er an, »ein seminarium clericorum in unserer Stadt Cöllen aufzurichten« und verfügte gleichzeitig eine Schul- und Hausordnung. Die Seminaristen müßten ihre wissenschaftlichen Kenntnisse durch eine Eingangsprüfung unter Beweis stellen, der Kursus sollte zehn Monate dauern. Als Direktor und dessen Vize sah Clemens August zwei Jesuiten vor – zweifellos unterlag er in dieser Beziehung dem jesuitischen Einfluß am Bonner Hof –, als Lehrer zwei Domkapitulare. Als Chef der Ökonomie sei ein Geistlicher niederer Klasse zu engagieren.

Das zuständige Domkapitel freilich lehnte den »in seiner Grundidee eines praktischen, asketisch-pastoralen Vorbereitungskursus für alle Seelsorgegeistlichen wertvollen Plan«[6] rundweg ab. Ob dieses Nein ein vorsätzlicher Affront Clemens August gegenüber war oder tatsächlich sachlich begründet, läßt sich so einfach nicht sagen. Das Kapitel jedenfalls hielt ihm vor, den wichtigsten Aspekt nicht richtig durchdacht zu haben: die Finanzierung.

Kaum war der Brief von Köln nach Bonn abgeschickt, meldete sich ein Finanzier von selbst. In seinem am 30. August 1727 abgefaßten Testament verfügte der frühere Amtmann von Schleiden und Saffenburg, Johann Jakob von Broich, daß sein Vermögen und sein Haus an der Kölner Severinskirche zur Gründung eines

Priesterseminars dienen sollten. »Dieweil es heutigen Tags«, heißt es in diesem Testament,[7] »leider mehr an geistlichen als weltlichen Almosen fehlt, welche geistlichen Almosen in rechtschaffener Einführung des in häufige Mißbräuch zerfallenen cleri sonderlich saecularis bestehen, daß diese also gelehret werden, um andere rechtschaffen zu lehren, also in Tugenden und Eingezogenheit geübt werden, um andere darin üben und allen mit einem rechtschaffen exemplo in der Tat vorleuchten zu können, daran das Verderb oder Heil der ganzen hierab dependierenden christ-catholischen Gemeinden gelegen, also mit innigsten Seufzern zu wünschen ist, daß die in Kirchengesetzen so hoch empfohlene, aber ganz vernachlässigte Einrichtung deren priesterlichen Seminariorum jedoch endlich hierselbst in der wegen beständigen catholischen Glaubens so gerühmten Stadt Köln um so mehr ihren Fortgang habe, als bereits verschiedene merkliche legata von anderen Testatoren zu solch heilsamen Endzweck vorhanden, also fast alle Entschuldigungen aus dem Wege geräumt sind, dieses Werk einmal zur Wirklichkeit zu bringen, als habe mir hierzu beförderlich zu sein und mich selbst zu tätlicher Beihilfe dieses Vorhabens zu begeben vorgesetzt.«

Der gleichermaßen zuversichtliche und großzügige Broich starb ein Jahr später. Jene Verwandten, die nur mit geringen Legaten bedacht waren, fochten das Testament an – der Rat ließ daraufhin Haus samt Kapital arretieren. Bis 1730 dauerte die juristische Auseinandersetzung; dann wurde das Testament für gültig erklärt. Weitere sechs Jahre brauchte es, ehe zwischen dem Erzbischof und dem Domkapitel die letzten Unstimmigkeiten beseitigt waren. Das Gründungsdekret datiert vom 20. Februar 1736 – als Standort des Priesterseminars wurde ein Haus an der Ostseite des Domhofes ausgesucht –, am 29. Juni 1738 wurde der Herd angeworfen, und der Koch begann, die ersten Mahlzeiten zuzubereiten: Das Seminarium Clementinum nahm seine Lehrarbeit auf. Elf Jahre danach, 1749, verfügte Clemens August, daß jeder Priesterkandidat das Seminar 12 Monate mindestens zu besuchen hätte – ein Novum in der Ausbildung deutscher Geistlicher.

Die Restauration des Priesterseminars ist zweifellos Clemens Augusts größte innerkirchliche Tat, auch wenn er außer Engagement in der Sache soviel nicht dazu beigetragen hat; seine wichtigste Handlung ist die Krönung eines deutschen Kaisers: die Krönung seines Bruders Karl Albrecht.

Erinnern wir uns kurz an die politischen Verhältnisse. Kaiser Karl VI. starb am 20. Oktober 1740; »da er keinen männlichen Thronerben hinterließ, bestand nach einer rund dreihundertjährigen Reihe habsburgischer Kaiser und Könige für einen anderen Reichsfürsten die reale Aussicht, Träger der höchsten weltlichen Würde, welche die abendländische Christenheit zu vergeben hatte, zu werden.«[8]

Jene Pragmatische Sanktion, um deren Anerkennung Karl VI. wie ein Löwe gekämpft hatte, sollte seiner Tochter Maria Theresia ja den Weg freimachen für die Thronbesteigung in den österreichischen Erblanden, in Ungarn und in Böhmen. Clemens August hatte Karls

Hausgesetz anerkannt, beiseite geschoben, wieder anerkannt; sein Münchner Bruder Karl Albrecht und dessen Amtskollege aus Sachsen hingegen waren von Beginn an energisch gegen die Pragmatische Sanktion. So nahm es nicht wunder, daß der Tod des Kaisers einen europäischen Aufruhr verursachte, den Österreich kaum glätten konnte. Vielleicht hatte Clemens August insgeheim selbst einmal mit dem Gedanken gespielt, der Nachfolger Karls VI. zu werden, vielleicht. Aber wenn, hätte es nur träumerische Verspieltheit sein können. Reichsrechtlich gesehen durfte ein geistlicher Kurfürst gar nicht Kaiser werden. De jure war er einer der mächtigsten Männer im Reich, was die damals gültige Rangfolge der geistlichen Führer offenbart. Hinter dem Mainzer Erzbischof rangierte der Kölner an zweiter Stelle, es folgte der Trierer, der Salzburger, der von Besançon, an sechster Stelle bereits wurde der Hoch- und Deutschmeister genannt; die weitere Rangliste: Bamberg, Würzburg, Worms, Eichstätt, Speyer, Straßburg, Konstanz, Augsburg, Hildesheim, Paderborn, Freising, Regensburg, Passau, Trient, Brixen, Basel, Münster, Lüttich, Chur, Osnabrück und Lübeck.[9] In dieser Liste von 27 Würdenträgern kam Clemens August sechs mal vor.

Sein Bruder Karl Albrecht avancierte zum aussichtsreichsten Kandidaten, und Clemens August akzeptierte. Während sich bis auf den Mainzer Kurfürsten alle anderen durch Botschafter vertreten ließen, reiste Clemens August bereits zwei Wochen vor Eröffnung der offiziellen Wahlhandlungen in Richtung Frankfurt: So wurde er der eigentliche Promotor Karl Albrechts.

Am 9. Dezember 1741 traf Clemens August in Frankfurt ein; der Auftritt des Sonnenfürsten hätte dem Sonnenkönig zur Ehre gereicht. Im Gefolge des Kölner Kurfürsten wurden nicht weniger als 1 600 Personen und 750 Pferde gezählt, während der designierte Kaiser nur mit 1 293 Personen und 405 Pferden aufwarten konnte. In Lyon hatte sich Clemens August eigens für die zu erwartenden Feierlichkeiten einen kostbaren, mit Edelsteinen bestückten, 22teiligen Ornat einschließlich eines Thronsessels anfertigen lassen, die Capella Clementina. Sie allein soll 60 000 Gulden gekostet haben. In Paris kaufte er über Mittelsmänner »für 183 554 Francs 9 Sous Tand ein, 84 711 Francs 16 Sous warteten lange auf Bezahlung. Es genierte ihn wenig, daß er nicht wußte, woher er all das Zeug bezahlen sollte«.[10]

Die Schau, die Clemens August während dieser Frankfurter Festwochen machte, war bombastisch. Wenn er ausfuhr, bestand der Konvoi aus sechs Karossen, denen vier Diener und 14 Pagen vorauseilten; im fünften Wagen saß der Kurfürst, in den übrigen seine Kammerherren, Offiziere und Minister. Täglich lud er zu Mahlzeiten mit 150 Gedecken – ein Bruder des künftigen Kaisers durfte sich nicht lumpen lassen.

Am 12. Februar 1742 endlich war Krönungstag. Endlich war Clemens Augusts große Stunde da. Im vollbesetzten Frankfurter Dom salbte er seinen Bruder und überreichte ihm das Schwert Karls des Großen, einen Ring, Zepter und Reichsapfel; dann »wurde ihm der Krönungsmantel um die Schultern gelegt und schließlich als Höhepunkt der Krönung dem Knienden von den Kurfürsten von Köln und Mainz sowie dem Trierer Wahlbotschafter, die Krone aufs Haupt gesetzt ... Überblickt man die ganze Spanne der Zeit von der Wahl, der Krönung und der Huldigung Karls VII., dann schiebt sich die Gestalt Clemens Augusts als die überragende Persönlichkeit während dieser entscheidenden Tage in Frankfurt in den Vordergrund; der Fürst, der den Ernst diplomatischer Verhandlungen genauso wie die Festlichkeiten und das Spiel des Zeremoniells im Ringen um das hohe Ziel gleichermaßen einzusetzen wußte. Die Krönung seines Bruders war anscheinend auch sein höchster Triumph«.[11] In Köln übrigens wurde die Nachricht von der Wahl und der Krönung Karls VII. mit riesigem Jubel aufgenommen. Die Freie Reichsstadt war nur dem Kaiser unterstellt, während der Landesherr seine Ansprüche auf Köln dauernd anmeldete; der Landesherr aber war der Bruder des Kaisers – eine durchaus günstige Konstellation. Der Rat schenkte Freiwein aus, Böllerschüsse wurden abgefeuert, Pauken und Trompeten erschallten, ein Porträt des Kaisers stand auf dem Vorplatz des Rathauses, von großen Wachskerzen erleuchtet, »und unter frohen Rufen wurde Vivat Carol! Vivat der Kaiser! gehört«.[12]

Clemens August negierte die überschwengliche Feierei, die weniger Ausdruck tatsächlicher Freude, sondern eher Provokation war. Die Kölner Bürger waren ihm eh egal. So ließ er sich auch nicht von seinem Vorhaben abbringen, als erster Erzbischof nach einer langen Zeit von 200 Jahren wieder für den Kölner Dom zu sorgen; möglicherweise hatte Clemens August sogar den

Plan, die verwesende Ruine vollständig zu retten und während seiner Amtszeit nach den vorhandenen Plänen zu vollenden.[13] Der spätere Aufschrei eines Dombaumeisters, »der reiche Erzbischof Clemens August hätte sein großes Vermögen zum Bau der umliegenden Schlösser und Paläste verwandt, während er seine Kathedrale dem Verfalle preisgab«, stimmt also nicht so ganz.[14]

Als Clemens August 1723 Kölner Erzbischof wurde, war der Dom ein Torso. Zwischen den halbhohen Türmen und dem Mittelschiff klaffte eine riesige Lücke; Fialen drohten abzustürzen, die äußere Hülle des Chores lief Gefahr zu verwittern. Aus jenem Jahr stammt eine Schadensliste, die aller Wahrscheinlichkeit nach vom Dombaumeister Nikolaus Krakamp erstellt wurde. Darin heißt es:

»1. Alle steinernen Galerien oder Lehnen sowohl um den kleinen Chor als auch die oberen um den großen Chor herum an den Stellen, wo die Steine herausgefallen sind oder wo andere lose hängen, wieder mit Hau- oder Ziegelsteinen wie auch mit Klammern versehen und festmachen, damit nicht etwa durch Abfallen der Steine die Domdächer beschädigt werden.

2. Verschiedene rings herumstehende Pilare, steinerne Spitzen oder Türmchen wie auch deren steinerne Streifen mit allem daraufliegendem Zierat müssen ebenfalls wieder versehen werden, da etliche in großer Gefahr sind, herunterzufallen und großen Scha-

den zu verursachen vor allem an den zwei Haupt-
seiten.

3. Die Treppen zum goldenen Türmchen (dem Dachreiter) müssen auch an einigen Stellen verbessert und
   mit genügendem Eisenwerk und Steinen versehen
   werden.

4. Die eisernen Lehnen müssen auch verbessert werden.

5. Die Dächer über den kleinen Chörchen müssen
   ebenfalls ... an vielen Stellen versehen werden, da
   nur einige wenige taugen.

6. Das große Bleidach über dem Hauptchor muß mit
   einigen Bleiplatten verbessert werden, da sonst das
   Holzwerk hier und da Schaden leidet.

7. Das goldene Türmchen (der Dachreiter) hat sich etwas versetzt.

8. Einige hölzerne Streifen müssen mit Blei oder Blech
   wieder versehen werden.

9. Etliche hölzerne Fenster und Türen müssen neu gemacht werden, weil es hineinregnet.

10. Das Glockengestühl ... muß wieder geflickt werden.

11. Das Kranen (?)-Dach muß mit Blei und Schiefer
    ausgebessert werden.

12. Wo am Kran-Schnabel kein Blech oder Blei mehr ist,
    muß ausgebessert werden.

13. Neben dem Turmkran sind einige Steine los.

14. Das kleine Dach oberhalb der ... Treppe muß mit
    Klammern festgemacht und ausgebessert werden.

15. Die Regenrinnen hier und da an den Dächern müssen
    mit Holzwerk, Schiefer und Blei neu versehen werden.

16. Oben auf der Kirche, wo man gearbeitet hat ...,
    muß das Dach geflickt werden.
17. Die Glasfenster sind hier und da zu stopfen.«[15]

Erst 1748 allerdings schickte Clemens August seinen
Star-Architekten Michael Leveilly nach Köln, der sich
um Restaurierung und Konservierung des Doms kümmern sollte. Mit Hilfe von 13 000 Tannenholz-Brettern,
die Clemens August zur Hälfte bezahlte, schuf er zwar
keine architektonische Schönheit, dafür aber eine be-
nutzbare Kirche; das mit hölzernen Gewölben über-
zogene Langhaus (beziehungsweise Mittelschiff) besaß
eine Höhe von etwa 18 Metern. »Geplant war wohl
anfangs auch eine Stuckierung der Decke, sie ist aber
nie ausgeführt worden. So blieb das Werk des Bau-
meisters mehr oder weniger eine technische Leistung
– freilich eine mit hohem Ziel: Es gelang so, die mittel-
alterlichen Teile des Domes vor dem Verfall zu bewahren.«[16]

Clemens August hat nicht nur für die Erhaltung des
Kölner Domes gesorgt; er ließ das Orgelsystem ausbauen, stiftete seine Capella Clementina und eine Mon-
stranz, deren Goldgewicht allein vier Pfund betrug. Sie
wurde während der französischen Besatzungszeit gestoh-
len und am 5. Oktober 1803 in der Darmstädter Münze
eingeschmolzen. »Nächst den Bischöfen des Mittelalters
hat keiner auf dem Stuhl des hl. Maternus so viel für den
Dom getan wie dieser baulustige Fürst« – nämlich Clemens August.[17]

Clemens August, der Schützenkönig

Non mihi, sed populo. Nicht für mich, sondern fürs Volk.
Dieser Satz war einer der Wahlsprüche Clemens Augusts. Er drückt in vier Worten sein Verhältnis zum Volk,
zu den Bürgern, zu den Menschen aus. Ein ehrlicher
Satz? Oder einer jener oberflächlichen Sätze, die so einfach und ohne Verantwortung herausgeplaudert werden?
Non mihi, sed populo. Clemens August spendete jährlich
den Armen in seinen Bistümern 180 000 Gulden,[18] und
jeden Freitag während der Fastenzeit marschierte er mit
einem Diener auf den Kreuzberg bei Bonn, um irgend-
welchen mittellosen Mitmenschen einen prall gefüllten
Geldbeutel zu schenken. Fastenzeit. Als zu Beginn des
Jahres 1741 der Rhein mächtig über die Ufer trat und
das schmutzige Wasser eine Epidemie auslöste, erkann-
te Clemens August, daß diese Krisensituation die Fa-
stenspeisen unerschwinglich machte. Fleisch freilich war
billiger. Deshalb erlaubte er, daß einmal pro Tag und
auch sonntags Fleisch gegessen werden durfte – Aus-
gleich für den Bruch christlichen Gesetzes sollten sieben
Vaterunser und die gleiche Anzahl Ave Maria sein.

Wenn es in seiner Umgebung plötzliche Krankheits-
fälle gab und ein Arzt nicht erreichbar war, kam Clemens August selbst, um nach dem Rechten zu sehen
– auch mitten in der Nacht. Er tröstete sterbende Menschen und spendete ihnen die letzte Ölung; war kein anderer in der Nähe, war sich Clemens August auch nicht
zu fein, Aufwärterdienste zu leisten.[19] Gerade dies paßt
in die Psyche eines zwar seelisch instabilen, aber ge-

genüber den ihm anvertrauten Menschen verantwortungsvollen Führers. Der durchgeschwitzte Bettlaken auswechselt und Speichel vom Mund abwischt.

Clemens August mischte sich auch gerne unter die Menschen, vor allem dann, wenn sie feierten. Auf dem Pützchensmarkt oder auf der nicht so traditionsreichen Poppelsdorfer Kirmes war er fast immer dabei, ausgelassen und überschwenglich. Als er einmal das Kloster Pützchen besuchte, ließ er seine breite Karosse auf die am Wegesrand stehenden Stände der Töpfer zuhalten – rein zufällig, versteht sich. Die großen Räder zermalmten die Tonwaren; erst ungläubig, dann laut schreiend, liefen die Verkäuferinnen auf Clemens August zu, der mittlerweile ausgestiegen war. Der amüsierte sich königlich über seinen derben Spaß, und je mehr die Frauen zeterten, desto komischer fand er die Situation. Minuten ließ er sie im Glauben, der ganze Tages-, ja Wochenverdienst sei hin, zerstört von fürstlichen Kutschenrädern. Dann zückte er sein gut gefülltes Portemonnaie und warf es in die aufgebrachte Weiberschar. Das Geld reichte für alle; soviel hätten sie gar nicht einnehmen können.[20]

Die engsten Kontakte mit dem Volk knüpfte Clemens August bei Schützenfesten. Bei diesen Gelegenheiten zeigte sich auch, daß die Menschen in Bonn und Brühl ihren Landesherrn wirklich gern hatten. Von zurückhaltender Scheu oder übertriebener Unterwürfigkeit war da nichts zu spüren. Man trank zusammen eine Limonade oder ein Bier, an dem der Kurfürst aber nur nippte: Er mochte den hellblonden Gerstensaft nicht sonderlich.

In Brühl wurde Clemens August fünfmal Schützenkönig: 1725, 1729, 1730, 1734 und 1735. »Als nun hierauf Seine Churfürstliche Durchlaucht Clemens August«, heißt es in einem Bericht über die zuletzt errungene Königswürde der St. Sebastianus-Schützenbruderschaft,[21] »unser gnädigster Herr den holzenen Vogel samt Kopf und Flügeln successive abgeschossen, auch das hierauf eingesetzte Zinnwerk also gewonnen und empfangen, demnächst aber gesamte Brüder nach der auf Stangen stehend gebliebenen Eisenplatten langwierig *pro habenda corona Regis* (zur Erlangung der Königswürde) geschossen, haben selbige endlich auf den hölzernen Stangen zu zielen angefangen, und zuletzt Ihro Churf. Durchlaucht selbiger nach vielfältigem Treffen und Brechen zerstückert, mit den Eisenstangen und daranhangender Eisenplatten herabgeschossen, dem dann als König congratuliert und dessen Kammerdiener Herr Petrus Denise mit klingendem Spiel und Trommel vermittels getragenem silbernen Vogel und Ketten zur Stadt hinein gewohnlicher Maß begleitet worden.«

Clemens August wurde also auf halbwegs ehrliche Art und Weise Schützenkönig. Seine Einstellung zu eigentlich jedem Spiel war durchweg sportlich; er wollte keine Vorsprünge haben, sondern sich den Sieg selbst erkämpfen. Und wenn er gewann, ließ er sich auch nicht lumpen: Nach seinem Doppelsieg 1729/1730 stiftete er der Brühler Schützenbruderschaft nicht die üblichen silbernen Schilde, sondern goldene. Der Schriftzug, den er eingravieren ließ, zeugt von starker Selbsteinschätzung als Kämpfer. *Solo poloque ubique Victor Augustus* – ob auf

Erden oder im Himmel, Augustus (nämlich Clemens August) ist überall Sieger. Außerdem lud er die gesamte Bruderschaft samt Frauen – immerhin etwa 250 Personen – zum Essen ein und war ein großzügiger Gastgeber: »Höchstdero Durchlaucht und dero hohe Herrn Ministri haben in eigener Person diesem (Gastmahl) sowohl als dazwischen mit zwölf Spielleuten vergangenem Tanzen und Springen zugesehen ...«[22]

In Bonn galt Clemens August als Reorganisator des Schützenwesens. Nach Jahrzehnten Mauerblümchendaseins formierte sich die St. Sebastianus-Schützenbruderschaft im Jahre 1736 wieder neu, dank der Integrationskraft des Kurfürsten. »Eine Folge des häufigen zwanglosen Verkehrs mit seinen Untertanen war, daß die Zahl der Schützen sich rasch vermehrte und daß es endlich sogar zum guten Tone gehörte, ein Schütze zu sein und seinen Namen neben den des Kurfürsten in das Schützenbuch einzutragen.«[23] Bereits ein Jahr später holte sich Clemens August auch hier in Bonn den Titel eines Schützenkönigs; am 11. Juni 1737 schoß er den Vogel ab und schenkte der Bruderschaft ebenfalls einen goldenen Schild und eine silberne Medaille. Kein Wunder, daß er zum Ehrenmitglied der Schützengilde avancierte, ebenso wie sein Premierminister Ferdinand Leopold von Hohenzollern-Sigmaringen oder sein Nachfolger im Amte Max Friedrich.

Das gute Verhältnis zwischen Landesvater und Bürgern rührte auch von einer gemeinsamen Schwäche her: Das Volk war abergläubisch, und Clemens August unterlag diesem Aberglauben genauso. Nicht die Tür hart zuschlagen, sonst klemmt man eine arme Seele! Keinen Brotlaib auf den Rücken legen, sonst wird einer Seele im Fegefeuer noch ärger zugesetzt! Dem Kind im ersten Lebensjahr die Fingernägel nicht abschneiden, sondern abbeißen, sonst wird es ein Dieb! Mädchen sollen die Katze gut füttern, damit sie Sonnenschein am Hochzeitstage und Glück in der Ehe haben! Neugekaufte Schweine rückwärts in den Stall bringen, das bewahrt vor Gicht und anderen Krankheiten! Hühner müssen Ostern im Kreise picken, damit sie ihre Eier nicht in fremde Ställe legen! Warzen mit der samtenen Innenseite einer Bohnenschale bestreichen und die Schale unter die Dachrinne legen; sobald sie verfault ist, sind die Warzen verschwunden! Über entzündete Augen eine Spinne laufen lassen! Bei müden Knochen einen Bündel Beifuß ins Knopfloch stecken![24] Für jede Situation des Lebens gab es Gegenmittel aus dem dicken Buch des Aberglaubens.

So leutselig er dem Volk gegenüber war, eines konnte Clemens August nicht leiden: Wenn irgendwelche Halbstarken durch seine Parks tobten und mutwillig dort Anlagen zerstörten. Am 17. Mai 1748 erließ er für Schloß Augustusburg eine Parkordnung, die Kindern, Studenten, Soldaten und Bauersleuten den Eintritt in die Gärten versagte. Wer nicht unters Verbot fiel und durch den Park flanieren wollte, mußte sich an die vorgeschriebenen Wege halten. Hunde durften nicht mit. Darauf achtete die Schloßwache scharf. Bei Zuwiderhandlung drohte Haftstrafe; angetroffene Hunde wurden erschossen.

Die Weisung nutzte nicht viel. Spaziergänger pflückten Blumen, holten sich Obst von den Bäumen, jagten Fasane und Enten, zerstörten deren Nester und rissen Löcher in die schön geschnittenen Hecken. Clemens August verfügte deshalb am 7. Juli 1752 eine allgemeine Park- und Gartenordnung für alle seine Besitzungen im Räume Brühl-Bonn, die sich nun auch auf Handwerksleute erstreckte. Nur diejenigen durften in den Gärten und Parks spazieren gehen, die »nicht unter das gemeine Volk gerechnet wurden, den Wachen bekannt und ehrbar gekleidet sind«. Der Schießbefehl auf Hunde blieb erhalten; damit niemand Unwissenheit vorschützen konnte, wurden die Verordnungen überall angeschlagen – doch selbst harte Strafandrohungen verfehlten oft genug ihre Wirkung.

Clemens August, der Jäger

Sie hießen Babilo und Reckto, Brivo und Corbo, Gallo, Schnobar, Tello, Demono, Raviso, Bosso und Lurdo, Riballe, Charmant oder Danatel.[25] Herrliche Namen für Hunde, die nur eine Aufgabe hatten: Helfer zu sein bei der Jagd. Clemens August besaß stets 80 bis 90 Hunde, Hühnerhunde, englische Windhunde, Dobermänner und Dalmatiner.

Clemens August, der Nimrod. Die Jagd war für ihn kein höfisches Vergnügen, sondern harter Sport. Während sich am Ende eines langen Tages die meisten Mitglieder seiner Jagdgesellschaften in vornehme Unterkünfte zurückzogen, blieb er mit einigen Begleitern auf der Fährte; erst wenn er gar keine Chance mehr sah, an sein Jagdobjekt heranzukommen, blies er zum Rückzug. Aber dies kam selten vor.

Er jagte alles. Hirsche und Enten, Keiler und Hasen, er beizte Kraniche und Reiher. Er investierte Unmengen von Geld, um dieses typische Hobby der Wittelsbacher in Perfektion ausüben zu können. Er baute Jagdschlösser und Ställe für die Tiere, er kaufte die besten Falken und engagierte die teuersten Spezialisten. Die Dienste solcher Leute ließ er sich pro Beiz-Saison bis zu 10 000 Gulden kosten; allerdings mußten die Meister hiervon aus eigener Tasche ihre Mitarbeiter bezahlen und anfallende Sachkosten übernehmen.

Für Clemens August war es ein großes Glück, daß es in allen seinen nordwestdeutschen Besitzungen hervorragende Jagdgründe gab. Bei Bonn den Kottenforst, von dessen Wildheit und Einsamkeit schon Caesarius von Heisterbach schwärmte; den alten, sumpfigen Wildpark bei Brühl, der der Stadt erst ihren Namen gegeben hat; die Ville im Westen Kurkölns, die Senne nahe der Residenz Neuhaus, die Meppener Heide, die Eichenwälder Westfalens, die Gegend um Uerdingen, das riesige Waldgebiet des Hümmling.

Ein Profi war Clemens August bei der Falkenjagd; diese Form der Jagd, die der Kurfürst als einer der letzten des 18. Jahrhunderts pflegte, zählt zu den schwierigsten überhaupt. Sie kann nur gelingen, wenn der Jäger mit seinem Pferd und seinem abgerichteten Falken auf dem Arm eine Einheit bildet. Das kostet Kraft und Konzentration. Der Vogel ist durch eine Haube auf dem Kopf geblendet; erst wenn der Jäger sich an einen Reiher herangeritten hat, läßt er den Falken aufsteigen. In der Luft kommt es zu einem atemberaubenden Kampf zwischen den beiden Vögeln. Der Falke schließlich drückt den Reiher nieder auf die Erde, zwingt ihn zur Landung, tötet ihn aber nicht. Der Reiher erhält einen Ring mit der Jahreszahl und wird dann wieder in die Freiheit entlassen.

Per Gesetz verbot Clemens August in seinen Territorien, Reiher oder Milane zu schießen, da sie »dem persönlichen Jagdvergnügen des Landesherrn vorbehalten« seien; »Falke und Reiher waren sozusagen Persönlichkeiten, Freunde, kostbare Jäger und kostbares Wild, denen man mit Liebe und hoher Achtung begegnete und deren Äußeres wie bei anderen Hochmögenden abkonterfeit und zur Augenweide des Kenners präsentiert wurde.«[26] Clemens August ließ seine schönsten Falken porträtieren und er kannte alle mit Namen: »Norman Geer Falk« oder »Princesse Eislender«, »Schöne Fries« oder »Kurzsterz«, »Hagertgen« oder »Königin Eislender«. Seinen erfolgreichsten Vogel, »Königin Geer Falck«, hatte der Kurfürst selbst abgerichtet.[27] Im Laufe eines Jahres (1736) fing das mächtige Falkenweibchen 30 Reiher; am 19. Juni 1738 holte es einen Reiher vom Himmel, der bereits vier Jahrringe (1725, 1728 und zweimal 1734) trug. Innerhalb von 13 Jahren also hatte Clemens August diesen Reiher bereits fünf mal gebeizt – ein Rekord besonderer Art.

20 Blick in den Südflügel des Schlosses Augustusburg

21 Das Indianische Haus in Brühl, um 1750 vollendet

22 Die Poppelsdorfer Kirmes, von F. J. Rousseau

23 Auf Trümmern erbaut: Schloß Augustusburg in Brühl

24 Mächtig und schön: Augustusburg nach der Vollendung

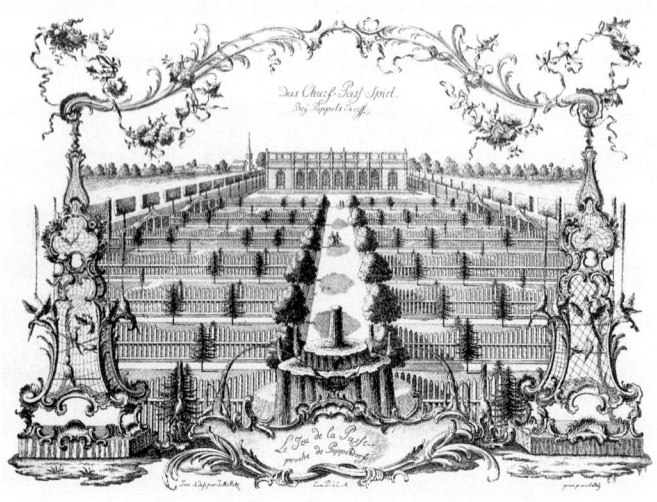

25 Das Paßspiel in Poppelsdorf, eine Erfindung von Clemens Augusts Vater Maximilian Emanuel von Bayern

26 Die Bonner Residenz. Im Hintergrund Poppelsdorf (1755)

27 Schloß Falkenlust in unmittelbarer Nähe von Augustusburg. Die Grundsteinlegung fand am 16. Juli 1729 statt.

28 Die Vinea Domini, Bonn: Das Essen kam per Aufzug.

29   Mergentheim: die Residenz der Hoch- und Deutschmeister

30   Brühl am Fuße des Vorgebirges, wie Merian das Städtchen
        in der Mitte des 16. Jahrhunderts sah.
Kölns Kurfürsten und Erzbischöfe hatten seit ihrer Vertreibung
    aus der Stadt 1288 hier oder in Bonn Quartier bezogen.

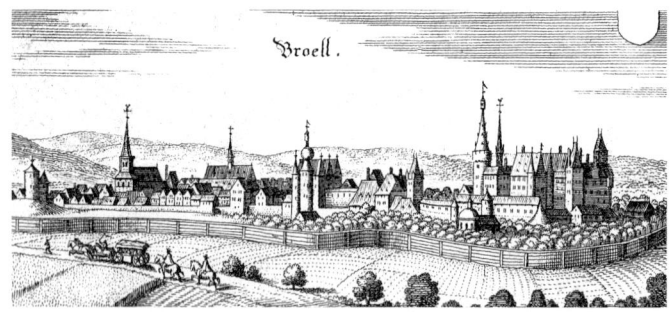

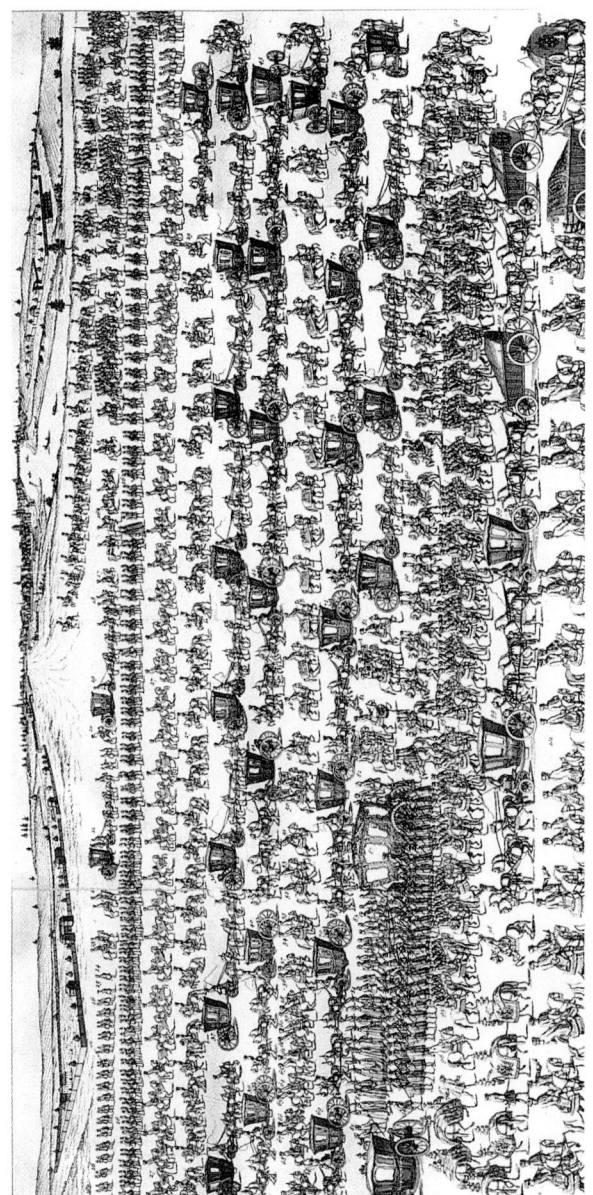

31 Clemens Augusts Einzug in Frankfurt zur Kaiserwahl 1742: Soviel Prunk wie er entfaltete niemand.

32 Die mächtige Treppe der Heiligen Stiege auf dem Bonner
Kreuzberg,
Clemens Augusts wohl bedeutendster Sakralblau.

Als Kurfürst war Clemens August zum ersten Mal am 1. Mai 1725 nach Brühl gekommen; die Gegend hier galt als ideales Revier für die Reiherbeiz. Ungeduldig hatte er auf diesen Tag gewartet, drei Tage später schrieb er seinem Vater: »Ich bin nun schon etlich täg zu Priel (Brühl) und peiß alle morgen und abend. Es gehet auch gut von statten, indem wir schon 14 (Reiher) gefangen. Die vögl seynd stattlich … Die situation (Landschaft) ist wohl schön und voller nachtigallen ums haus rum. Ich für (führe) alletag selber den vogel auf der hand … Es wird morgen der Nuntius von Collen kommen vor die peiß zuzuschauen.«

Mitte Juni klagte er in einem Brief über das »schlimme Wetter« – für die Jagd allerdings kein Hindernis. Er meldete auch einen ungewöhnlichen Zwischenfall. »Wir haben furgestern ein großes unglück in peizung eines Milans gehabt, indem ein Eisländer (Island-Falke) und ein Terz (männlicher Falke) unversehener weis gegen einander mit so großer gewalt geflogen seyn, das sich ein jeder den flegel (Flügel) entzwey gebrochen.«

Während seines frühsommerlichen Aufenthalts fing Clemens August etwa »150 Reiher – was den Vater Max Emanuel fast ein bißchen neidisch machte. »Ich habe mit vergnügen gesehen, wie deine raiger paiz so wohl abgeloffen … Ich habe schier umb 100 raiger weniger (gefangen)«. Und er tröstete den Sohn ein wenig: »Die begebenheit wegen deren 2 falcken ist rare und schmerzlich. Wan die vögl nicht guet wehren gewesen, hetten sye vor wythen (Wüten = Jagdeifer) die fligl nicht einander gebrochen.«[28]

Die Verwaltung des Jagdwesens war dreifach unterteilt ins rheinische, ins westfälische und ins kleinste, das vestische Jagdamt. 122 Personen insgesamt fanden durch die exzessive Leidenschaft des Kurfürsten Brot und Arbeit. Die Falknerei als bedeutendste Abteilung unterstand lange Jahre dem Neffen des 1733 im Duell getöteten Johann Baptist von Roll, Ignaz Felix; ihm assistierten ein Reihermeister, fünf Reihermeisterknechte, zwei Falkoniere mit zwei jungen Helfern, ein Milanenmeister, ein Meisterknecht, vier Knechte, drei Burschen, ein Krähenmeister, zwei Burschen und zwei Stallknechte.[29] Allein im Jahre 1748 kostete die Falkenjagd 6666 Taler an Gehältern, die Parforcejagd 2556, die deutsche Jagd (mit der Büchse) 406 und die Fasanerie nur 65.[30]

Auch wenn die Jagd nur Sport und kein loser Zeitvertreib war: Man mußte schick dabei aussehen. Die Falkneruniformen waren blau und bestachen durch teure Silberstickereien; auf Parforcejagd ging man rot-gold, auf deutsche Jagd grün-gold. Auf Keiler hingegen jagte man grau in grau. Die Utensilien gerade für die Reiherbeize besaßen jahrhundertealte Tradition. Deutschlands größter Falkenjäger vor Clemens August, der Hohenstaufer-Kaiser Friedrich II., hat sie bereits in seinem zweibändigen Standardwerk »De arte venandicum avibus – Von der Kunst mit Vögeln zu jagen« über diese edelste Kunst des Weidwerks beschrieben.

Der »gewaltige Jäger«, wie Ortega y Gasset den Kurfürsten nennt,[31] hat seinem Vorbild Friedrich II. auch als Bauherr nachgeeifert. Falkenlust und Herzogsfreude im Kottenforst (*Joie-le-Duc*) passen nicht in diesen Raster; dafür aber Schloß Clemenswerth, dessen Bau 1737 begonnen wurde, nach dem Clemens August »gnädigst beschlossen hatte, zu unserer bequemeren Wohnung ein Jagdschloß auf dem sogenannten Hümmling erbauen zu lassen«. Was Friedrich II. sein Castel del Monte bei Corato in Apulien war, war dem Kurfürsten dieser Bau,[32] der von acht einstöckigen, gleichförmigen Pavillons umgeben ist. »Die Villa rotonda bei Vicenza von Palladio, das vielgerühmte Schlößchen Marly-le-Roi von Mansard mit Nebengebäuden für Ludwig XIV., die Schloßanlage von Bouchefort bei Brüssel für den Kurfürsten Max Emanuel von Bayern, die Pagodenburg, die ›Maison chinoise‹ im Nymphenburger Park, sowie das Jagdschlößchen Fürstenried von Joseph Effner, wie auch die Eremitage in Waghäusel für den Speyerer Fürstbischof Hugo Damian von Schönborn sind Vorbilder für das Clemenswerther Jagdschloß und haben den Architekten und Kurfürsten sicherlich inspiriert.«[33]

Der Hümmling war ein hervorragendes Jagdrevier. »Sozusagen alle Augenblicke«, notierte Clemens August einmal freudig, »sieht man ein Tier oder Kalb vor den Hunden aus dem Busch herausspringen.« Bereits bei der ersten Parforcejagd von Clemenswerth aus trieb er einen Sechsender in die Enge; das Tier versuchte mit einem gewaltigen Sprung seinen Häschern zu entkommen – vergebens: Es landete auf dem Dach eines Schafstalles, verfing sich dort und wurde von der Hundemeute zu Tode gebissen. Diese Szene ließ Clemens August später in einem Meißener Porzellanstück verewigen. Wegen des sumpfigen und damit gefährlichen

131

Untergrunds verfügte er, Dämme anzulegen, »damit überall zu Pferd den Hunden kann nachgefolgt werden«. So war auch die Jagd nachts möglich, weil man nicht auf den Morast achten mußte. Doch die meisten seiner Sportsfreunde scheuten diese Anstrengung. Bissig bemerkte Clemens August: »Es gibt hier genug Liebhaber von dieser Jagd, wenige aber, die sich lernen, den Hunden zu folgen, dahero bleiben sie meistenteils auf dem Kommissarii-Weg stehen, ihr Glück erwartend, ob sie etwas von der Jagd zu sehen bekommen.«[34] Ein paar Tage später brach er zu einem Revier an die oldenburgische Grenze auf, das an eine Besitzung des Königs von Dänemark heranreichte. Innerhalb von 24 Stunden erlegte er 23 Hirsche und Säue, »der beste Hirsch aber, den ich verwundet hatte, ist in das Königliche übergegangen, also nicht bekommen worden«. Ein Grenzbrecher wollte Clemens August nicht sein. Nach Ende der Jagdzeit schwärmte er: »Der Hümmling wegen der Jagden soll mir öfters antun.«[35]

Wenn es um die größte Strecke ging, lag Clemens August immer auf den vordersten Plätzen. Dies belegt ein »Unterthänigstes Verzeichnis, was an jagtbahren Hirschen und sonst in persönlicher Gegenwart Ihro Churfürstl. Durchlaucht zu Cölln Clement August pp. gefället worden Anno 1724«, und zwar in den Wäldern um Arnsberg. Am 9. August erlegte Clemens August einen Vierzehnender und einen Zwölfender, am 12. August drei Zwölfer und einen Zehner, am 19. August einen Sechzehnender, einen Vierzehnender, zwei Zwölfer und einen Zehner, am 21. August einen Sechzehnender, einen Zwölfer und zwei Zehner, am 26. August vier Zwölfer. Damit war der Kurfürst an allen Tagen der erfolgreichste Jäger.[36]

Clemens Augusts Lieblingsbeschäftigung schlägt sich auch nieder in einer umfangreichen, das jagdbare Wild schützenden Gesetzgebung. Recht spät freilich, am 9. Juli 1759, erließ er eine komplexe, vorbildliche Jagdordnung, die nicht weniger als 68 Paragraphen umfaßt; ihr schloß sich eine Forst- und Waldordnung von 119 und eine Fischereiordnung von 25 Paragraphen an.

In der Jagdordnung wurde vor allem die Schonzeit festgeschrieben. »Keiner soll sich erkühnen«, lautete Paragraph 9, »junge Hasen, Rehe, wilde Kälber und Frischlinge in der Setzzeit aufzufangen, bei Straf von 15 Gulden.« Paragraph 10 warnte: »Niemand soll sich unterstehen, im Frühling Auer-, Birk- und Haselhühner-, auch Fasaneneier bei 50, Feldhühnereier bei 15 Gulden Strafe aufzuheben, oder deren Junge in den Nestern oder im Gras aufzufangen ...« Paragraph 13: »Es sollen auch unsere Jagdbedienten bei dem Lerchenfang gehörige Obsorg tragen, damit deren keine verbracht oder ohne Befehl verschenkt werden, widrigenfalls die daran Pflichtige für jedes Stück einen Gulden zur Straf zu erlegen haben ... Wachteln- und Nachtigallfangen, besonders in der Gegend Bonn, Brühl, Poppelsdorf und Herzogsfreude auf Art und Weise wie es auch geschehen könnte, ist bei zehn Gulden Straf verboten.« Freilich, es wurden nicht nur Geld- oder in Wiederholungsfällen Haftstrafen angedroht – die Jagdordnung schrieb auch Prämien aus. Paragraph 63: »Damit die Raubtiere desto eher vertilgt werden, wollen wir inskünftig unsere Forstbeamten nach-

folgendes Schießgeld austeilen lassen: Für einen Raub-
vogel 15 Stüber, für einen Fuchs im Sommer, wenn der
Balg zu nichts nutze ist,[20] Stüber. Für einen Wolf einen
Gulden, für eine Wölfin anderthalb Gulden, für ein Wölfin mit Jungen zwei Gulden.« Wilddiebe und Waldfrev-
ler hatten nichts zu lachen; zur Verurteilung genügte es
bereits, von einem kurfürstlichen Forst- oder Jagdbeam-
ten angezeigt worden zu sein, denn »den pflichtmäßigen
Denunciationen von Jagd-, Forst- und Fischerei-Frevlern
soll vollständige Glaubwürdigkeit beiwohnen«.

Fast skurril muten in den einschlägigen Jagdgesetzen
zwei Verordnungen an, die ebenfalls dem Schutz des
Wildes dienten. Hunde durften nur mit langen Knüp-
peln am Schwanz frei umherlaufen; damit wurden sie
daran gehindert, den Feld- und Waldtieren nachzuset-
zen. Den Katzen mußten beide Ohren abgeschnitten
werden, »und zwar platt am Kopf, damit dieselben bei
Tau- und Regenwetter in die Felder und Wiesen nicht
mehr auslauten«. Ohne Ohrmuscheln strolchten die
Katzen tatsächlich nicht durchs Gelände, weil der Tau in
die Ohren der wasserscheuen Tiere tropfte; so gelang es
der Wildbrut, zu überleben. Wurden dennoch Katzen
mit Ohren aufgegriffen, hatte der Besitzer einen viertel
Gulden Strafe zu berappen, die »unnachgiebig beige-
trieben werden solle«.[37]

Man sieht, wie wichtig dem Jäger Clemens August
die Hege war. Sich selbst gegenüber aber legte er keine
allzu strengen Normen an. Er übernahm sich oft kör-
perlich, wodurch er in lebensbedrohliche Situationen
geriet; er ritt stundenlang ohne Rücksicht auf seine Ver-

fassung und negierte die Schmerzen im Hinterteil, die durch Hämorrhoiden – familiäres Erbe – hervorgerufen wurden; nachlassende Konzentration war schuld daran, daß er einen Jagdfreund anschoß, der nur knapp überlebte. Plötzlich schien Clemens August klar zu sein, daß er das Glück – bei der Jagd zumindest – gepachtet hatte. Frömmigkeit und Glauben geboten ihm, den von ihm verehrten Heiligen und Jagdpatronen Hubertus und Venantius Dank abzustatten. 1740 stiftete er den Orden »Von der Gütigkeit«, dessen Devise zum Wortspiel geriet: *Aussi Clement qu'Auguste* – so gütig wie erhaben.

Sitz des Ordens wurde die schlichte Kapelle St. Venantius bei Röttgen. Gemäß den Statuten durften nur 12 Ritter Mitglieder sein. Clemens August schrieb im Vorwort zu den Ordensregeln: »Nachdem Gott der Allmächtige mich von zarter Jugend bis hierhin stets auf denen Jagden, wovon ich ein sonderlicher Liebhaber bin, wunderlich und gütigst bewahret, daher habe ich zu dessen Ehren und meiner zwei geliebten Heiligen, nämlich Hubertus und Venantius, ersterer Patron der Jäger, anderer aber der alles gefährlichen Stürzens, einen Orden der Gütigkeit gestiftet. Solcher besteht in einem Ring, worauf die Erscheinung am Hubertustag gestochen ist, um ihn herum sind zu lesen die Wörter: *Aussi Clement qu'Auguste*. Indem die Gütigkeit allen Standespersonen, vor allem aber großen Herren wohlansteht, und zwar in allen Angelegenheiten, nämlich angenehmen und verdrießlichen, die sich des öfteren ereignen können, vornehmlich auf der Jagd ...«[38]

Gütig war Clemens August, in der Tat.

Clemens August, der Musik- und Theaterliebhaber

Schon als Kind liebte Clemens August die Musik und das Theater – ob er nun zuhörte oder zusah oder gar mitspielte. Er beherrschte die Viola da Gamba und das Baßelet, ein Mittelding zwischen Cello und Kontrabaß. Im diplomatischen Ränkespiel zu Bonn war es durchaus vorteilhaft, ein Instrument zu spielen – um so dem Souverän beim gemeinsamen Musizieren näher sein zu können.

Der Studienaufenthalt in Rom hatte seinen »musikalischen Gusto« (Th. Anton Henseler) stark geprägt. Unmittelbar nach seiner Bischofsweihe in Viterbo zog es ihn in die Opernstadt Neapel; im römischen Palazzo Orsini bot ihm zu Ehren Benedetto Micheli ein »Componimento poetico« auf, sogar ein extra für dieses Ereignis gedrucktes Textbuch wurde offeriert.

Clemens August ergötzte sich an der italienischen Oper, am französischen Theater und am Ballett. Und zusammen mit der Hofgesellschaft agierte er selbst auf der Bühne. Der Kurfürst spielte in Voltaires Tragödie »Zaire«, aber auch zu Karnevalszeiten bei den »Bauernhochzeiten« – Clemens August stets als Wirt, »beyderseitiger hiesiger hoher Adel« mußte »den ihm durch das Loos zugefallenen National- und sonstigen Caracter vorstellen«: Braut und Bräutigam, Pastor, Dorfrichter oder einfach Landmann und Landfrau.

In seiner »Chorographia Bonnensis« berichtete der Kammerfourier Vogel: »Im Jahre 1731 den 6ten Febr.

war die damalige Fastnacht dahier mit einer besonderen Erlüstigung geendiget ... Der Zug solcher Hochzeit gieng von hiesiger Residenz gegen 4 Uhren Nachmittags durch die Hauptstraßen der ganzen Stadt, und bestand in 12 mit allerhand Grün und Zierathen ausgeschmückten offenen Bauernwagen, und ward demnächst dieses Festin mit einem prächtigen Abendmahl und darauf folgenden masquirten Bal beschlossen.«[39]

Bereits Ernst von Bayern, der erste Wittelsbacher am Rhein, hatte sich eine ansehnliche Hofkapelle geleistet. Auch Joseph Clemens pflegte am Hofe große Musik – sein Orchester bestand aus 38 Mann, zu denen bei Bedarf noch 15 Trompeter, Pauker oder Oboisten stießen.

Als Clemens August 1719 seinen Onkel besuchte, ließ der die von seinem Kapellmeister Hyronimus Donnini komponierte Oper »Esther« geben. Der Schlußchor jubelte »Viva il Clemente, viva l'Augusto« – was den so Besungenen 19jährigen sicherlich tief bewegte.

Zwar war Clemens Augusts Kapelle personell nicht so stark besetzt, aber dafür sehr teuer im Unterhalt. Nach einer Besoldungsliste des »Jahres 1744 lag der vierteljährliche Etat für 29 Musiker bei 1713 Reichstalern – fast halb soviel wie die Kosten der gesamten »Ministeri und Geheime Cantzley-Partey«, also der Regierungszentrale.

Am Rhein spielten, sangen und komponierten nur die Besten – auch Vater und Großvater Ludwig van Beethovens. In keiner seiner Biographien fehlt dieser Hinweis. »Wenn heute noch der Name des Kölner Kurfürsten Clemens August weit über sein früheres Herrschaftsgebiet hinaus genannt wird, so geschieht es in einem musikalischen Zusammenhang.«[40]

Theaterstücke und Opern spielten, wie es üblich war, italienische und französische Wandergesellschaften von Spitzenformat. Ihre drei- bis viermonatigen Gastspiele schlugen mit Kosten zwischen 2 200 und 4 800 Reichstalern zu Buche. Welchen Stellenwert am Hofe solche künstlerischen Darbietungen besaßen, beweisen nicht nur die hohen finanziellen Aufwendungen. Zeitweise gab es ernsthafte politische Verstimmungen zwischen Kurköln und Kurpfalz – weil die Mainzer zwei für Bonn engagierte Tänzer kurzfristig abgeworben hatten.[41]

Clemens August, der Zensor

Jahrzehnte schon gab es den »Kurkölnischen Hofkalender«, den der Buchdrucker und Buchhändler Heinrich Rommerskirchen edierte, und der als eine Art offiziöses Hof- und Personalblatt galt – mit Geschichten und Geschichtchen, Klatsch und harten Nachrichten. Der Kalender war im ganzen Lande verbreitet und für den Herrn Verleger offenbar ein gutes Geschäft.

Der wirtschaftliche Erfolg Rommerskirchens ließ den stadtkölnischen Drucker Franz Balthasar Cajetan Neuwirth nicht ruhen. Er gab, Anfang 1754, ein Konkurrenzblatt heraus, Titel: »Neuer Schematisch-kölnischer Kalender«. Auch Neuwirth, ein gebürtiger Wiener, veröffentlichte darin Nachrichten aus dem kurkölnischen Umland – was freilich dem Landesherrn Clemens August arg mißfiel. Es war das alte Lied. Der Kurfürst betrachtete Köln als seine Stadt, aber die Kölner erkannten ihren Erzbischof nicht als Regierungschef an.

Also fühlte Clemens August seine Autorität untergraben und sich in seinen Privilegien, den Gerechtsamen, beschnitten. Per Edikt verbot er am 9. Januar 1754 den Verkauf des Kalenders in seinen Landen, diese Form der Zensur schadete allerdings Neuwirths Kalender nicht. Verbote, das ist eine alte Lebenserfahrung, machen erst recht neugierig. Neuwirths Produkt blieb im Vertrieb, möglicherweise wurde es auch klammheimlich unterm Ladentisch verkauft. Später trug es den Titel »Nieder-Rheinisch Westphälischer Kreis-Calender«: bis 1794 zeichnete Neuwirth als Herausgeber, und heute noch gilt diese Zeitschrift Landeshistorikern als wertvolle Quelle.

Damals, zu Clemens Augusts Zeiten, existierten natürlich schon Zeitungen, wie die »Gazette de Cologne«. Auch solchen Druckerzeugnissen gegenüber zeigte er sich als mißtrauischer absolutistischer Herrscher. Vier Jahre nach dem – unnützen – Kalenderverbot versuchte er, seinen Untertanen einen Maulkorb umzuhängen. Er verfügte am 19. April 1758 gestreng, daß »allen Einwohnern beiderlei Geschlechts und ohne Ausnahme, weß Standes oder Würden sie immer sein mögen, bei Vermeidung scharfer Ahndung, auch allenfalls an Leib- und Lebensstraf wohlernstlich anempfohlen« sei, sich jedweder Kritik an ihm und seiner Amtsführung zu enthalten – »sowohl in Privatbriefen als auch in Zeitungen, aber auch im eigenen Haus wie in Wein-, Branntwein- und Bierhäusern zu raisonieren«.

Nicht nur Rednern und Schreibern wurde Strafe angedroht, auch Zuhörern und jenen, die Gesagtes und Geschriebenes, ging es denn gegen Clemens August, nicht sofort pflichtgemäß der Obrigkeit anzeigten. Dem »gemeinen Wesen« wurde diese Vorschrift eindringlich bekannt gemacht – durch Ausschellen und Verkündung von allen Kanzeln.

Clemens August, der Reisende

Wenn Clemens August auf Reisen ging, mußte sich mit ihm ein regelrechter Hofstaat bewegen – und eine ausgeklügelte Logistik sollte selbst bei recht geringen Distanzen für reibungslosen Ablauf sorgen. Ein Ausflug beispielsweise von Ahaus ins nur wenige Kilometer entfernte Sögel im Jahr 1732 zeugte von solch penibler Planung.

Der Hinweg zum Jagdrevier auf dem Hümmling führte über die Pferdewechselstationen Ochtrup, Leschede, Dalum und Meppen. Zuerst startete der Zahlmeister und Kammerfourir, sozusagen der Cheforganisator für Lieferungen, Unterbringung sowie Verpflegung, mit den Kücheneinrichtungen einschließlich Bäckerei, Kellerei und Silbergeschirrabteilung. Das Personal, selbst »Bratenwender« und »Spühlweiber«, war mit von der Partie.

Dafür mußten an den Stationen, hat Alwin Hanschmidt recherchiert[42], jeweils 126 Bauernpferde mit Zuggeschirr, vier Reitpferde mit Sattel und Zaumzeug und fünf Bauernwagen bereitgestellt werden: »Es wurde auch nachts gefahren.«

Des Kurfürsten Reisebegleiter – Beichtvater, Leibarzt, Leibbarbier, Kammerdiener und Feldlakaien – zählten 30 Personen, die in neun Kutschen (»Chaisen«) fuhren. Die Strecke von Ahaus nach Sögel sollte in einem Tag bewältigt werden. Dafür wurden – an jeder der Stationen – 71 Pferde, nämlich 60 Zug- und elf Reitpferde, benötigt. Hanschmidt: »Dieser Reisegruppe wiederum folgte eine dritte, die den Kanzlei-, Garderobe- und Büchsenspannerwagen mitführte, samt Personal, aber auch die Wagen für die Jagdhunde. Dafür mußten jeweils 108 Zug-, vier Reitpferde und vier Bauernwagen bereitgehalten werden.«

An jeder Station waren also 313 Pferde zu stellen, insgesamt weit über 1 500. Die Beamten der zu kreuzenden Ämter Ahaus, Horstmar, Rheine und Meppen hatten dafür zu sorgen, daß die Tiere auch termingerecht zur Verfügung standen. Clemens Augusts Reisegruppe wurde von Station zu Station von örtlichen Bediensteten begleitet, zur Not stand auch eine Art Pfadfinder bereit – falls sich die Kolonne einmal verfahren sollte.

In den Ämtern wiederum wurde die Beschaffung der Pferde auf die kleineren Verwaltungsdistrikte, Gerichte und Kirchspiele, delegiert. So mußten etwa am 7. August an der »Relaisstation« Dalum die Gerichte Haselünne und Meppen 105 beziehungsweise 36 Pferde stellen; tags drauf zu Dalum die Gerichte Haselünne 120, Meppen 69, Halen 52 Pferde. Und beim Weg zurück Richtung Ahaus benötigte des Kurfürsten Hofgesellschaft die gleiche Anzahl Pferde.

Tiere und Wagen hatten die Bauern von Gesetzes wegen zur Verfügung zu stellen. Daß sie sich solchen Belastungen oftmals zu entziehen versuchten, liegt auf der Hand – sie benötigten Pferde und Gerät, vor allem in der Erntezeit, selber. Als Clemens August einmal auf Schloß Clemenswerth weilte, mußten ihm Droste und Rentmeister des Amtes Meppen verdrossen melden, daß »die eingeseßenen hiesigen Ambts« sich »fast täglich unterstanden und noch ferne unterstehen, mit ihren pferden außzubleiben« – eine rechte Insubordination. Dies führe zu »confusion«, und um diese zu vermeiden, müßten die Beamten die nötigen Pferde dann für Geld anmieten. Es gelinge aber selten, die dafür ausgelegten Gelder zurückzubekommen, und die gerichtliche Eintreibung dieser Kosten bei den aufsässigen Bauern dauere zu lange. Häufig sei sie auch erfolglos, also werde »dergleichen halsstarrige Opposition« nicht gebührend bestraft.

Die Beamten schlugen dem Landesherrn deshalb eine »harte außergerichtliche Bestrafung der Spanndienst-Verweigerer vor« (Hanschmidt). Clemens August folgte dieser Anregung und verfügte im Oktober 1742, jedes »ausgebliebene« Pferd koste einen Reichstaler Strafe. Außerdem dürften die durchs Anmieten entstandenen Kosten eingetrieben werden – »ohne allen anstand« durch militärische Exekution.

Clemens August, der Soldat

Eines schönen Tages im Jahre 1914 dachte der Bonner Offizier Hans Egon von Gottberg, Leutnant im 9. Rheinischen Infanterie-Regiment No. 160, laut über die Militärgeschichte seiner Heimat nach. »Seine vielen Länder«, formulierte Gottberg[43] dann, »hätten einem genialen, kriegerischen, mit Geldmitteln sparsamen Fürsten wohl die Möglichkeit gegeben, eine Achtung gebietende Macht und eine gewichtige Persönlichkeit darzustellen, die Sachsen und Bayern nicht nachstand. Aber keiner jener Landesherren hat versucht oder verstanden, sich seinen Platz zu sichern.«

Genial war Clemens August nicht, auch nicht allzu sparsam. Und kriegerisch? Er war ein ausgezeichneter Schütze und Jäger, aber es scheint, daß sich von hier der Bogen zum Soldaten nicht spannen läßt – obgleich den guten Soldaten in jener Zeit doch gerade die totale Beherrschung von Pferd und Waffe ausmachte. Nein, Clemens August fehlte Draufgängertum und Kampfgeist, ihn störte Kanonendonner und Pulvergeruch. Er hat nie im Graben gelegen und zitternd den Ansturm der Feinde erwartet; er kannte nicht die menschenverachtende Struktur einer Bataille-Ordnung, von der die Generalstäbler im heimeligen Zelt nachts zuvor schon wußten, daß der Tod diese Struktur Stunden später durcheinanderwirbeln würde.

Clemens August hatte nichts von seinem Vater Max Emanuel, dem alten Kämpen, und er hatte auch nichts von seinem Onkel Joseph Clemens, der immer Heerführer sein wollte, aber es nie durfte. Clemens August mag von Heroen geträumt haben, am hellichten Tag freilich setzte sich die Weichheit seines Charakters durch.

Nur einmal in seinem Leben war er gepackt von dem Gefühl und dem Wunsch, ein Soldatenführer zu sein; es kam auf ihn zu wie aus heiterem Himmel, und er konnte sich nicht entziehen. 1734, mitten im Polnischen Erbfolgekrieg, war Clemens August zu Besuch bei seinem Bruder Karl Albrecht in München; der riet ihm, die baufälligen Festungen in seinen Territorien auszubessern und die schmalbrüstig gewordenen Einheiten aufzufüllen. Während die Landstände in den westfälischen Bistümern sich dieser Aufrüstung widersetzten, konnte er im Kölner Mutterland seine Pläne realisieren. Hier lagen die Leibgarde zu Fuß, die Leibgarde zu Pferd, zwei Infanterie-Regimenter und das grüne Dragoner-Regiment; im gleichen Jahr rekrutierte Clemens August das gelb-rote Dragoner-Regiment.[44]

Karl Albrecht hatte gedacht, sein jüngerer Bruder würde diesen Hinweis als geheimhaltungsbedürftige Sache behandeln – doch nicht die Spur. Clemens August protzte mit seinen militärischen Absichten entgegen allen soldatischen Regeln; »das neue Dragonerregiment hatte man verhältnismäßig rasch zusammen, und der Kurfürst, der es Anfang 1734 in Neuß besichtigte, konnte seiner Bewunderung und seinem Stolz über diese seine Schöpfung nicht genug Ausdruck geben. An Mannschaft, so meinte er, gebe es schwerlich irgendwo eine bessere Truppe.«[45]

Allen seinen Eigenschaften zum Trotz wollte Clemens August mit diesen Truppeneinheiten renommieren, ein Hannibal sein, ein Caesar, ein Karl Martell, ein Wallenstein. Paraden abnehmen im Kreise der ordenge-

144

schmückten Generalstäbler, exerzieren lassen, im Schein der Kerze Truppenberichte schreiben, Unterführer im Zelt empfangen, auf Stroh schlafen wie die gemeinen Soldaten, den nackten Oberkörper morgens mit Tau abwaschen …

So ordnete er also an, daß sich seine Heerscharen zu einem Lager zusammenzufinden hätten. Clemens August selbst bestimmte als Standort Plittersdorf bei Godesberg, wo in wenigen Tagen eine Zeltstadt entstand. Am 14. August schrieb der Kurfürst nach München: »Meine türkischen Zelte stehen auch schon. Wenn es Gottes Wille ist, werde ich auf meinem Geburtstag zum erstenmal drin schlafen.« Es war Gottes Wille, daß er am 17. August das über 4 000 Mann starke Lager beziehen konnte, ausgerechnet an seinem 34. Geburtstag – aber es goß in Strömen. Der Untergrund samt Wege und Paradeplatz verwandelte sich in einen schwarzen Morast, und einige der Ehrengäste, vor allem feinangezogene Damen, machten den Vorschlag, die Eröffnung doch in einem trockenen Schloßsaal stattfinden zu lassen. Der Oberbefehlshaber von eigenen, plötzlichen Gnaden freilich beschied: »Ein Krieg findet ja auch nicht in einem Saal statt!«

Punkt 16 Uhr nahm Clemens August in grüner Dragoneruniform mit prächtiger Offiziersschärpe die angetretenen Einheiten ab. Danach vereidigte er alle neu angeworbenen Soldaten. Im Anschluß paradierten die beiden Dragoner- und die zwei Infanterie-Regimenter vor der für Ehrengäste erbauten Tribüne; eine dreifache Geschütz- und Musketensalve beendete das verregnete

Schauspiel. In seinem Hauptzelt lud Clemens August schließlich zu einem Souper, »wobei sich freilich zur peinlichen Überraschung des Gastgebers herausstellte, daß nur ein Dutzend Stühle vorhanden waren, so daß eine Anzahl Kavaliere sich mit von den Dragonern gelieferten Strohbündeln als Sitzgelegenheiten begnügen mußte, bis das Fehlende aus der Stadt herbeigeholt war. Um 11 Uhr führte der galante Wirt seine Gäste in einen großen, aus Holz errichteten und reich mit Grün ausgeschmückten Saal, wo man sich bis in die Frühe des nächsten Tages dem Vergnügen der Menuetts und Kontretänze hingab«.[46]

Mit dieser unsoldatischen Festivität war Clemens Augusts Intermezzo nicht zu Ende. Er blieb im Lager und schwärmte, noch nie im Leben so gut geschlafen zu haben wie in seinem Zelt. Ein bayerischer General, von Karl Albrecht als Aufpasser engagiert, meldete böse nach München: »Ich soll Seiner Durchlaucht militärische Gefühle einflößen, aber solche, die auf guten festen Grundlagen, nicht auf Äußerlichkeiten und Lächerlichkeiten beruhen, die nur Verwirrung hervorrufen ... Dieses Lager kostet viel und nach meinem Urteil hat es seinem Herrn keine Ehre gebracht, denn nicht ein Regiment befindet sich in Ordnung.«

Aus der Spielerei auf Plittersdorfer Morast wurde allerdings unverhofft blutiger Ernst. Der Kaiser argwöhnte, Clemens August könnte kriegerische Absichten gegen das Reich und speziell die Stadt Köln haben; das Kölner Domkapitel und die ihm nachgeordneten Landstände sahen nach anfänglichem Stillhalten ihr Grundrecht auf Mitbestimmung verletzt – was zur Folge hatte, daß die Zahlungen an den Kurfürsten zwecks Truppenunterhalt ausblieben. Clemens August konnte den Sold nicht mehr vollständig auszahlen, die Versorgung mit Lebensmitteln, Futter und Materialien stockte; die Soldaten begannen zu desertieren, plötzlich verschwanden sie des Nachts zu Dutzenden. Der Kurfürst wollte den Untergang seines so pompös begonnenen Lagers mit anderen Umständen kaschieren. Er meinte, die Fahnenflucht hänge mit einem Gerücht zusammen, »wonach der König von Frankreich einen Generalpardon gegeben hätte«. Tatsächlich waren vieler seiner angeworbenen Soldaten Franzosen; aber da log er sich in die Tasche. Anfang Oktober dann sah Clemens August, daß er mit seinem Heer Schiffbruch erlitten hatte – er löste das Lager auf. Jener schon zitierte General grämte sich: »Hätte es doch Gott gefallen, daß niemals an die Bildung des Lagers gedacht worden wäre, das große Summen gekostet hat …«

Die Kampfkraft der kurkölnischen Soldaten hatte – gottlob! – nichts zu tun mit dem Herrn an der Spitze. In den besten Tagen konnten Kurköln und die Bistümer 11 540 Mann stellen, was selbst der Preuße in Berlin respektierte. »Die Stellung Kurkölns im Reichsheere war also, entsprechend der Macht und dem Ansehen des Kurstaates, eine recht bedeutende, und wenn es auch an Heeresmacht nicht wetteifern konnte mit Armierten wie Kurbrandenburg, Kursachsen oder Kurbayern, so repräsentierte doch der Kölner Kurfürst mit seinen erzstiftischen Truppen und den zahlreichen Regimentern der Bistümer Münster und Paderborn nach Hannover die größte Militärmacht des nordwestlichen Deutschlands.«[47]

Während Clemens Augusts Regierungszeit waren seine Soldaten zweimal in ernstere kriegerische Auseinandersetzungen verwickelt. Im September 1738 verpflichtete er sich per Vertrag dem Kaiser gegenüber, zwei Infanterie-Regimenter in den Kampf gegen die Türken zu schicken. Im Februar des nächsten Jahres war Abmarsch; über mehrere Quartierstationen erreichte die Truppe am 27. Juni das Nest Mirova in der Nähe von Belgrad. Wenig später kam es bei Krozka zur Schlacht; der Oberkommandierende der Alliierten nahm seine Leute trotz unentschiedener Lage aus dem Kampf und ließ sie bei Semlin[48] sammeln, während der türkische Großwesir Belgrad belagerte. Die Verluste der Kölner waren gering. Das Bonner Infanterie-Regiment beklagte bei insgesamt 2 273 Soldaten nur 45 Tote; mehr starben entkräftet an Ruhr, weil sie zu schweren Schanzarbeiten herangezogen wurden, noch mehr freilich – exakt 182 – desertierten[49]. Grund dafür war die schleppende Soldzahlung. Ein Oberst beschwerte sich schriftlich bei Clemens August: »Seit fünf Monaten gibt es kein Geld, die Männer murren und verlassen die Truppe.« So ging der Feldzug zu Ende.

20 Jahre später erst wurden Clemens Augusts Soldaten wieder mit dem Tode konfrontiert. Wieder bat der Kaiser um Unterstützung, wieder zierte sich Clemens August, weil er auch an andere Verbündete dachte. Erst ein Jahr nach Beginn des sogenannten Siebenjährigen

Krieges (1756-1763) schickte er zwei Regimenter von je 650 Mann Stärke in die kaiserliche Armee, die gegen die Preußen anzutreten hatte. Ein bunter Haufen, diese Armee. In einem Brief an einen Freund notierte der Sekretär des Generalfeldmarschall-Lieutenants Prinz Georg Wilhelm von Hessen-Darmstadt: »Unsere Reichs-Exekutions- (oder vielmehr Confusions-) Armee ist zur Zeit kaum 3 000 Mann stark.«[50]

Am 15. Juni 1758 kam es zur ersten Feindberührung nahe Saaz an der Eger und zu den ersten größeren Verlusten. Der Verlauf der nächsten Jahre freilich zeigt, daß sich Clemens Augusts Männer recht tapfer schlugen. »Wohl haben in den Kämpfen gegen den großen Preußenkönig die Kurkölner keine Lorbeeren gepflückt, doch geht aus vielen Schreiben hervor, daß die Regierung in Wien die kurkölnischen Truppen mit zu den besten der Reichsarmee gerechnet hat.«[51] Auch der kaiserliche Botschafter in Paris lobte, daß Clemens Augusts »Kontingent der Kern aller Reichsvölker war, im letzten Feldzug hätten sie die besten Dienste geleistet«. Das war in der Tat kein Lippenbekenntnis; »es kann nur bedauert werden, daß die Soldaten, die bezüglich ihrer militärischen Befähigung an sich kaum schlechter waren als die Truppen Friedrichs des Großen, meist in nutzlosen Kämpfen ihr Leben wagen und opfern mußten.«[52]

Im Gegensatz zu seinen Soldaten hatte Clemens August die eigene militärische Phase mit dem Plittersdorfer Dorf-Drama in wenigen Wochen überwunden; die Phase war so kurz, daß noch nicht einmal ein Bild von ihm als hochdekorierter Offizier gemalt werden konnte. Als der Alte Fritz noch nicht so alt war, meckerte er über den Kollegen vom Rhein, er treibe mit seinen Soldaten nur »Handel wie ein Ochsenhirt mit seinem Vieh«. Lieber baue er sich sein Trianon und küsse seine Maintenon ...

Küßte Clemens August seine Maintenon, seine Mätresse? Man wird sehen.

Clemens August, ein Frauenheld?

Frauen. Hofdamen, Sängerinnen, Schauspielerinnen, Bürgerstöchter – welche Rolle spielten sie in Clemens Augusts Leben?

Ist es »gewiß, daß er eine Schwäche für Frauen hatte«? Konnte man beobachten, daß »das weibliche Element sich an diesem geistlichen Hofe mitunter sehr in den Vordergrund drängte«? War man geneigt, »ihm den zweifelhaften Ruhm des Don Juan unter den kölnischen Kurfürsten zuzuerkennen«?[53] Sah er »sich öfters in galante Abenteuer verstrickt«, weil er »zu schwach war, um den Versuchungen Widerstand zu leisten, in die ihn Minister, Günstlinge und fremde Diplomaten vielfach mit Absicht führten, um ihn dann durch die Freundinnen besser beherrschen zu können«?[54] Würdigte er »schöne Frauengestalten«?[55] Ach, all diese schönen Frauen an seinem Hof, die Damen mit den gepuderten Frisuren, den tiefen, lockenden Dékolletés, den grandiosen Reifröcken, jene Aktricen der Liebeskunst, die mit ihren amourösen Spielchen zugleich politische Schachzüge verbanden und dabei selbst Figuren in einem großen Schachspiel waren. Mätressen beherrschten die Souveräne im Bett und im Kabinett. Selbstverständlich waren auch an den Höfen der geistlichen Kurfürsten Frauen mitbestimmend, und sei es nur insoweit, als sie als Liebhaberinnen den Fürsten in Kollisionen und Abhängigkeiten brachten«.[56] War es so bei Clemens August?

Lassen wir die Damen selber sprechen – oder die Personen, die sie kennen. Da ist die Fürstin Sophie von Nassau-Siegen, als 18jährige mit dem schon 74jährigen Wilhelm Hyazinth von Nassau-Siegen verheiratet, eine Tochter aus dem berühmten Geschlecht der Starhembergs. Gut gebaut, sehr kokett, weder schön noch häßlich, urteilt Abbé Aunillon, der französische Botschafter am Kölner Hof in jenen Jahren. Clemens August lernt sie kennen, als sie 19 ist. Er soupiert mit ihr, zieht mit ihr nachts durch die Straßen von Bonn, aber sie sagt: »Ich glaube, daß ich zwischen zwei Decken mit ihm liegen könnte, ohne das Geringste befürchten zu müssen.« Da ist Maria Aloysia von Notthaft, geborene Sanfré, Frau des kommandierenden Kölner Generals Maximilian Emanuel von Notthaft. Sie war etwa 35, als sie sich anschickte, am Hofe Clemens Augusts eine führende Rolle zu spielen. Sie interessierte sich freilich nicht für den Kurfürsten als Mann; ihr Ziel war es, sich in die aktuelle Politik einzumischen und ihren Einfluß auf Clemens August gut zu verkaufen. Dies gelang ihr dann teilweise, als der Premier Ferdinand von Plettenberg 1733 gestürzt wurde. Plettenberg selbst schrieb später: »Sie war das vornehmste Werkzeug, durch das der bayerische Hof meinen Fall, folglich die an dem kölnischen Hofe sich ergebende gänzliche Änderung, verursacht hat.« Für ihre destruktiven Bemühungen soll die Notthaft aus München 50 000 Gulden und eine französische Pension erhalten haben. Später schämte sie sich ihres Werkes und teilte Clemens August am 26. Mai 1734 mit: »Wie verabscheue ich die Stunde und den Augenblick, da ich gegen Sie Handlungen unternahm, die Ihnen Unrecht gebracht haben und für die ich selbst eine empfindliche Strafe erleide. Ich gestehe, daß sie meiner unwürdig waren und daß die Natur selbst bei dieser Tat gegen meine Beweggründe stritt, aber da ich für Sie keine Hoffnung zum Wiederaufstieg mehr sah, ließ ich mich von der Leidenschaft ... mitreißen: Ich bin gegen mein Naturell unterlegen mehr durch die Zuflüsterungen Ihrer Feinde bestimmt als durch Haß gegen Sie. Denn die Versprechungen, die man mir gemacht hat, um einen so beträchtlichen, dem durchlauchtigsten Hause Bayern geleisteten Dienst zu belohnen, waren zu vorteilhaft, um nicht lieber mein Leben zu wagen als sie abzulehnen. Nun, ich bin bezahlt worden, wie ich es verdient habe, indem ich die Dumme und Betrogene dieser Affäre bin. Aber ich verzeihe jener diese Undankbarkeit, da sie mir die Augen geöffnet hat und mich erkennen läßt, daß derartige gefährliche Aktionen gegen seinen Nächsten keinen anderen Lohn verdienen.«[57] Clemens August verzieh ihr; im Juni 1741 durfte sie offiziell wieder zurückkehren, ohne freilich ihre frühere Schlüsselposition

einnehmen zu können. Ein Kenner der Situation meinte, sie sei ein »sehr unnützes Möbel, das man da zurück-
bekommt«. Die dritte Frau, die im Leben Clemens Augusts eine Rolle spielte, war die Tochter des preußischen
Staatsministers von Kameke, Luise von Brandt. Ein
leichtfertiges, arrogantes, egozentrisches Persönchen, an
dem Clemens August vielleicht nur die Tatsache reizte,
daß sie einmal dem bekannten Rheinsberger Kreis[58]
um den preußischen Kronprinzen Friedrich angehörte.
Bei einer Kur in Aachen hatte er sie kennengelernt; zwei
Jahre später, 1742, besuchte sie Clemens August in
Brühl. Sie wurde in ein diskretes Haus einquartiert und
empfing fast jeden Tag den Kurfürsten zu Besuch – doch
der war nicht allein: Er brachte seinen Obristfalkenmei-
ster Ignaz von Roll mit, »auf dessen Treue und Ver-
schwiegenheit er sich unbedingt verlassen konnte«.[59]

»War dieser sein Antinoos, war Clemens August nur
scheinbar ein Frauenheld? Jedenfalls konnte ihn die ka-
priziöse Preußin, die 1743 Witwe wurde, auf die Dauer
nicht fesseln.«[60]

In genau diesem Jahr lernte Clemens August die vier-
te Frau kennen: Gräfin Maria Anna von Seinsheim, die
Witwe eines hohen bayerischen Beamten. Das heißt, er
kannte sie schon früher, und eingeweihte Hofspitzel
meinten, sie sei die erste Frau gewesen, für die er sich
überhaupt interessiert hätte. Aber sie war nach ihrer
Heirat in Vergessenheit geraten. Dann erinnerte man
sich an sie und holte sie zurück nach Bonn: »Sie ist eine
schöne Frau, hat aber nicht die geringste Spur von Geist
oder Talent und ist daher gar nicht fähig, sich in irgend-

eine Affäre zu mischen. Da sie finanziell ganz vom Kurfürsten abhängig ist, bildet sie sich ein, ihn sehr zu lieben, und ist auf ihn eifersüchtig, voll Sorge, sie könnte das verlieren, was sie voll Wichtigkeit Kredit nennt, was aber in Wirklichkeit nur ein Schatten von Ansehen ist, ohne Ertrag für ihre Vergnügen und nur nützlich für ihren Unterhalt. Der derzeitige Verkehr zwischen ihr und dem Kurfürsten ist gleichmäßig kalt und für beide langweilig.«[61]

Da ist – pikanterweise – noch die Gräfin Aloysia von Plettenberg, die Schwiegertochter seines in Ungnade entlassenen früheren Premiers. »Sie gefällt«, meldete der österreichische Gesandte am Bonner Hofe, Graf Cobenzl, 1744 nach Wien, »jetzo dem Herrn Kurfürsten am besten.« Als sich der Graf selber an die hübsche Plettenberg heranmachte, zeigte Clemens August nicht die Spur einer Eifersucht: »Bei allen von ihm veranstalteten Partien lud er uns immer zusammen ein. Wie früher zeigte er der Dame seine Gunst und Freundschaft.«

Das sechste weibliche Wesen hieß Johanna Christina Freifrau von Schade, geborene Schreiber. Sie nutzte Clemens Augusts Zuneigung auf besondere Art und Weise: indem sie dem jüdischen Finanzier Joseph Süß Oppenheimer[62] das Tor für Geldgeschäfte in Kurköln und den geistlichen Staaten öffnete – und Oppenheimer schenkte ihr dafür »Juwelen und streckte ihr Gelder vor«.[63]

Alle bisherigen Freundinnen Clemens Augusts entstammten aus teils höchstem Adel. Die wichtigste Beziehung knüpfte er mit der Harfenistin Mechthild Brion an; denn sie gebar ihm sein einziges Kind – eine Tochter. Anna Maria kam Mitte der 30er Jahre zur Welt; über die Geburt und die kurz darauf folgende Heirat Mechthild Brions mit dem Futtermeister und Truchsessen Gottfried Trogler ist so gut wie nichts bekannt. »Zeitgenossen schildern die Trogler als eine junge Frau in der Art von Goethes Christiane Vulpius – im Aussehen durchschnittlich, hübsch von Figur, natürlich im Wesen, aber nicht sonderlich begabt, keineswegs für das politische Intrigenspiel am Hof brauchbar, ein rechter Bettschatz, der dem Souverän Entspannung und wohl auch Trost in einer Zeit tiefen Seelenschmerzes verschaffte«.[64]

Clemens Augusts Tochter Anna Maria wurde in einer Klosterschule in Metz erzogen. Als sie 15 war, traf sie den um zehn Jahre älteren Grafen Franz Ludwig von Holnstein, der sich in sie verliebte. Daß er der uneheliche Sohn von Clemens Augusts Bruder Karl Albrecht und somit ihr Kousin war, störte nicht sonderlich. Aber sie war ein bürgerliches Mädchen, und eine Heirat mit einer Anna Maria Trogler schien ausgeschlossen. So verhandelte der kurkölnische Minister August Wilhelm von Metternich mit dem Wiener Kaiserhof, um für Anna Maria das Diplom einer Reichsgräfin zu erreichen. Es gab Schwierigkeiten dabei. Holnstein und die Tochter der Harfespielerin konnten erst am 4. Oktober 1756 heiraten; jetzt hieß sie Anna Gräfin von Löwenfeldt. Unter diesem Namen besuchte sie zwei Tage nach der Hochzeit zusammen mit ihrem Mann den Bonner Hof; Clemens August sparte nicht mit Geschenken und Festen für dieses schöne Paar.[65]

A propos Hof und Feste. »Nach den großen Leistungen, die Antike, Mittelalter und Renaissance für die rheinische Kultur gebracht hatten, schien das 17. Jahrhundert mit seinen ständigen Kriegen und Nöten keine günstigen Voraussetzungen für eine weitere und andersartige Entfaltung der Künste zu bieten. Und doch sind in ihm, in dem es für die Bevölkerung in Stadt und Land in erster Linie ums Überleben, um die Beschaffung des täglichen Brots, um die Wiederherstellung zerstörter Städte und verwüsteter Fluren ging, Menschen und Kreise bemüht gewesen, Werte der Vergangenheit zu bewahren und an sie anknüpfend neue Formen zu gestalten. Sie fanden einen Rückhalt an den zahlreichen Höfen, an denen im Zeichen des Absolutismus um die Person des Fürsten eine vornehme Gesellschaft es sich angelegen sein ließ, seine und ihre Bedeutung durch die Entwicklung festlichen Glanzes herauszustellen. Im ruhigeren 18. Jahrhundert wurden manche dieser Residenzen Schauplätze sowohl festgeregelter Zeremonien als auch ausgelassener Lebensfreude, aber zugleich waren sie Ausstrahlungspunkte hohen künstlerischen Schaffens. Daß das rauschende höfische Leben, das von großen und kleinen Potentaten am Rhein nach dem bewußten Vorbild des Sonnenkönigs in Versailles verwirklicht wurde, seine bösen Schattenseiten hatte, kann nicht bestritten werden. Welchen Aufwand erforderte der Hofstaat, von dessen Umfang die seit der ersten Hälfte des 18. Jahrhunderts in den größeren Territorien oft in zweifacher, deutscher und französischer Ausgabe erscheinenden Hofkalender eine Vorstellung geben, alle diese Stäbe mit

obersten Hofmeistern, Kämmerern, Marschällen, Stall-
meistern, Küchenmeistern, Silberkämmerern, diese große Zahl von Kammerherren, Pagen, Trabanten, Heiduk-
ken, Lakaien, Musikanten, Jägern, Köchen. Und welche
Mittel waren nötig für den bunten Wechsel von Gala-Ta-
gen und Hoffeiern, von Maskenbällen und Illuminatio-
nen, vor allem von dem Hauptvergnügen vieler Fürsten
und Herren jener Zeit, dem Weidwerk mit Parforcejag-
den, Entenschießen, Auerhahnbalzen, Reiherbeizen.
Immer wieder staunten Besucher und Beobachter über
das Gepränge und den Luxus, der hier entfaltet wurde,
und wenn manche sich in unterwürfiger Bewunderung
nicht genugtun konnten, so regte sich bei andern doch
die Kritik, daß da Staatseinkünfte nach Steuern vergeu-
det wurden, die besser zum Aufbau von Verwaltung und
Wirtschaft, zum Nutzen der Untertanen eingesetzt worden wären ...«[66]

Clemens Augusts Hof mit den zahlreichen Depen-
dancen war der Fixpunkt rheinischer Galas und rau-
schender Nächte. Natürlich zog sich der Kurfürst oft genug Unmut und herbe Kritik zu, nicht nur seiner
vermeintlichen Verschwendungssucht wegen.[67] Die
schwersten Vorwürfe kamen von der gestrengen Geistlichkeit. Nuntius Niccolo Oddi zum Beispiel, der am 9.
August 1754 in Köln sein Amt antrat, wurde vom Auditor[68] seines Vorgängers mit diesen Worten über Clemens August aufgeklärt: »Wenn ich Dichter wäre, würde ich diesen Entwurf in Versen machen. Und um ihn
vom Ursprung zu beginnen, würde ich die Geschichte
einer galanten Prinzessin erfinden, die der Nordwind

schwängert. Nach 21 Monaten käme Clemens August von Bayern zur Welt. Die Schmeichelei zog ihn fünf Jahre lang auf. Er hätte dann den Argwohn zum Erzieher, das Nichtstun, häßliche Verliebtheit und gemeine Verschwendungssucht zu ständigen Gefährten. Nach dreizehn Jahren würde ihm die Sonne stillstehen, so daß er niemals vierzehn alt wird, wenn er auch hundert am Leben bliebe. Jupiter würde ihn in einem wilden Liebestaumel unter die geistlichen Souveräne versetzen. Würde den blinden Zufall damit betrauen, ihn mit Ministern zu versehen, und dieser würde sie ihm so verleihen, daß sie, obwohl sie fortgejagt werden und immer fortgejagt zu werden verdienen, doch immer dieselben bleiben, nur in wechselnden Persönlichkeiten … Im übrigen Geschwätz und wieder Geschwätz. Außerdem Speichelleckerei, indem man ihm das Ebenmaß der Paläste, die Vornehmheit der Ausstattung, die Seltenheit der Kleinode, die Schönheit des Silberzeugs, den Reichtum der Kleider, die Leichtigkeit beim Tanz, den reichen Ertrag der Jagden, die Üppigkeit der Mähler, die Anmut der Schaustellungen, die Großartigkeit und den guten Geschmack an allem und jedem rühmt. Er sei der erfolgreichste Spieler, der beste Jäger von der Welt; und in allem, was er tut, muß man ihm schmeicheln, selbst wenn es sich um das Zu-Stuhl-Gehen handelte.«[69]

Nun, aller Ironie und allem Sarkasmus zum Trotz: Clemens August war ein erfolgreicher Spieler, und an seinem Hof wurde viel gespielt. Er beherrschte die meisten Arten von Karten- und Würfelspielen, besonders Tricktrack. Daß er ein hervorragender Jäger war, haben wir schon gesehen, daß er für Schmeicheleien empfänglich war, lag zwangsläufig in der Schwachheit seines Charakters. Den Ästheten darf man ihm einfach nicht vorwerfen. Er ließ der Kunst an seinem Hofe freien Lauf, nicht um der Kunst willen, »es geschah zur Verherrlichung und zum Preis eines fürstlichen Herrn, der nach allem Schönen und Glänzenden mit einer fast kindlichen Freude griff, der darum Künstler aus verschiedendsten Gegenden Europas um sich versammelte«.[70] Maler und Bildhauer, Gartenarchitekten und Kunsthandwerker, Musiker und Theaterleute. Clemens August spielte bei verschiedenen Aufführungen auch selber mit – so, wie erwähnt, in Lusignan in Voltaires Tragödie »Zaire« oder den Wirt bei den damals beliebten Bauernhochzeiten. Er schaffte es, zumindest ansatzweise das deutsche Theater wiederaufleben zu lassen, vor allem durch die Verpflichtung des Schriftstellers und Dichters Heinrich Lindenborn.

An den Hof-Festen nahm die geballte Sippschaft von Diplomaten und Künstlern, Damen und Günstlingen teil; der Narr, ein Doktor der Philosophie, durfte nicht fehlen. Über ihn gibt es eine köstliche Geschichte. Der Hofnarr stand eines Tages an der Ahr, die nach einem plötzlichen Gewitterguß viel Wasser führte. Auf der anderen Seite kam ein Geistlicher ans Ufer geritten; er wollte in barschem Ton wissen: »Wo ist die geeignetste Stelle, um den Fluß zu durchreiten?«

»Verstehen Sie Latein?« fragte der Hofnarr. »Freilich verstehe ich Latein und wohl noch etwas mehr. Wie würde ich sonst wohl das Prälatenkreuz und Priestergewand tragen? Aber davon ist ja nicht die Rede. Ich verlange nur zu wissen, ob ich den Fluß auf meinem Pferd wohl ohne Gefahr durchreiten kann.«

»Reiten Sie nur getrost«, sagte da der Philosophie-Doktor, »da ich weiß, daß Sie Latein verstehen, reiten Sie in Gottes Namen hier hinüber. Wahrlich, ich stehe fürs gütliche Hinüberkommen ein.« Der Prälat gab seinem Pferd die Sporen – und versank sofort in der reißenden Ahr. Nur mit knapper Mühe und Not konnte er gerettet werden. Wutentbrannt informierte er Clemens August. Der Kurfürst zitierte den Narren zu sich: »Warum hast Du durch Deine Vorspielungen den hochwürdigen Mann getäuscht und in die größte Gefahr gelockt?« – »Halt, halt, Durchlaucht! Noch gestern abend haben Sie bei Tisch das Sprichwort im Munde geführt: ›Wer Latein versteht, kömmt durchs ganze Leben!‹ Daß der hochwürdigste Herr lateinkundig sei, hat er mir selbst gesagt. Da er nun im Wasser fast umkam, haben entweder Hochwürden mit seinem Latein oder Durchlaucht mit Ihrem Sprichwort mich belogen, ich war jedenfalls kein Lügner.«[71]

Der Bonner Hof, Augustusburg,[72] Falkenlust, die rheinischen und westfälischen Schlösser haben manchen illustren Gast gesehen. Fast die gesamte adelige Elite Europas war irgendwann einmal Clemens Augusts Gast, der Preuße Friedrich II. war hier, dessen Vater, dann der französische Philosoph und Schriftsteller Montesquieu und – o là là – Signore Giacomo Casanova.[73] Er kam 1760, in einer Zeit, in der »noch einmal buntes Leben durch die kostbaren Räume des Residenzschlosses ging; farbige Feste und Jagden wechselten, Maskenbälle und Redouten, Diners und Soirees folgten einander. Anmutig neigten sich die Kavaliere, graziös trippelten die Damen in der knisternden Seide der Reifröcke.[74] Die kleinen Melodien der Menuette klangen auf, und die Paare drehten sich höfisch und gemessen. Aber ein wenig Moderduft verstäubte mit dem Puder der Perücken, und die Schminke deckte müde Falten. *Fin de siècle!* Ein Jahrhundert ging zur Neige, der Wirbel anmutigen Lebens rauschte auf vor dem Verklingen. Der Herbst des Rokoko kam auch für den Bonner Hof. Spürte man das nahe Ende? Tanzte man ihm bewußt entgegen«?[75]

Für Clemens August kommt das Ende.

DAS VERMÄCHTNIS

Clemens Augusts plötzlicher Tod
Sein umstrittenes Erbe
Der Prozeß vor dem Reichskammergericht

In Köln ist der Karneval des Jahres 1761 vorbei. Es war eine kurze, aber anstrengende Session. Doch Clemens August, obgleich schon 61 Jahre alt, hatte sämtliche Bälle mitgemacht – Adel verpflichtet. Nun will er in München, seiner alten Heimat, einige Wochen Urlaub verbringen. Einen Tag nach Aschermittwoch, am 5. Februar, bricht von Bonn aus ein langer Zug Karossen in Richtung Süden auf; erstes Ziel ist Schloß Ehrenbreitstein.

Seit Tagen schon leidet Clemens August unter starkem Hustenreiz. Bei den Festivitäten hatte er mal schnell in eine Ecke gehen können, um sich auszuhusten; in der Kutsche aber kann er sich nicht verstecken. So merkte seine Umgebung zum ersten Mal richtig, daß mit ihm etwas nicht in Ordnung ist. Sicher, er war schon einige Male krank gewesen, und solche Hustenstöße müssen nicht unbedingt ernsthafte Folgen haben. Am schlimmsten hatte es ihn im Jahr 1738 erwischt, als ihn eine böse Lungenentzündung aufs Krankenlager warf. Seine

Leibärzte[1] verzweifelten, weil keine Behandlung anschlug. Um sich besser beraten zu können, riefen sie alle Bonner Mediziner in die Residenz, unter ihnen den Juden Dr. Moses Abraham Wolff. Er war der einzige, der für einen Aderlaß plädierte, »sonst ist der Herr verloren«.[2] Clemens August hörte von Wolffs Vorschlag und verlangte nach dieser Therapie; die Leibärzte widersetzten sich und sandten einen Kurier zu einem Spezialisten nach Hannover, der aufgrund ihrer Erhebungen einen Vorschlag machen sollte. Kaum war der Bote unterwegs, verkündete Wolff: »Clemens August wird an der Krankheit sterben, ehe der Kurier aus Hannover zurück ist.«

Das machte dem Kurfürsten Angst, und er bestand nun energisch auf dem Aderlaß. Mehrmals nahm ihm Wolff Blut ab; tatsächlich, Clemens August wurde in kurzer Zeit wieder gesund. Er holte Wolff aus Dankbarkeit an den Hof, ernannte ihn zum Leibarzt und kurfürstlichen Geheimrat und zahlte ihm ein jährliches Gehalt von 400 Gulden. Sechs Jahre später hatte Wolff einen ähnlichen Heilerfolg; die »außerordentliche Mühe« lohnte Clemens August mit einem Geschenk von 1 000 Gulden.

Mehr eigentlich gab seine Krankheitsgeschichte nicht her, abgesehen von fiebrigen Erkältungen und sporadischen Rückenschmerzen nach langen Jagdtagen. Seine Melancholien wurden zwar registriert – aber war das denn wirklich eine Krankheit? War der krank, der tage-, oft wochenlang sich zurückzog und niemanden außer einigen Vertrauten sehen wollte?[3]

Gegen 16 Uhr an jenem 5. Februar trifft Clemens August in Koblenz ein; die Straßen bis hinunter zum Rhein säumen Hunderte von Menschen. Sie rufen »Vivat, vivat!« und klatschen vor Begeisterung. Clemens August hebt lächelnd die Hand und winkt. Am Ufer wartet die kleine Yacht des Trierer Kurfürsten, die ihn hinübersetzen soll. Wegen des Eisgangs ist eine Benutzung der fliegenden Brücke nicht möglich.

Um 17 Uhr empfängt der Kurfürst von Trier an der Schloßrampe seinen Freund und Kollegen. Er geleitet ihn in den großen Saal, wo die Tafel für 30 Personen gedeckt ist. Zum Essen spielt eine Kapelle. Als die Leibgardisten die Nachspeise auftragen, verfärbt sich plötzlich Clemens August im Gesicht. Er klagt über Übelkeit und Schüttelfrost. »Ich möchte zu Bett gehen«, sagt er und verabschiedet sich von seinem Gastgeber.

Beim Auskleiden verspürt er geringe Schmerzen in der linken Seite, die jedoch bald wieder vergehen. Doch dieser Husten! Clemens August würgt und spuckt üblen Auswurf, immer wieder. Zwei Ärzte untersuchen ihn und stellen fest: Puls normal, kein Durst. In der Nacht findet Clemens August kaum Schlaf. Der Druck in der linken Brustseite wird so stark, daß es ihn zu ersticken droht, wenn er sich nach links dreht. Im Morgengrauen ordnen die Mediziner einen Aderlaß an. »Anfangs sprang das Geblüt zwar mit Heftigkeit, befand sich aber dann ganz zäh und schleimig«.[4]

Clemens August spürt, daß er sterben muß. Er bittet den Hofprediger des Trierer Kurfürsten zu sich, damit er die letzte Ölung empfangen kann. Als die Bürger von

Ehrenbreitstein und Koblenz dies erfahren, eilen sie in die Kirchen und beten für den Gast aus Bonn. Ein zum Tode verurteilter Mann läßt um Gnade bitten – und Clemens August setzt sich in den letzten Stunden seines Lebens für das Leben dieses, ihm unbekannten Verbrechers ein: Der Trierer Kurfürst entläßt den Delinquenten in die Freiheit.

Gegen 14 Uhr ruft Clemens August Freunde und Mitarbeiter in sein Zimmer. Neben dem Sterbenden und den zwei Ärzten füllen acht Personen den kleinen Raum. Freiherr von Boeselager, Kaspar Anton Radermacher, kurtrierischer und kurkölnischer Geheimrat, Offizial in Koblenz und Dechant in Bonn, Friedrich Ludwig von Scampar, Kölner Domherr und Propst von St. Kunibert, Ignaz Reichsgraf von Wurmbrand, Chef der Deutschordenskommende Koblenz und kaiserlicher Oberstleutnant, Friedrich Melchior Marquis von Hoensbroeck, Ritter des Deutschen Ordens und Kammerherr des Trierer Kurfürsten, Johann Christoph Adam Franz Wilhelm Freiherr von Wolffskeel zu Reichenberg, Geheimrat in Bonn und Kämmerer des bayerischen Kurfürsten, Johann Hermann Freiherr von Wunschwitz, Kammerherr Clemens Augusts und Kavalleriemajor sowie Pater Philipp Maria Benzheimer, der Hofprediger. Wunschwitz ist mit knapp 30 Jahren der jüngste, Wolffskeel mit über 50 der älteste.

Mit müder Stimme erklärt Clemens August, daß er ein Testament machen will. In Gegenwart der vielen Zeugen diktiert er Radermacher 16 Punkte;[5] das Papier wird von Boeselager, Scampar, Hoensbroeck, Wolffskeel, Benzheimer, Wurmbrand, Wunschwitz und Rader-macher unterschrieben und gesiegelt. Drei Stunden später stirbt Clemens August in Ruhe und Frieden.

Um 20 Uhr wird sein Leichnam in einem Fackelzug zum Gartensaal des Schlosses getragen, wo man ihn auf-bahrt. Geistliche und Leibgardisten halten wechselweise Totenwache; am Morgen des 7. Februar defilieren Trau-ergäste vorbei. Kurz nach 12 Uhr wird Clemens August obduziert.[6] »Man fand zwar sämtlich-innerliche Teile ganz gesund, und an selbigen weiter nichts Widernatür-liches. Die Lunge aber war nicht nur stark angewachsen und mit stockendem zähen Blut aufgefüllt, sondern auch mit einer schon seit einiger Zeit verborgen gelegener Fäule dermaßen angesteckt, und mit vielen eitrigen Ge-schwüren, sodann mit steinartigen Verhärtungen be-setzt, daß bei deren Durchschneidung ein wässriger Ei-ter herausfloß. Aus welchen Umständen sich demnach sattsam an den Tag legte, daß der starke Husten und vielfältige unreine Auswurf (womit Se. Churfürstliche Durchlaucht schon längere Zeit der Sage nach behaf-tet gewesen) aus den Verhärtungen und in denen aus-gedehnten Lungendrüsen schon längstens sich gesam-melter Schleim entstanden sei, und die wegen teils verstopfter, teils geschwächter innerlicher Lungenteile hinzugestoßene fast gänzliche Blutstockung letztlich den unvermeidlich-schleunigen Tod verursacht habe«.[7]

Am 10. Februar meldet die »Gazette de Cologne«[8] seinen Tod, nicht etwa auf der Titelseite, nein. Dort steht eine Nachricht aus Rom, datiert vom 24. Januar. Es fol-gen Meldungen aus Kopenhagen, London, Wien, Berlin und Göttingen; dann erst erfährt der Leser nähere Einzelheiten über die Tatsache, die ihn am meisten interessiert. Sie beginnt mit den dramatischen Worten: *»Les grandes douleurs sont toujours muettes. II n'y a point de termes; il n'y a point d'expressions, qui puissent en peindre les effets ...«*

Landauf, landab verkünden die Pfarrer von den Kanzeln herab die traurige Nachricht. »Grausamer Menschenfeind, grimmiger Tod«, schimpft fast in der Mergentheimer Hofkirche der Geistliche Johann Uldarik Clement, »so hat denn Deinen Durst nicht gestillt das bei fürwährenden leidigen Krieg durch Feuer und Schwert in so vielen Land- und Ortschaften Europas stromweise vergossene Blut? Nicht das mitleidwürdige Elend der in Furcht und Schrecken, Hunger und Kummer verschmachtenden unglückseligen Untertanen Dich zufrieden gestellt? Sondern erfrechst Dich hoch sogar die hohen Zederbäume des Römischen Reiches, die Säulen der Heiligen Kirche, die Gesalbten des Herrn feindselig anzupacken, Deine giftigen Pfeile auf sie abzudrücken und hast weiland den Hochwürdigsten Durchleuchtesten Fürsten und Herrn Clemens August, unsern Gnädigsten Landesvater, Fürsten und Herrn auf dem Weg hierher gewalttätig angefallen und zur anderen weiten Reise in die Ewigkeit genötigt, folglich unsere sehnliche Hoffnung, unsere freudige Erwartung in ein wehmütiges Klagen, Seufzen und Trauern verwechselt.« Clement lobt seine Großzügigkeit dem Volk gegenüber, seine Frömmigkeit, seine Milde. »Ihr werdet es wissen in Euren Jahrbüchern mit unauslöschlichen Buchstaben anzumerken und mit dankbarstem Andenken zu verewigen, was Liebe, Gnade und Gütigkeit Ihr ... durch Clemens August in gehäuftem Maße empfangen habt ... Was höre ich für ein wehmütiges Seufzen, Heulen, Jammern und Klagen? Ich sehe ganze Scharen allerlei Geschlechts und Alters die Hände gegen Himmel aufheben! Wo fehlt es? Was ist die Ursache Eurer Tränen, Eurer Untröstlichkeit? Ach! Ach! Clemens August ist uns entzogen, antworten sie, nämlich arme Witwen und Waisen, unser fürsorglicher, mitleidiger, liebreicher Brotvater ist gestorben, die Gnadenquelle stehet versiegen, die Gnadengehälter hören auf, und wir sollen nicht klagen, heulen und weinen? Wo werden wir den nötigen Unterhalt hernehmen? Wer wird für unsere Kleidung sorgen, wenn Clemens August nicht mehr sorgt?«[9]

Bereits am 8. Februar war der verstorbene Kurfürst – mit einem Schlafrock aus weißem Damast bekleidet – von Ehrenbreitstein aus nach Bonn übergeführt worden. Hier erfolgte eine zweite Obduktion, bei der verschiedene Körperteile abgesondert wurden. Zunge, Augen und Gehirn kamen in die Bonner Kapuzinerkirche und wurden dort beigesetzt, die Eingeweide nach St. Remigius, das Herz in einer Silberkapsel zur Gnadenkapelle nach Altötting; der einbalsamierte Körper wurde bis zum 31. März in Bonn aufgebahrt, dann per Schiff nach Köln gebracht, wo er am gleichen Tage in genau festgelegtem Zeremoniell im Hohen Dom seine letzte Ruhe fand: Clemens August wurde neben seinen bayerischen Vorgängern Ernst, Ferdinand, Max Heinrich und Joseph Clemens in der Achskapelle[10] beigesetzt. Nach 178 Jahren endete die Herrschaft der Bayern am Rhein.

Sein Tod »erschütterte die gesamte nordwestdeutsche Germania Sacra für den ganzen Rest« des Siebenjährigen Krieges »und darüberhinaus«[11]. Mit Clemens August verlor beispielsweise Rom einen eifrigen Mitstreiter bei der ständig schärfer diskutierten Frage der Säkularisation. Weil er sich aber stets geweigert hatte, einen Koadjutor zu akzeptieren, waren auf einen Schlag die mit dem Erzstift in Personalunion verbundenen Bistümer Münster, Paderborn, Osnabrück und Hildesheim vakant.

Die Diözesen wurden immer wieder genannt, wenn von Säkularisation die Rede – und gerade ihre Territorien waren zum Kriegsschauplatz geworden oder schon von den protestantischen Gegnern besetzt.

Sein Tod führte aber auch »zur Zäsur zwischen höfischem Rokoko und katholischer Aufklärung, zwischen barockem und aufgeklärtem Absolutismus«.[12] Das Zeitalter der politischen Ideologien löste das Zeitalter der Kabinettspolitik ab, für das Clemens Augusts Subsidienpolitik ja charakteristisch war. Europa sollte durch einen Toten in Bewegung geraten.

Clemens August hatte als Universalerben seinen noch zu wählenden Nachfolger eingesetzt. Gleichzeitig verfügte er zur Begleichung seiner Schulden die Versteigerung aller Pferde, Wagen, Gemälde, Pretiosen und seiner Porzellansammlung – eine weise Entscheidung, wie sich später herausstellen sollte.

An dieser Stelle ist Gelegenheit, einmal einer alten Frage nachzugehen: War Clemens August der Verschwender, als der er oft genug hingestellt wurde? Hat er das Geld ohne Rücksicht auf Verluste mit vollen Händen zum Fenster hinausgeworfen? »Die Not war am kurfürstlichen Hofe wirklich außerordentlich«, schreibt Leonard Ennen,[13] »die gewöhnlichen Bedürfnisse der Hofhaltung konnten nicht mehr bezahlt werden, die Kassen, woraus die Beamten, Bedienten und Soldaten besoldet werden sollten, waren leer. Die kurfürstlichen Einkünfte und Gefälle, die immer spärlicher flossen, und die aus Frankreich kommenden Subsidienraten waren nicht hinreichend, um die notwendigsten Bedürfnisse zu befriedigen, die dringendsten Posten zu decken und die lautesten Schreier zufrieden zu stellen. Mehrere seiner Räte schlugen vor, zur Beschränkung seiner Ausgaben alle seine Soldaten zu verabschieden. Der Kurfürst wies mit fester Entschiedenheit diese Maßregel von der Hand, die ihn ganz und gar seiner Souveränität entkleiden müsse. Er behielt seine Truppen unter den Waffen, aber er bezahlte das Wenige, was er ihnen gab, großenteils in Münzsorten, die er selbst unter schwerer Strafe proscribiert hatte.« Und an anderer Stelle berichtet Ennen: »Der Kurfürst nahm mitunter einen herzhaften Anlauf zum Sparen, die kostspieligen Bauten, die unzähligen Hoffeste, die teure Komödiantentruppe ... aufzugeben. Sobald er aber aus solchen Momenten stiller Zurückhaltung und ruhiger Beschaulichkeit wieder hinaustrat in das tolle, lachende Hofleben, hatte es ein Ende mit allen Reformen ...«[14]

Diese Feststellungen prägten Clemens Augusts Finanzwirtschaft in den Augen seiner Nachfahren. Aber blicken wir einmal in die Buchführung früherer Jahre. Die Verschuldung Kurkölns im Jahre 1596 betrug 2,46 Millionen Gulden,[15] die Verzinsung dieser Schulden allein 54 000 Gulden; an laufenden Einnahmen verzeichnete die Hofkammer lediglich 26 000 Gulden; finanziell gesehen ging Kurköln damals am Krückstock. Für die Jahre zwischen 1700 und 1786 werden die Einnahmen der 25 wichtigsten geistlichen Staaten auf 1,275 Milliarden Gulden geschätzt, die Ausgaben hingegen auf 3,389 Milliarden Gulden.[16] Der Statistik zufolge müßte Clemens August bis zu seinem Tode etwa mit einem Fünftel am Verhältnis Ausgaben/Einnahmen beteiligt gewesen sein.[17] Grob gerechnet, bedeutet dies: Der Schuldenberg müßte 400 Millionen Gulden betragen haben.

Schauen wir in eine andere Buchführung. Clemens August hatte fast in jedem Jahr seiner Regierung von irgendeinem Alliierten Unterstützungsgelder kassiert; konkret läßt sich die Summe nicht addieren. Alexander Conrady[18] meint, allein Paris hätte zwischen 1751 und 1761 über sieben Millionen gezahlt; die Einnahmen aus Steuern, Zöllen, Verpachtungen, Benefizien lassen sich kaum schätzen. Wenn man auch von der richtigen Überlegung ausgeht, daß Clemens August ungeheure Summen in seine Bauten und in dessen Ausstattungen steckte, so läßt sich ein Soll von 400 Millionen nur schwer errechnen. »In der Literatur«, sagt der Experte Heinrich Schnee,[19] »wird immer wieder von der großen Schuldenlast gesprochen, die Clemens August hinterlassen hätte. Vergleicht man seine Schulden mit denen anderer Fürsten gleichen Ranges im 18. Jahrhundert, dann war die Schuldenlast des Kurfürsten keineswegs besonders hoch, und das scheint auch die Meinung von Zeitgenossen gewesen zu sein. Denn der Kölner Domherr von Scampar berichtete zum Beispiel an den kaiserlichen Gesandten Graf von Pergen am 12. Februar 1761 nach Wien: ›Ihro abgelebte Churfürstliche Durchlaucht haben in ihrem errichteten testamento … den Churfolger zum Universalerben benennet, die Erbschaft erträgt an acquisitis jährlich renten bei 40 000 Reichstalern und an Juwelen und sonstigen Kostbarkeiten viele Millionen nebst den schönen Schlössern. Schulden werden nicht mehr denn 180 000 Reichstaler vorhanden sein, so alles ein Bagatell anzusehen ist.‹ Auch das Hofkammerprotokoll vom 16. Februar 1761 gibt fast die gleiche Schuldenlast an, wo es heißt, die Aktiva der kurfürstlichen Hinterlassenschaft betrügen ›über eine Million ohne Pretiosen, Meubles, Wein, Marstall, Gebäude‹, während die Passiva mit ungefähr 200 000 Rtlr. überschlagen wurde.«[20] Kein Wunder, daß seine bayerischen Verwandten dieses Testament vor dem Reichskammergericht anfochten. Sie wußten natürlich von der starken Finanzkraft, die hinter Clemens Augusts zahlreichen Besitzungen steckte, und argumentierten als Kläger, daß der Wittelsbacher einen mündlichen und damit ungültigen letzten Willen hinterlassen hätte. Folgerichtig könne nur die Familie in München und nicht etwa sein Nachfolger beziehungsweise die Hofkammer der Haupterbe sein.

Das Reichskammergericht untersuchte die Sache sehr genau. Es vernahm bis auf den mittlerweile verstorbenen Freiherrn von Boeselager alle Unterzeichner des

Testaments; an deren Glaubwürdigkeit war im übrigen kaum zu zweifeln, da sie lediglich je mit einer Tabakdose bedacht worden sind. Als weiterer Zeuge wurde der 49jährige Karl Hugo Freiherr von Brackel zu Breitmar, kurfürstlich trierischer Geheimrat, Gouverneur der Festungen Ehrenbreitstein und Koblenz sowie Oberst und Kommandant eines Grenadierregiments, gehört. Die Vernehmung Brackels durch den bayerischen Advokaten ging so vor sich:

Frage 77: »Ob er Herr Zeuge gehört hat, daß Ihro Churfürstliche Durchlaucht den Inhalt des Testaments, welcher Herrn Zeugen vorzulesen, in einer Reihe deutlich ausgesaget?«

Brackel: »Das Testament ist mir bereits vorgelesen worden, und ich beziehe mich auf meine obige Aussage, der Churfürst habe alles nacheinander deutlich gesagt, außer daß er inzwischen einige Male Wasser oder Medizin zum Riechen genommen hatte.«

Frage 79: »Ob nicht Herr Zeuge selbst oder ein anderer seiner Herren Mitzeugen, so lange der Herr Churfürst geredet, sich mit anderen Herren Mitzeugen über solche Dinge, welche zum Testament gar nicht gehören, besprochen hat?«

Brackel: »Nein!«

Frage 80: »Ob das Bett, worin Ihro Churfürstliche Durchlaucht gelegen, Vorhänge gehabt?«

Brackel: »Daran kann ich mich nicht erinnern. Doch es war das Bett, das die Churkölnischen mitgebracht hatten.«

Frage 81: »Ob die Vorhänge rings um das Bett herum oder nur zum Teil offen gewesen?«

Brackel: »Das weiß ich nicht, aber den Churfürsten hätte man wohl sehen können.«

Frage 82: »Ob alle Herren Zeugen so ums Bett herumstanden, daß sie Ihro Churfürstliche Durchlaucht sehen und wohl hören konnten?«

Brackel: »Ja, sicher.«

Frage 83: »Ob die Aussprache des Testaments langsam, geschwind, leise oder mit vernehmlichen Worten geschehen?«

Brackel: »Anfangs hat er natürlich, zuletzt aber etwas langsamer und schwächer geredet, jedoch so, daß man ihn verstehen konnte. Ich habe etwas weiter vom Bett gestanden, habe den Churfürsten aber wohl verstanden.«

Frage 84: »Ob Ihro Churfürstliche Durchlaucht erklärte, daß Ihro Testament so, wie es ausgesprochen, gelten sollte, ohne weiteren Zusatz?«

Brackel: »Von einem Zusatz war nicht die Rede.«

Frage 85: »Hat der Offizial Radermacher diese Aussprache aufgeschrieben?«

Brackel: »Ja, sicher.«

Frage 86: »Geschah das Notieren auf einer Schreibtafel oder auf Papier?«

Brackel: »Auf Papier.«

Frage 87: »Ob Herr Offizial Radermacher gestanden oder gesessen hat, als er dasjenige, was Ihro Churfürstliche Durchlaucht redete, aufschrieb?«

Brackel: »Er hat meines Wissens vor einem Stuhl gekniet und geschrieben.«

Frage 88: »Ob Ihro Churfürstliche Durchlaucht dem Herrn Zeugen und seinen Mitzeugen ausdrücklich erklärt hat, daß dasjenige, was er dem Herrn Offizial Radermacher gesagt und dieser sofort aufgeschrieben, vor Dero letzten Willen, ohne weiteres Zutun, gelten solle?«

Brackel: »Ich kann mich erinnern, daß der Churfürst dies gesagt hat.«

Frage 90: »Hat Herr Offizial Radermacher dasjenige, was er dotierte, Ihro Churfürstliche Durchlaucht zu Cölln sofort vorgelesen?«

Brackel: »In meinem Beisein nicht. Doch es könnte sein, daß dies geschah, als ich herausging.«

Frage 96: »Ist nicht Herr Offizial Radermacher mit einigen Herren Zeugen aus dem churfürstlichen in ein anderes Zimmer gegangen, um dort den Testaments-Aufsatz zu verfertigen?«

Brackel: »Er hat den Aufsatz im Zimmer geschrieben. Wo er später hinging, weiß ich nicht.«

Frage 97: »Mit welchen Zeugen ging Herr Offizial Radermacher in das andere Zimmer?«

Brackel: »Ich habe den Offizial Radermacher nicht eher aus dem Zimmer gehen sehen, bis der Churfürst tot war. Dann sind alle mit hinausgegangen.«

Frage 99: »Ob nicht ein oder anderer der Herren Zeugen den sterbenden Churfürsten um ein Vermächtnis gebeten hat?«

Brackel: »Davon weiß ich nichts.«

Frage 105: »Ob nicht der Herr Offizial Radermacher, nachdem er den Aufsatz des Testaments zu Stande ge-

33 Detail des Deckenfreskos von Carlo Carlone im Gardensaal auf
Schloß Augustusburg, das die Kaiserkrönung des älteren Bruders
Karl VII. darstellt.

34 Max III. von Bayern, Clemens Augusts Neffe.
Der Junge lernt den Sport seiner Sippe: die Jagd auf Reiher.

35 Maria Theresia, die Habsburgerin. Mehrfach hatte Clemens August
die von ihrem Vater Karl VI. mit zahlreichen europäischen Staaten
vereinbarte Pragmatische Sanktion anerkannt und
dann wieder desavouiert – doch seine Sprunghaftigkeit konnte
ihre Wahl zur Kaiserin nicht verhindern. Ihr Sohn Max Franz war der
letzte Kurfürst und Erzbischof in Köln vor dem Einmarsch
der Franzosen.

36   André Hercule de Fleury, Mentor Ludwigs XV.

37   Ludwig XV., König von Frankreich

38 Hochgelobt, dann geächtet: Ferdinand von Plettenberg

39 Johann Baptist von Roll. Mit ihm begann die Krise.

40 Günstling und Vertrauter: Ignaz Felix von Roll

41   Kostümfest im Bonner Hoftheater, von F. J. Rousseau

42 »Königin Geer Falck«, Clemens Augusts Lieblingsfalke

43 Ein Rekord: Dieser Reiher wurde fünfmal gebeizt.

44 Viterbo, 9. November 1727: Papst Benedikt XIII. erteilt Clemens
August endlich die Bischofsweihe.

45 Auszug aus der Kirche Madonna della Quercia: Clemens August
segnet die Gläubigen (nach Francesco Imperiali).

46 Stolz und melancholisch: Clemens August mit 45 Jahren

47 Ein Hofnarr durfte in Bonn und Brühl nicht fehlen.

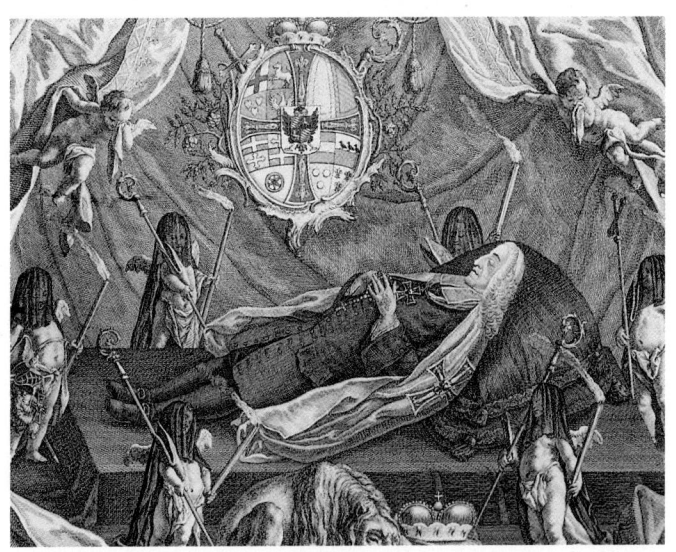

48 Nach seinem Tod wurde der Kölner Kurfürst und Erzbischof
erst in Ehrenbreitstein aufgebahrt. Die Trauer um ihn am Rhein,
in Westfalen und in Mergentheim war groß.

49 Die eigenhändige Unterschrift Clemens Augusts unter eine Mit-
teilung – ein seltenes Dokument. Sie datiert vom Juni 1726.
Der Titel Kurfürst war ihm wichtiger als das Amt des Erzbischofs;
er zeichnet nur mit »Churfürst«.

50 Das große Treppenhaus im Brühler Schloß Augustusburg, gebaut nach Entwürfen von Balthasar Neumann (1744 - 1764).

bracht hatte, sich mit den Herren Zeugen zu dem Herrn Churfürsten von Cölln vor Dero Bett begeben hat?«

Brackel: »Was der Herr Offizial Radermacher kniend geschrieben, das hat er in dem Zimmer auf einem Stuhl vor dem Bett geschrieben. Ich weiß nicht, daß derselbe etwas Geschriebenes in das Zimmer gebracht hat.«

Frage 110: »Ob nicht der schnelle Todesfall den Herrn Offizial Radermacher und ihn, den Zeugen, in große Verlegenheit versetzt hätten, weil der Testaments-Aufsatz nicht vollzogen, nicht approbiert, nicht unterschrieben werden konnte?«

Brackel: »Ich habe nicht bemerkt, daß jemand wegen des Testaments in Verlegenheit geraten ist. Der Todesfall hat freilich die Anwesenden in große Bestürzung gesetzt.«

Frage 111: »Ob nicht der Herr Zeuge bekennen müßte, daß nach Absterben des Herrn Churfürsten der von dem Herrn Offizial Radermacher verfertigte Testaments-Aufsatz in dem Sterbezimmer von verschiedenen Herren Kavalieren und anderen gelesen, für ein gültiges Testament aber nicht gehalten wurde?«

Brackel: »Das habe ich weder gesehen noch gehört.«

Frage 112: »Ob nicht der Herr Zeuge bejahen müßte, daß Herr Offizial Radermacher sofort auf Mittel gedacht habe, wie er den Testaments-Aufsatz gültig machen könnte?«

Brackel: »Davon weiß ich nichts.«[21]

So sehr sich der bayerische Jurist in seiner Vernehmungstaktik auch bemühte – Brackels Aussage deckte sich mit der der anderen Zeugen. Hinzu kam, daß im September 1766 ein umfangreiches Gutachten der Juristischen Fakultät der Universität zu Göttingen diese rechtlichen Konsequenzen zog: »In dem gesetzten Fall, da der Durchlauchtigste Testator ohne Errichtung eines letzten Willens das Zeitliche verlassen hätte, kein anderer als sein Nachfolger zu der aus den Einkünften der Erz- und Bistümer erwachsenen Verlassenschaft berechtigt sein würde.« Die Göttinger Rechtsprofessoren meinten also, Clemens August hätte kein Testament machen müssen – sein gewählter Nachfolger trete automatisch die Erbschaft an. Und so entschied im Jahr 1767 das Reichskammergericht: Bayerns Klage wurde abgewiesen, die Dinge nahmen ihren geplanten Lauf.[22]

Bevor diese Klage eingereicht worden war, hatten bereits einige Versteigerungen des kurfürstlichen Besitzes stattgefunden. Der Verkauf der Hunde, Pferde, des Reitzeugs und der Wagen brachte 17 895 Taler[23]; das beste Pferd erreichte die stolze Auktionssumme von 515 Talern, der schönste Wagen ging mit 922 Talern an den Mannheimer Oberbaudirektor Nicolas von Pigage.

Am 4. Mai 1761 begann die Juwelen- und Silberauktion. Den höchsten Taxwert besaß die Nummer 37 im Katalog, zwei Schuhschnallen mit Brillanten: 130 000 Taler. Wegen dieser Versteigerung waren fast alle in- und ausländischen jüdischen Privat- und Hoffinanziers angereist, von denen die meisten in engen Beziehungen zu Clemens August gestanden hatten:

Simon Baruch beispielsweise oder Moses Oppenheimer, Abraham Seligmann und Jakob Embden, Levi Isaak oder Löb Hertz Oppenheimer. Der Erfolg blieb hinter der Erwartung zurück. Zwar wurden 149 000 Taler umgesetzt, netto aber flossen nur 62 900 Taler in die Kasse; gegen Vorlage von Schuldscheinen Clemens Augusts verrechneten die Versteigerer den großen Rest mit den Bietern, die den Zuschlag bekommen hatten.

Ein Blick noch auf die Gemäldesammlung Clemens Augusts, die seinem letzten Willen nach ebenfalls unter den Hammer kam. Er besaß zehn Bilder von Peter Paul Rubens, hatte Gemälde von Rosalba Carriera, Jan Fyt, Teniers, Antonio Pellegrini, Gaspard Poussin, Frans Snyders, Anthonis van Dyck, Johann Matthias Schild, Francesco Londoni, Francesco Imperiali, Giovanni Battista Piazzetta und natürlich von Rembrandt. Den höchsten Preis mit 733 Talern erreichte Rembrandts »Der verlorene Sohn«, während eines seiner berühmtesten Werke, »Der Mann mit dem goldenen Helm«[24] für den Schleuderpreis von nur 70 Talern einen neuen Besitzer fand. Insgesamt kam die Sammlung auf 24 746 Taler.

Die gesamte Abwicklung dauerte fast bis ins Jahr 1793. »Jener lang dauernde Ausverkauf ließ das farbenschillernde Bild dieses lebensfreudigsten und reichsten Fürstenhofes im Rheinland noch einmal hell aufstrahlen, gleich der zum Himmel lodernden Schlußszenerie eines Feuerwerks, die im Dunkel der Nacht versinkt: Das Rokoko war gestorben!«[25] Im Rheinland und in Westfalen brachen schwere Zeiten an. Ein Clemens August kam nicht mehr.

ANMERKUNGEN

LANDMAHME AUF BAYERISCH

[1] Das Domkapitel war der erste und einflußreichste der insgesamt vier Landstände. Ihm stand das ausschließliche Recht der Erzbischof-Wahl zu. Chef des Kapitels war der Dompropst. Es hatte 24 stimmberechtigte Mitglieder, von denen 16 hohem und höchstem Adel entstammten. Die anderen acht Mitglieder waren Priester von niedrigem Adel oder Bürgerliche. Der Papst und der deutsche Kaiser waren geborene Domherren zu Köln. Noch jetzt ist im Chorgestühl des Doms der erste Sitz rechts und links als *latus papae* beziehungsweise *latus imperatoris* bezeichnet. Im neuen Dom hat kein Papst diesen Platz besetzt, im alten war ein einziges Mal das Oberhaupt der katholischen Kirche hier (1049); sowohl Papst als auch Kaiser ließen sich durch Stellvertreter ersetzen. Heute hat das Metropolitan-(=Dom)Kapitel 12 Mitglieder.

[2] Der am 17. Dezember 1978 verstorbene Kölner Alt-Erzbischof Josef Kardinal Frings anläßlich der Überreichung der Ehrenbürger-Urkunde in Köln 1967.

[3] Nach meiner Rechnung war Kurköln exakt 297 363 Hektar groß. Das sind 2 973,6 Quadratkilometer (weitere Größenangaben an anderer Stelle). Zum Vergleich: Das heutige Erzbistum Köln ist 6 181,39 Quadratkilometer groß, der Regierungsbezirk Köln 3 978,42 Quadratkilometer.

4 Die Wittelsbacher, Nachkommen des 1079 erstmals erwähnten Grafen Otto von Scheyern, nannten sich seit 1116 nach der Burg Wittelsbach im oberbayerischen Aichach. 1180 wurden sie Herren in Bayern, 1214 in Rheinpfalz. Sie teilten sich in eine bayerische und pfälzische Linie, die bayerische starb 1777 (16 Jahre nach Clemens Augusts Tod) aus; ihr folgte die pfälzische. Von 1806 bis 1918 waren die Wittelsbacher Könige von Bayern.

5 Sicherte dem erstgeborenen Sohn des regierenden Herrschers Thron- und Erbfolge.

6 Günther von Lojewski, Bayerns Weg nach Köln.

7 Günther von Lojewski, Bayerns Weg nach Köln.

8 Leonard Ennen, Geschichte der Stadt Köln, Bd. 6.

9 Auf Gebhard gibt es eine Schmähschrift, die analog zu seinem tatsächlichen Titel formuliert: »Dem verseher, hochwürdigsten herrn Gebhardten Truchsessen, abgesetzten meineidigen churfürsten, todtschlägern zu Kayserswerth, brief-, siegel-, silber-, gold- u. kleinodiendieb zu Bonn und Brühl, blutschänder und ehebrecher zu cöln, huren-waibel zu Westphalen, tänzer zum Neuen-Haus, weinbodenausschlager zu Bacharach, bierbrauer zu Redlinghausen, bankettirer zum Hirzberg, mörder, brenner zu Werl, Hain und Essen, der heiligen häuser verbrenner zu Attendorn, kirchenräuber und bilderstürmer im herzogthum Engern und der grafschaft Aresberg, kelchen und monstranzen meineidsmeister zu Werl, bleiverschmelzer zu Büderich, erzkanzler durch alle hurenhäuser, per Italiam Hauptmann, der ketzerer Verfolger, der katholischen Verräter und verderber des ganzen Landes, meinem lieben gesellen und ehevergessenen.« Zitiert nach Aloys Meister, Pasquille gegen Gebhard Truchsess.

10 Die Regierungszeiten der vier Vorgänger Clemens Augusts: Ernst 1583-1612, Ferdinand 1612-1650, Maximilian Heinrich 1650-1688, Joseph Clemens 1688-1723.

11 Joseph Clemens' Gegenkandidat Kardinal Wilhelm Egon von Fürstenberg war mit Ludwig XIV. verbündet. Französische Truppen bekämpften Joseph Clemens' Alliierte.

12 Max Braubach, Die letzten vier Kurfürsten von Köln.

13 Siehe Fußnote 11. Nach mißlungener Wahl zum Kölner Erzbischof marschierte Fürstenberg nach Bonn, um die Stadt gewaltsam zu nehmen. Bonn wurde zerstört.

14 Helmut Dotterweich, Das Haus Wittelsbach in Bayern.

[15] Clemens August wurde am 17. August geboren. Vor allem in älterer Literatur (H.J. Floß, Reihenfolge der Kölner Bischöfe und Erzbischöfe, 1854, E. Podlech, Geschichte der Erzdiözese Köln, 1879) wird des öfteren der 16. angegeben.

[16] Gemeint ist Brevier, Stundenbuch.

[17] Max Braubach, Die letzten vier Kurfürsten.

[18] Bernhard Erdmannsdörfer, Deutsche Geschichte vom Westfälischen Frieden bis zum Regierungsantritt Friedrich des Großen 1648-1740, Bd. 2.

[19] Karl Theodor Heigel, Die Gefangenschaft der Söhne des K.urfürsten Max Emanuel von Bayern (1705-1714).

[20] Alter Ausdruck für Waisenkind, Mündel, Unmündiger.

[21] Die polnische Königstochter schenkte Max Emanuel zehn Kinder, von denen fünf Söhne und eine Tochter – Anna Maria Caroline – das Erwachsenenalter erreichten. Therese Kunigunde starb 1730.

[22] Karl Theodor Heigel, Die Gefangenschaft. Der Autor gibt erstmals eine korrekte Darstellung, wie die Prinzen als Gefangene behandelt wurden. »Streng« und »sehr hart« war diese Behandlung nicht.

[23] Karl Theodor Heigel, Die Gefangenschaft.

[24] Karl Theodor Heigel, Die Gefangenschaft.

[25] Bislang war von Leopold I. (1658-1705) und Josef I. (1705-1711) die Rede. Der neue Kaiser ist Karl VI.

[26] Karl Theodor Heigel, Die Gefangenschaft.

[27] Mittlerweile ist auf kaiserliche Anordnung auch Johann Theodor, knapp sieben Jahre alt, nach Graz gebracht worden.

[28] Heinrich Schrörs, Die Berufskämpfe des Kurfürsten Joseph Clemens.

[29] Karl Theodor Heigel, Die Gefangenschaft.

[30] Helmut Dotterweich, Das Haus Wittelsbach.

[31] Gisbert Knopp, Kurfürst Clemens August.

DER HERR VON FÜNFKIRCHEN

[1] Leonard Ennen, Frankreich und der Niederrhein, Bd. 2.

[2] Friedrich Keinemann, Ancien Régime.

[3] Friedrich Keinemann, Ancien Régime.

4 Der Beistand eines regierenden Bischofs. Resignierte der Bischof oder starb er, wurde der Koadjutor ohne neue Wahl sein Nachfolger.

5 Edmund Renard, Clemens August von Köln, ein rheinischer Mäzen und Waidmann des 18. Jahrhunderts.

6 Es handelt sich um Papst Clemens XI., der dieses Amt von 1700 bis 1721 innehatte.

7 Max Braubach, Ein Brief des Kurfürsten Max Emanuel von Bayern an seinen Sohn.

8 Gisbert Knopp, Kurfürst Clemens August. – Erinnerung an den Romaufenthalt sind zwei Gemälde des damals vielbeschäftigten Künstlers Francesco Trevisani. Seine Darstellungen der beiden Prinzen »in klerikaler Tracht sollten nicht nur die geistliche Befähigung der Porträtierten anerkennend propagieren, sondern dienten zugleich auch als eine Art ›Zertifikat‹ über den Romaufenthalt« (Knopp). Clemens August ist ganz in Schwarz gekleidet, über dem Rock trägt er eine mit Spitzen verzierte Mantilla. Das brillantbesetzte Pektorale kennzeichnet ihn als Bischof von Regensburg (1716). Dieses Porträt ist das früheste, das Clemens August als geistlichen Würdenträger zeigt.

9 Neben dieser Schreibweise tauchen in Darstellungen auch Seyboltstorff und Seibolstorf auf.

10 Die Projizierung damaliger Finanzverhältnisse auf heutige gehört zu den größten Schwierigkeiten für den Historiker. Um kein schiefes Bild zu zeichnen, vermeidet man derlei Umrechnungen im allgemeinen. Trotzdem will ich es hier versuchen. Als Basis dient ein Reichstaler (Rtlr), der im Jahre 1720 einen Silbergehalt von 18,72 Gramm besitzt. Anfang 2000 kostet ein Kilogramm Silber ca. 346 DM. Das heißt: Nach reinem Silbergehalt hat ein Taler anno 1720 einen heutigen Wert von 6,48 DM. Dies sagt natürlich nichts über seine Kaufkraft aus. Die Umrechnung über Broteinheiten – Brot war das Hauptnahrungsmittel – ist das sinnvollste. Siebeneinhalb Pfund Brot war die Wochenration eines erwachsenen Menschen. Sie kostete 13 Albus 4 Heller. Da 80 Albus einen Taler ergaben, konnte also eine Person sich von einem Taler etwa sechs Wochen lang das lebensnotwendige Brot kaufen. Heute kostet ein Pfund Brot im Schnitt 2,40 DM. Setzt man die gleiche Menge voraus, so muß man im Jahr 2000 dafür etwa 100 DM bezahlen. Also: Die Kaufkraft eines Reichstalers ist mit einem Wert von 100 DM

gleichzusetzen. Das entspricht einem Verhältnis von 1:100 Ein Gulden (Florin) besaß 2/3 des Talerwertes. Daraus ergibt sich ein Verhältnis zur DM von 1:66. – Zitat nach Heinrich Schnee, Die Hoffinanz und der moderne Staat, Bd. 6.

11 Friedrich Keinemann, Ancien Régime.

12 Friedrich Keinemann, Ancien Régime.

13 Heinrich Schnee, Die Hoffinanz und der moderne Staat.

14 Bischofshut.

15 Friedrich Keinemann, Ancien Régime.

16 Simonie ist der Ankauf eines geistlichen Gutes oder einer weltlichen Sache, die mit einer geistlichen in Verbindung steht. Die Simonie ist als kirchliches Delikt strafbar. Darum kümmerte sich jedoch kaum jemand.

17 Zedler, Großes Universallexikon, Bd. 28.

18 Hans Otto Lang, Die Vereinigten Niederlande und die Fürstbischofs- und Coadjutorwahlen in Münster im 18. Jahrhundert.

19 Max Emanuel ließ seine ursprünglichen Absichten für Clemens August (Freising, Regensburg, Eichstätt und Speyer) danach sofort fallen.

20 Heinrich Schnee, Die Hoffinanz und der moderne Staat.

21 Heinrich Schnee, Die Hoffinanz und der moderne Staat.

22 Max Braubach, Kölner Domherren des 18. Jahrhunderts.

23 Georg Hoffmann, Die Juden im Erzstift Köln im 18. Jahrhundert.

24 Heinrich Schnee, Die Hoffinanz und der moderne Staat, fl. ist die Abkürzung für Florin. Siehe Fußnote 9.

25 Fritz Wündisch, Zur Priesterweihe Clemens Augusts. – Weil beide Briefe von erheblicher Bedeutung für die Befindlichkeit und den weiteren Lebensweg des damals 24jährigen sind, werden sie in voller Länge abgedruckt. Der Antwortbrief ist der Clemens-August-Forschung schon lange bekannt, das Schreiben an den Vater wurde von Wündisch erstmals 1983 in den Annalen veröffentlicht.

Durchleuchtigster Churfürst,
Gnädigster Herr Vatter.

Euer Churfürstl. Durchl. wird zweiffelsohne bekant seyn wie das die confirmation von Hildesheimb für mich gekommen ist und auch die starcke clausul die darbey angesigelt ist nemblichen gleich den Presbite-

rat zu nemmen. ich komm derentwegen bey Euer Churfürstl. Durchl.
mich underthänigst anzufragen was hirmitten es sein solle in den Jah-
ren wo ich jetz bin solls mich gwiß schwer fallen, dabey thette ich disen
gwiß sehr unwürdig vertretten wie auch würden sich vill ancovenien-
zen darbey einfinden den in meß lesen sehr scrupulos wär wohl ein
stund allezeit an einer zu lesen hette. Kein wein kan ich in der frühe
eben sowohl nicht vertragen ich hab ein rechten grausen darvor. es ist
nicht gemeint das ich will mit fleiß solche excusen finden allein es ist
in der that eine auch habe keinen anderen gedanckcn als geistlich zu
verbleiben, allein Priester kan ich nicht wern und wan ichs thue so will
mich lieber in ein Closter retiren und alligs was ich hab auf meinen
Bruder oder wen es Euer Churfürstl. Durchl. hernach für gut finden
werden zu resigniren. Dan da will ich nichts mehr von der welt wis-
sen. soll ich aber nicht thun so were yedens versichert einen Unwürdi-
gen abzugeben Daher bitte Euer Churfürstl. Durchl. ganz underthä-
nigst es zu Rom zu verhüten damit Euer Churfürstl. (unleserlich) seyn
kan. ich habe hir schon 12 hirschen geschossen gestern noch 6 allein und
alle mit der Kugelgen durch den halß der prinz Wilhelm von Dussel-
dorf hat nur zwey geschossen und die gleichen gefält einer von denen
meinigen war ein 16. Indessen ende und verbleibe allezeit
Euer Churfürstl. Durchl.

underthänigst gehorsambster Sohn
Clement August

Herzliebster Sohn. Dein schreiben vom 23. zu beantworthen, in deme
du mich befragest, waß nach erhaltener confirmation wegen Hildes-
heimb mit der clausula den Presbiterat anzunemmen du thuen sollest,
mueß ich deine angezogene bedenckhen des Pabstes willen in dißem zu
erfüllen recapituliren und alsdan dir meine vätterliche und threwmai-
nente gedanckhen ohne flaterie clar eröffnen.

1. *Würffest du das erste Principium deiner Vocation, Standts und*
   Würdten übern hauffen, durch declarirung, daß du keinen andern
   gedanckhen habest, als geistlich zu verbleiben, allein formalia (!),
   kein Priester kanst du nit werden; dißes kan niemahlen subsistiren,
   ausser du wollest der Chur und deiner andern geistlicher Würdten
   renuncieren, weilen du dieselbe von dreyen Pabsten (Clemens XI.,
   Innozenz XIII. und Benedikt XIII.) *anderst nicht erhalten, als*
   mit der expressen condition in dem bestümbten alter Priester zu
   werden, welches du nun würcklich erraichet; und

2. *diße obligation seyndt die rechte und wahre scruplen, die dein ge-*
   wüßen berühren und beängstigen sollen, und nit jene, so du ohne
   grundt und ursache im meßlesen beforchtest, wo du gedenckhest die
   einkonfften darvon immer zu genüßen, aber niemahlen zu erfüllen
   die Verbündtung, crafft deren du selbe genüßen kannst, wie es dein
   schreiben declariret. Der aufschub ist nit zu hoffen, wie du es genug-
   samb auß des Scarlatti (Giovanni Battista Scarlatti hatte als
   kurbayerischer Geschäftsträger beim Vatikan alle Verhandlungen wegen der Dispense für Clemens August geführt) *rela-*
   tionen vernemmen würdest. Hab ich auch keine ursach beym Pab-
   sten einzuwendten, weilen die ainzige des abgangs der Succession
   schon aufgeheßt ist, indeme mich Gott nit allein mit schönen, sondern
   männlichen Enckhlen gesegnet, und dergleichen ich noch zu hoffen
   habe, da sich die fruchtbarkeit der Churprinzeßin auch schon be-
   zaiget, werde mich also nit exponiren ein so ungegründtes begehren
   an den Pabstlichen hoff zu thuen, und mich mit umbkerung und
   contradiction aller meiner Ministern und der Capitlen schrüfft- und
   mündtlicher versicherung zu prostituiren, dardurch mich daselbsten
   zu discreditiren und meinem hauß ein ewiges projudice zu machen;
   Alle Churfürsten von Cölln von meinem hauß seyndt Priester gewe-
   ßen, vor meinen Hn. Bruder hab ich von Jahr zu Jahr umb dispense
   anhalten mueßen, so baldt mich aber Gott mit etlichen Prinzen geseg-
   net, obwohlen sie noch nit erwachsen waren, so hat dannoch der Chur-
   fürst mein Hr. Bruder seel. nit gefundten mit seinem gewissen eine län-
   gere dispensation begehren zu können, und ist Priester geworden.
3. *Daß in dißen Jahren dir solches schwar fallen solle und du dißen*
   standt sehr unwürdig vertretten wurdest, kann ich nit anders als
   mit einem seuffzer bedauernt beantworthen, dan du sollest vilmehr
   Gott danckh sagen, daß du die jahr hast ein so hoches Ministerium,
   wo dich deine obligationen anweißen, ohne dispense vertretten zu
   können; unwürdig aber zu vertretten bin ich dein Beichtvatter nit,
   deßentwegen die ursachen zu erkennen, aber als Vatter bin ich ei-
   ner großen consolation beraubt, und schmerzet mich dißes unbe-
   wußtes und unverhofftes bedenckhen.
4. *Daß du einen graußen ob den Wein in der fruehe habest, ist ein*
   große schwachheit in einer so wichtigen sach, warzu Gott in dem
   höchsten geheimbnuß sein gnad absonderlich mitthaillet; natyrli-
   cher weiß allein zu reden kanst du ia sonsten den wein vertragen,
   und diße geringe quantität kann ia kein beschwärnuß seyn, und die
   gewohnheit leicht zu machen.

5. *In ein Closter sich zu retiriren sehe ich vor einen desperaten ge-*
danckhen an, auff welchen nichts zu antworthen; die resigna-
tion auf deinen bruder oder andern stehet nit in deinem willen,
sondern bey newer electionen, auff welche nit mehr zu gedenck-
hen, kundte auch nit mehr erschwingen, solche auszuwürcken,
und würdte in solchem fall, welches Gott verhütte, keinen schrütt
thuen.

Dißes wie oben gesaget seyndt meine vätterliche ermahnungen und ge-
danckhen, habe es selbst zu papier bringen wollen, indeme ich nichts
praejudicirlicheres an deiner ehr, interesse und wohlfahrt sehete, als
wan man die geringste wüßenschafft hette von deinen gedanckhen, so
in deinem schreiben angezogen und enthalten seyndt, hoffe du werdest
selbe andern nit eröffnet haben, und in besserer begreiffung allem reme-
diren, wo dir in gewinnung der zeit absonderlich gelegen, und deßent-
wegen diße meine antworth durch aigenen courrier schicke, auch
in hoffnung durch dessen bälde zurückkonfft getröstet zu werden. Ich
nemme es von dir nit ybel, sondern sehe dißes schreiben an als deine
erstere mouvements, welche du par abondance du coeur und vertrauen
zu deinem Vattern geschrieben, im welcher mainung mich bekräfti-
gen die worth gegen mir, was du zu thuen, alß meinen Rhat und in-
tention zu wüssen begehrst; diße habe dir hiermit in eben dißen
Verthrauen entdeckhet, bitte Gott, den du vor allen umb das wahre
Licht und assistence anzurueffen, dich zu erleuchten und mit seinem Se-
gen dich zu fürhen, darzue ich meinen vätterlichen auch ertheile und
verbleibe

mein hertzliebster Sohn

dein trewer und guetter Vatter
Max Emanuel Churfürst

26 Andere Quellen nennen den 20. März.
27 Notiz in: Ausführlicher Unterricht von der Solemnitet und Ceremonien der hohen Primiz des Hochwürdigst-Durchleuchtigsten Fürsten und Herrn /Herrn Clement August. – Ort der Primiz war die festlich geschmückte Michaelskirche der Jesuiten in
München.
28 E. Podlech, Geschichte der Erzdiözese Köln. Die Weihe wurde
nach Viterbo verlegt, weil der Papst in Rom einen Zeremo-
niellstreit mit den Kardinälen befürchtete.

29 Reliquien der Hl. Drei Könige finden sich an mehreren Orten. Im Jahre 1978 wurden auf Initiative des elsässischen Paters Paul Linck im Internationalen Forschungszentrum für alte Textilien (Lyon) vier kleine Stoffetzen untersucht, die in der Sakristei der Kirche von Rappoltsweiler aufbewahrt werden. Der Textilforscher Gabriel Vial stellte fest, daß es sich um ein Köpergewebe aus Seide handele, das in Palmyra (180 Kilometer von Damaskus entfernt) zwischen dem zweiten und vierten nachchristlichen Jahrhundert hergestellt worden sei. Eine zweite Untersuchung zeigte, daß diese Stücke aller Wahrscheinlichkeit nach identisch sind mit einem Stoffetzen, der in der Kölner Domschatzkammer aufbewahrt wird und der mit Sicherheit dem Tuch zuzuordnen ist, in das die Gebeine einmal eingeschlagen waren. Damit dürfte feststehen, daß zumindest dieses Tuch aus dem Vorderen Orient stammt. Die Legende der Hl. Drei Könige erhält damit einen starken Wahrheitskern.

30 Leonard Ennen, Frankreich und der Niederrhein.

31 Der Titel lautet genau Obristkämmerer.

32 Max Braubach, Kurköln. Gestalten und Ereignisse aus zwei Jahrhunderten rheinischer Geschichte.

33 Aus dem Reisebericht des Barons Pöllnitz. Zitiert nach Max Braubach, Kurköln.

34 Fleury, Bischof von Fréjus, war zu diesem Zeitpunkt – entgegen der Meinung anderer Biographen Clemens Augusts – noch nicht Kardinal. Er wurde es erst 1726. Von 1726 bis 1743 (Tod) war er Premier- und Außenminister Ludwig XV.

35 Pragmatische Sanktion ist ein von Kaiser Karl VI. verkündetes Hausgesetz der Habsburger, das vor allem die Regelung der Erbfolge nach dem Erstgeburtsrecht sowohl im männlichen als auch im weiblichen Stamm festlegte. Aufgrund dieses Gesetzes wurde Maria Theresia Chefin des Hauses Habsburg.

36 Karl Albrecht, der älteste Sohn Max Emanuels (11. Juli 1662-26. Januar 1726), wird oft auch als Karl Albert bezeichnet. Albert und Albrecht haben den gleichen Wortstamm.

37 Leonard Ennen, Frankreich und der Niederrhein.

38 Den Bericht hat Boissieux selbst gegeben. Zitiert nach Leonard Ennen, Frankreich und der Niederrhein.

39 Leonard Ennen, Frankreich und der Niederrhein.

40 Max Braubach, Kurköln.

[41] Diese Summe wird häufig genannt. Heinrich Schnee, Die Hoffinanz und der moderne Staat, spricht hingegen von 200 000 Gulden. Das sind etwa 130 000 Taler.

[42] Ludwig Petry, Das Meisteramt (1694-1732) in der Würdenkette Franz Ludwigs von Pfalz-Neuburg (1664-1732).

[43] Michael Nießen, Hoch- und Deutschmeister Clemens August, Kurfürst von Köln.

[44] Michael Nießen, Hoch- und Deutschmeister Clemens August.

[45] Michael Nießen, Hoch- und Deutschmeister Clemens August.

[46] Hanns Hubert Hofmann, Der Staat des Deutschmeisters. In bezug auf eine klare Favoritenrolle Clemens Augusts hat Hofmann nicht ganz recht.

[47] Hier die komplette Ahnenliste. Die Ahnen mütterlicherseits: Therese Kunigunde (Mutter); Johann Sobieski, König von Polen, und Marie Casimire de la Grange (Großeltern); Jakob Sobieski und Theophile Danilowicz, Henri Albert de la Grange, Marquis d'Arquien und Franciska de la Chatre (Urgroßeltern); Markus Sobieski zu Sobieskawola und Hedwig Snopkowska, Johann Danilowicz und Sophie Zolkiewska, Antoine de la Grange, Marquis d'Arquien und Anne d'Ancien, Jean Baptiste de la Chatre, Seigneur de Brillebant, und Gabrielle de l'Amy (Ururgroßeltern).
Die Ahnen väterlicherseits: Maximilian Emanuel, Kurfürst von Bayern (Vater); Ferdinand, Kurfürst von Bayern, und Adelheid Henriette von Savoyen (Großeltern); Maximilian I., Kurfürst von Bayern, und Maria Anna von Österreich, Viktor Amadeus, Herzog von Savoyen, und Christina von Frankreich (Urgroßeltern); Wilhelm Herzog von Bayern, Pfalzgraf bei Rhein, und Renate von Lothringen, Kaiser Ferdinand II. und Anna von Bayern, Carl Emanuel Herzog von Savoyen und Catharina von Spanien, Heinrich IV., König von Frankreich, und Maria Medici (Ururgroßeltern).

[48] Komtur ist der Verwalter oder Amtsträger eines Ritterordens, hier des Deutschen Ordens. Seine Befugnis erstreckt sich auf die Komturei, von denen mehrere zusammen eine Ballei ergeben.

[49] Max Braubach, Eine Tragödie am Hofe des Kurfürsten Clemens August von Köln.

[50] Über Brühl und Clemens Augusts andere Residenzen später.

[51] Die Darstellung des folgenschweren Duells basiert vor allem auf einer detaillierten Arbeit des Bonner Universitätsprofessors Joseph Greven. Max Braubach hat diese Darstellung in weiten Teilen kommentiert übernommen.

[52] Die heutige Comesstraße in Brühl.

[53] Max Braubach, Eine Tragödie.

[54] Max Braubach, Eine Tragödie.

[55] Clemens Augusts bisherige Biographen haben alle um einen Sachverhalt herumgeschrieben, der mir von großer Wichtigkeit ist, weil sein Wissen mehr Verständnis für Clemens Augusts Verhalten erzeugt. Ich gehe davon aus, daß der Kurfürst mit von Roll ein intimes Verhältnis unterhielt, also bisexuell war. Vermutlich war von Roll in ihrer Paarbeziehung dominierend. Das Anschwellen der Brüste und ihr Laktieren können die Ursachen einer Hormonstörung bei Clemens August sein. Psychosomatiker halten diese Störung als Trauerreaktion auf den Verlust des (möglicherweise) Geliebten für unwahrscheinlich. Andererseits aber erklären Endokrinologen (Drüsenspezialisten), daß ein beidseitiges Laktieren von Männerbrüsten ein außerordentlich seltenes Phänomen sei. Sie diagnostizieren es gelegentlich nach erotischen Exzessen – beispielsweise dann, wenn in einer homosexuellen Verbindung die Brüste übermäßig gereizt wurden. Durch diese äußerlichen Manipulationen kann es zu entzündlichen Reaktionen kommen, in deren Verlauf Sekrete abgesondert werden. Es ist also durchaus möglich, daß dieses Laktieren die Folge einer homosexuellen Verbindung zwischen Clemens August und von Roll war. Mehr über meine Spekulationen im Abschnitt über Clemens Augusts Freundinnen.

[56] Die Briefe Clemens Augusts an Crescentia Höß von Kaufbeuren sind nicht mehr erhalten. Crescentia (1682-1744), die gegen ihren Willen Oberin des Klosters wurde, schrieb insgesamt 21 Briefe an Clemens August.

[57] Max Braubach, Eine Tragödie.

[58] Ob Clemens August bei der zweiten Graböffnung dabei war, ist ungewiß.

[59] Die heutige Wissenschaft hält es für ausgeschlossen, daß ein Körper ein Jahr nach der Beerdigung noch die Merkmale eines frischen Körpers (fließendes Blut, rosa Hautfarbe ect.) aufweist. In einer längeren Korrespondenz hat mich der renommierte,

1990 verstorbene Kölner Gerichtsmediziner Professor Günter Dotzauer dankenswerterweise aufgeklärt. Nach Dotzauer hätte die historische Schilderung nur dann zutreffen können, wenn der Körper von Rolls einbalsamiert worden wäre; darüber aber gibt es keine zuverlässige Nachricht. Dotzauer hielt die Angaben darum konsequenterweise »für nicht vertretbar«. Ich neige deshalb zu der Ansicht, daß zur Stabilisierung von Clemens Augusts Gemütszustand ihm ein solcher Zustand von Rolls nur vorgespielt wurde. Clemens August hielt ja die Unversehrtheit des Körpers seines Freundes für das Zeichen Gottes, daß dieser unschuldig gestorben war. Noch einmal Dotzauer: Wenn keine Fäulnisauflösung, so hätte es doch zumindest zu einer »natürlichen Mumifizierung« kommen müssen.

60 Max Braubach, Eine Tragödie.

DIE AUSSENPOLITISCHEN QUERFELDEIN-LÄUFE

1 In der Aufstellung fehlt, daß ihm das Vest Recklinghausen und die später angekaufte Herrschaft Odenthal gehörten.
2 Siehe Fußnote 3 im ersten Kapitel. Zu Kurköln zählten auch Westfalen und Recklinghausen. Diözesen und weltliche Territorien waren allerdings nicht immer genau deckungsgleich.
3 Herbert Grote, Die Politik Kurkölns im Polnischen Erbfolgekrieg (1733-1735)
4 Max Braubach, Die letzten vier Kurfürsten von Köln.
5 Max Braubach, Vom Westfälischen Frieden bis zum Wiener Kongreß.
6 Herbert Grote, Die Politik Kurkölns.
7 Herbert Grote, Die Politik Kurkölns.
8 Max Braubach, Die letzten vier Kurfürsten.
9 Über die Kaiserkrönung an anderer Stelle mehr.
10 Leonard Ennen, Frankreich und der Niederrhein.
11 Hans Höhne, Die Streitigkeiten zwischen Stadt und Kurstaat Köln (1723-1761).

[12] Nach seiner Entlassung trat Plettenberg in den kaiserlichen Dienst ein, war Gesandter am Niederrhein, konnte aber die angestrebte Karriere als Minister nicht starten. Selbst sein danach geäußerter Wunsch, Richter am Reichskammergericht in Wetzlar zu werden, ging nicht in Erfüllung. Eine Berufung als Botschafter des Kaisers in Stockholm lehnte er ab, nahm aber dann das Amt des Botschafters in Rom an. Doch vor seiner Abreise starb er ganz plötzlich am 18. März 1737. Unbeweisbare Gerüchte sagten, er sei an vergifteten Äpfeln gestorben. Seiner Witwe hinterließ er einen riesigen Schuldenberg. Sie habe, schreibt Marcus Leifeld, »Möbel, Glas, Porzellan und Gemälde verkaufen« müssen.

[13] Max Braubach, Die letzten vier Kurfürsten.

[14] Franz Petri, Nordrhein-Westfalen: Ergebnis geschichtlicher Entwicklung oder politische Neuschöpfung?

[15] Rudolf Lill/Erwin Sandmann, Verfassung und Verwaltung des Kurfürstentums und Erzbistums Köln im 18. Jahrhundert. – Ich möchte die Gliederung des Hofstaates nicht in den fließenden Text einbringen. Deshalb sei sie an dieser Stelle genannt. Höchster Beamter war der Obrist-Landhofmeister. Er bildete die Spitze über den vier Stabsabteilungen des Obrist-Hofmeisters, des Obrist-Kämmerers, des Obrist-Marschalls und des Obrist-Stallmeisters. Dem Obrist-Hofmeister unterstanden die Geistlichen, die Musiker und Sänger, die Ärzte, die beiden Leibgarden, das Jagdamt, das Hofbauamt, die Hofmaler, Buchdrucker, Gärtner, andere zum Unterhalt der Schlösser erforderliche Handwerker, der Juwelier und der Hofschmied. Der Obrist-Kämmerer kümmerte sich um den persönlichen Dienst Clemens Augusts mit (im Jahre 1760) 285 Kämmerern. Das Amt des Obrist-Marschalls umfaßte 19 Truchsesse (Küchenmeister), die gesamte andere Küche, das Kelleramt; der Obrist-Stallmeister war Chef der Edelknaben, des Stallamtes, der Reitschule und des Futtermeisteramtes.

[16] Alle folgenden Gesetzeszitate nach J. J. Scotti, Sammlung der Gesetze und Verordnungen.

[17] Eine der ersten Amtshandlungen Clemens Augusts war es, die wenige Monate zuvor von seinem Vorgänger verabschiedete »verbesserte Policey-Ordnung des Hertzogthumbs Westphalen« in Kurköln zu übernehmen. Sie bestand aus 44 Titeln und einem Anhang mit sechs Edikten, einer Wege-, einer Forst- und

einer Brüchtenordnung (Brüchten = Bußgelder). In seiner 38jährigen Regierungszeit erließ er insgesamt 345 Gesetze, die sich, so Karl Härter, »unter dem Begriff der frühneuzeitlichen Policey subsumieren lassen«. Ein Schwerpunkt dieser Gesetzgebung mit 68 Einzelvorschriften, galt »mobilen Randgruppen« (Härter) – also Vaganten, Zigeunern oder sogenannte »Räuberbanden«. Die meisten dieser Menschen stellten alles andere als eine »kriminelle Vereinigung« dar; es waren Nichtseßhafte, die mit Betteln, Kleinhandeln und Diebstählen (zum Beispiel »Feldfrevel«) ein ärmliches Leben fristeten. Aber als »Fremde«, die angeblich die seßhaften Untertanen zu »Müßiggang« verführten, waren sie, weil »faul und ansteckende Glieder Menschlicher Societät«, das genaue Gegenteil einer »wohlgeordneten Policey«. Deshalb wurden sie in nahezu allen europäischen Ländern »als deviant und kriminell etikettiert und mit drastischen Strafen bedroht« (Härter).

18 Das erste Zuchthaus im Kurkölnischen stand in Kaiserswerth, das heute zum Stadtgebiet von Düsseldorf gehört. Am 6. Oktober 1736 hatte Clemens August Order gegeben zur »Errichtung eines Stock- oder Zuchthauses … für verdächtige Vagabunden, Müßiggänger und Bettler, mann- und weiblichen Geschlechts«, die »in hiesigem Erzstift zu unserer Untertanen höchsten Beschwer, auch Störung innerlicher Ruhe und Sicherheit häufig einschleichen und nicht allein liederlich gottloses Leben beim Müßig- und Bettelgang treiben, sondern, auch dahin sich erfrechen, daß sie dem Hausmann auf dem Land Geld, Fleisch und Früchte unter allerhand Bedrohungen abpressen«. Die Insassen sollten »vermittels ihnen auflegender Arbeit, nebst Speisung in Wasser und Brot … zur Zucht und Correction gebracht werden«. Die Anstalt wurde später nach Bonn verlegt.

19 Karl Härter, Kurkölnische Policeygesetzgebung.

20 Wieviele Personen im Reiche Clemens Augusts zur Galeerenstrafe verurteilt wurden, ist völlig unbekannt. Wer lebenslänglichen Galeerendienst erhielt, der »wurde einem Toten gleich geachtet«, so Hans Schlosser. »Er konnte weder Rechte begründen noch Verpflichtungen eingehen, war weder aktiv testierfähig noch passiv erbfähig und damit gänzlich rechtsunfähig.« Das Vermögen des Galeoten zog der Fiskus ein. Nach Verbüßung einer befristeten Galeerenstrafe erwarb der Täter alle Rechte zurück.

21 Datiert vom 19. Oktober 1758. Nach E. Podlech, Geschichte der Erzdiözese Köln.

22 Josef Binterim/Albert Mooren, Die Erzdiözese Köln, Bd. 2. – Die einzelnen Angaben – es gehörten: 6/16 den Bauern, 1/16 den städtischen Bürgern, 4/16 dem Adel, 5/16 der Geistlichkeit. Der Brühler Jurist und Heimatforscher Fritz Wündisch (1910-1994) hielt die Angaben bei Binterim/Mooren für »statistisch unzureichend begründet«. Seiner Rechnung nach waren Ackerland und Waldungen um das Jahr 1750 etwa zu 70 % in kurfürstlichem oder geistlichem, zu mindestens 15 % in adligem und zu höchstens 15 % in bürgerlichem oder bäuerlichem Besitz.

23 Fritz Schulte, Die Entwicklung der gewerblichen Wirtschaft in Rheinland-Westfalen im 18. Jahrhundert.

24 Fritz Schulte, Die Entwicklung der gewerblichen Wirtschaft.

25 Alexander Conrady, Die Rheinlande in der Franzosenzeit 1750 bis 1815.

26 Meetsma verdiente pro Jahr 1 250 Taler, während zur gleichen Zeit der Präsident des Hofrates in Bonn nur 777 Taler bekam. Kurt Schulz, Der kurkölnische Hofrat von 1724 bis zum Ausgange des Kurstaates.

27 Heinrich Knüfermann, Geschichte des Max-Clemens-Kanals im Münsterland.

28 Die Ausschachtungsarbeiten wurden teils durch Soldaten gegen Sold, teils durch freie Unternehmer im Akkord durchgeführt.

29 Heinrich Knüfermann, Geschichte des Max-Clemens-Kanals. Er schrieb diesen Aufsatz 1907. – Der Kanal wurde lange benutzt, ehe er dann 1846 brachlag. Seine genaue Länge betrug 9 700 Ruthen Rheinländisch, das sind umgerechnet über 35 Kilometer.

30 Für Fritz Wündisch (siehe Fußnote 22) ist die Darstellung von Süss nicht überzeugend, da sie »allen bisher bekannten Archivalien« widerspreche. So seien die als Landstraßen bezeichneten Verbindungen Köln-Brühl und Brühl-Lechenich: »bis in die 1770er Jahre unbefestigte Karrenwege« und »nur bei gutem Wetter befahrbar« gewesen.

31 Rudolf Frielingsdorf, Das Post- und Verkehrswesen der freien Reichsstadt Köln im 18. Jahrhundert.

32 F. E. von Mering, Clemens August von Baiern, Kurfürst und Erzbischof von Köln. Biographischer Versuch. – Seine Aussage, es gebe noch keine Fabriken, trifft nicht zu.

Ich versuche hier aufzuzeigen, welche Bauten Clemens August veranlaßte. Dazu zähle ich auch Aus- und Verbesserungen.

Schlösser:

Augustusburg in Brühl, Grundsteinlegung am 8. Juli 1725, erst nach dem Tode Clemens Augusts Fertigstellung des Treppenhauses, Bauabschluß 1770. Die goldene Stuckbüste des Kurfürsten wurde 1775 aufgestellt.

Falkenlust: Grundsteinlegung am 16. Juli 1729, Dauer der Bauzeit etwa 12 Jahre. Die Kapelle im Park wurde bereits 1730 fertiggestellt. *Residenz* zu Bonn: Schon von Joseph Clemens begonnen. Danach erhebliche Ausbauten, 1777 durch Brand schwer beschädigt. *Vinea Dornini*: Von Joseph Clemens begonnen, hier war Clemens August oft im Herbst zur Weinlese. Gag: Der Tisch im Salon war versenkbar und wurde in der Küche darunter gedeckt. *Clemensruh* in Poppelsdorf: Sollte ursprünglich abgerissen werden, um Steine für Augustusburg zu bekommen. 1754 fertiggestellt. Das einzige Schloß, das Clemens August auch fertig erlebt hat. *Entenfang*: 1750 in einem alten Rheinarm bei Berzdorf begonnen. *Clemenswerth*: 1737 Beginn des Baus, Jagdschloß auf dem Hümmling. *Herzogsfreude*: Baubeginn 1754, reines Jagdschloß im Kottenforst. Diente der Parforcejagd und der Sauhatz. *Tönnisstein*: Als Bergschloß im Brohltal geplant, ab 1750 entstand aber lediglich das Ballhaus. *Indianisches Haus*: En-de der 40er Jahre im Park von Brühl errichtet. *Schneckenhaus*, auch *Hyazinthenburg*: Stand im Park von Brühl. Als Clemens August starb, war nur der Außenbau fertig. *Schloß Sassenberg*: Im Kreis Warendorf, von 1719 bis 1723 fast ständig der Wohnsitz Clemens Augusts, ließ Ballhaus und Orangerie bauen. *Schloß Ahaus*: Bau eines Komödienhauses und der Orangerie, Neuanlage einer Fasanerie. *Schloß Arnsberg*: 1726 bis 1743 Umbau zu einem Bergschloß. *Schloß Hirschberg*: Neuausstattung der Räume. *Burg Liebenburg* bei Goslar: 1750 Abbruch auf Order Clemens Augusts, 1754 Neubeginn. Weitere Schlösser: *Horneburg* bei *Recklinghausen*, *Neuhaus*, *Werl* und *Wiedenbrück*.

Geistliche Bauten:

Heilige Stiege: Bei Bonn, bedeutendster Sakralbau Clemens Augusts. Grundsteinlegung am 18. Juli 1746, 1751 Abschluß. *Kreuzkapelle* bei Brühl: Als Eremitage erbaut, nachdem dem Kurfürsten in einem gefällten Baum das Zeichen des Deutschen Ordens (Kreuz) erschienen war. *Clemenskirche* und *-hospital*:

Grundsteinlegung in Münster am 30. Juni 1745, acht Jahre später die Weihe. *Erzbischöfliche Hofkirche* in Köln, *Hochaltar der Franziskanerkirche* in Brühl, *Antoniuskapelle* in Wahn/Hümmling, *Gymnasialkirche* in Meppen, *St. Clemens-Benediktinerabtei* in Iburg, *Kloster der Barmherzigen Brüder vom Orden des hl. Johannes de Deo* in Münster, *St. Georg zu den Gottesrittern* in Osnabrück, *Kloster Brunnen* bei Brenschede (Arnsberg), *Kapelle* in Billerbeck (Coesfeld), *Stiftskirche St. Maria in Dietkirchen* in Bonn, *Welschnonnenkloster* in Bonn, *Franziskanerkloster* in Kempen, *Domkirche* in Osnabrück, die Kirche in Groß-Vernich (bei Euskirchen), Unterstützungen für Kirchen in *Hildesheim, Meppen, Paderborn, Berlin, Arolsen, Bayreuth, Saarbrücken* und die Wiederherstellung des Klosters *Ettal/Oberbayern.*

Weltliche Bauten:

Zuchthaus Osnabrück (Beginn 1756), *Max-Clemens-Kanal, Zuchthaus Münster* (1734 fertiggestellt), *Jesuitengymnasium* in Meppen. *Clemenshof* und *Metternicher Hof* in Bonn, *Bonner Rathaus* (Grundsteinlegung am 24. April 1737), das *Paßspiel* im Park von *Clemensruh,* 1760 beendet.

[33] Historisches Archiv der Stadt Köln, Akten Köln contra Köln (KcK) 215-219.

[34] Über die Frage der juristischen Kompetenz Kurkölns in der Stadt schwelte beim Reichskammergericht ein Prozeß zehn Jahre lang.

[35] Max Braubach, Beiträge zur Geschichte der Stadt Köln im 18. Jahrhundert.

[36] Fußnote 34. Der Streit endete 1753.

EIN FREUND DER MENSCHEN

[1] E. Podlech, Geschichte der Erzdiözese Köln.

[2] Peter Miebach, Die Katechese in der Erzdiözese Köln unter den Kurfürsten Max Heinrich bis Max Franz 1650-1801.

[3] Peter Miebach, Die Katechese in der Erzdiözese Köln.

[4] Als Weihbischof unter Clemens August fungierte Franz Kaspar von Francken-Siersdorf (auch Sierstorpff), geboren am 22. November 1683, gestorben am 6. Februar 1770. Generalvikare: Johann Arnold de Reux (14. August 1665-20. September 1746) bis

März 1730; Johann Andreas von Francken-Siersdorf (6. Mai 1696-25. November 1754) vom 25. Mai 1730 bis zum 2. Juni 1751; Peter Gerwin von Francken-Siersdorf (2. Juni 1702- 12. August 1763), Bruder seines Vorgängers, vom 2. Juni 1751 bis zum Tode Clemens Augusts.

5 Ernst Reckers, Geschichte des Kölner Priesterseminars.

6 Ernst Reckers, Geschichte des Kölner Priesterseminars.

7 Ernst Reckers, Geschichte des Kölner Priesterseminars.

8 Hermann Fillitz, Die Kaiserkrönungen von 1742 und 1745.

9 Eduard Vehse, Die Geistlichen Kurfürsten zu Mainz und Köln (1514-1802). Geheime Hofgeschichten. Bei Lübeck irrte Vehse.

10 Leonard Ennen, Frankreich und der Niederrhein.

11 Hermann Fillitz, Die Kaiserkrönungen.

12 Als der Allerdurchläuchtigste, Großmächtigste und Unüberwindlichste Fürst und Herr/Herr Carolus Der Siebente Römischer König und des Teutschen Reiches Kayser ...erwählet ... und gekrönet worden. – Karl VII. starb bereits am 20. Januar 1745. Sein Nachfolger wurde Maria Theresias Mann Franz Stephan von Lothringen.

13 F. E. von Mering, Geschichte der letzten vier Kurfürsten von Köln. Ein Beitrag zur rheinischen Provinzialgeschichte.

14 Dombaumeister Zwirner in einem Aufsatz für das Kölner Domblatt, Ausgabe 2, 1842.

15 Kölner Domblatt 16/17, 1959, Ein Bericht von 1723 über die Bauschäden am Dom. Ich habe die Sprache unter Beibehaltung der Diktion etwas verdeutlicht.

16 Hans Kisky, Michael Leveilly. Ein Bönnscher Baumeister im Künstlerkreis um Clemens August.

17 Heinrich Neu, Der Dom zu Köln. Die Geschichte einer deutschen Kathedrale. – Maternus ist der erste nachweisbare Bischof von Köln.

18 E. Podlech, Geschichte der Erzdiözese Köln.

19 E. Podlech, Geschichte der Erzdiözese Köln.

20 F. E. von Mering, Clemens August von Baiern, Kurfürst und Erzbischof von Köln.

21 K. Hürten, Festschrift zur 400jährigen Jubelfeier der St. Sebastianus-Schützenbruderschaft zu Brühl.

22 K. Hürten, Festschrift zur 400jährigen Jubelfeier der St. Sebastianus-Schützenbruderschaft zu Brühl. Seit dem 15. Jahrhundert waren die Kölner Kurfürsten nicht nur »Ober-Protectoren«

der Sebastianusschützen, fast alle gehörten der Bruderschaft auch als eingeschriebene Mitglieder an. Als Landesherren hatten sie beim Königsschießen das Recht auf den ersten Schuß, die meisten bemühten sich, wenigstens einmal in ihrer Regierungszeit Schützenkönige zu werden. Von den Wittelsbachern vor Clemens August schafften es Ernst zweimal und Ferdinand einmal; Maximilian Heinrich war offenbar zu menschenscheu, um an solchen Vergnügungen teilzunehmen. Joseph Clemens war wohl ein zu schlechter Schütze – er wurde nie König. Der Spruch, den er 1720 ins .Schützenbuch / eintrug, paßt: »Halt auf deiner Stelle still und schieß recht/ sonst wirst fehlen und seint dein Schüß schlecht.« (Fritz Wündisch, Clemens August und die Sebstaniusschützen).

23 Eberhard de Claer, Geschichte der Schützengesellschaft und Bruderschaft zum Heiligen Sebastianus zu Bonn, von den ältesten Zeiten bis zum Schlusse des Befreiungskrieges.

24 Adam Wrede, Rheinische Volkskunde.

25 Für Hundefreunde hier die komplette Namensliste laut Auktion nach dem Tode Clemens Augusts. Rüden: Babilo, Ballifo, Balo, Barbaro, Barbiro, Barilgo, Barono, Barino, Bello, Bentaro, Berlo, Bilipo, Bimpo, Bompo, Bosso, Brilatos, Brimpano, Brivo, Cajalo, Cantrilio, Capitto, Carlino, Carlo, Cartino, Castilgo, Cato, Complimo, Corbo, Corbino, Cretico, Demono, Dreiber, Dubo, Duscho, Faraster, Ferlo, Furibo, Gallo, Garsono, Grimmino, Lino, Lucifer, Lummo, Luperso, Lurdo, Lutino, Mantrio, Maselo, Muttino, Rabitto, Rambo, Ramino, Raviso, Reckto, Resono, Rubalo, Ruscho, Scharpono, Schnobar, Savo, Silvitto, Sortino, Surgo, Tello.
Hündinnen: Bisel, Brisans, Brittant, Charmant, Dantale, Dempas, Fragat, Koketh, Merlas, Minerff, Miscart, Novorasik, Regal, Riballe, Sigal, Triumphant, Wites und Witts.

26 Walter Holzhausen, Jagd und Kunst.

27 Im Jahr 1746 wurden sogar kurkölnische Falkner zum Fang von Gerfalken nach Dänemark und Norwegen geschickt.

28 Fritz Wündisch, Zur Brühler Falknerei.

29 Rheinischer Antiquarius, Bd. 12.

30 Edmund Renard, Clemens August von Köln. – Von seinem Gehalt mußte der Chef der Falknerei seine Leute bezahlen.

31 José Ortega y Gasset, Über die Jagd.

32 Clemenswerth liegt zwischen Meppen und Cloppenburg.

33 Walter Borchers, Die Bauten des Kurfürsten Clemens August im Bereich des heutigen Bistums Osnabrück. – Clemenswerth gehörte früher geographisch zum Bistum Münster. Architekt war der geniale Johann Conrad von Schlaun (5. Juni 1695- 21. Oktober 1773).

34 Max Braubach, Kurfürst Clemens August als Jagd- und Bauherr im Hümmling.

35 Max Braubach, Kurfürst Clemens August als Jagd- und Bauherr.

36 Günter Sandgathe, Ein Jagdjahr im Arnsberger Wald zur Zeit des Kurfürsten Clemens August.

37 Hier der Originaltext der Verordnung gegen streunende Katzen. Unbekannt ist, ob je eine der angedrohten Geldstrafen bezahlt werden mußte:

Von Gottes Gnaden, Wir Clement August Erzbischoff zu Cöln, ac. Thuen kund, und jedermänniglich hiemit zu wissen; Nachdem Uns die unterthänigste Anzeig geschehen, es auch die tägliche Erfahrnüs gibt, was massen durch das beständiges Auslauffen deren Katzen in Felder- und Wiesen die junge Feldhüner und Haasen, so dan ausfallende junge Fasanen zu nicht geringerm Verderb der Jagd von selbigen weggefangen, und aufgefressen werden, zu Vorbiegung dessen aber Wir gnädigst wollen, daß allen in unserem Erzstifft bey unseren Unterthanen, ohne Ausnahm der Personen, befindlichen Katzen die Ohren, und zwarn platt am Kopff abgeschnitten werden sollen, damit dieselbe beym Thau oder Regen-Wetter in die Felder- und Wiesen nicht mehr auslauffen, denen Fasanen und sonstigem kleinem Wildprettl aufpassen, und selbiges wegfressen mögen; So befehlen Wir allen und jeden, wes Stands oder Wesens sie immer seyn, ohne Unterscheid gnädigst, und ernstlich hiemit, gestalten alsofort nach beschehener Publicir- und Affigirung gegenwärtiger Verordnung, denen bey ihnen befindlichen Katzen die Ohren platt am Kopff abschneiden zu lassen, widrigenfals zu gewärtigen, daß ein jeder hierunter saumselig erscheinender bey Monatlich vornehmender Visitirung für jedere mit Ohren befindlichen Katz jedesmahl in eine Straff eines Viertentheil Goltgülden verfallen seyn, und dafür unnachlässig exequiret werden, des Endes auch jederen Orth: Beamter die Visirung durch den Boten, bey dessen Abgang aber durch einen anderen aus der Gemeinden, welche für eine jedere mit Ohren befindliche Katz sechs Stüber aus obgemelter eingehender Straff zur etwahiger Belohnung für ihre Mühe zu genießen haben, bey Vermeidung un-

serer höchsten Ungnad Monatlich vornehmen, und darmit beständig contiuniren, fort über die mit Ohren befindende Katzen eine ordentliche Verzeichnis mit Benennung deren Personen sich zustellen lassen solle, und selbige zur Abführung obgemelter Straff anzuhalten, und damit auch niemand sich unterm Vorwand seiner Unwissenheit gegenwärtigen Verbotes zu entschüldigen Ursach haben möge, so solle solches zu jedermänniglichen Wissenschaft ordentlich publiciret, und gehörigen Orths affiguiret werden. Urkund dieses Signatum Bonn, den 12. May, 1747.

(Aus: Brühler Heimatblätter 3/1975)

38 Eberhard de Claer, Die Bruderschaften und Ritterorden in Bonn zur Zeit der Kurfürsten von Köln. – Nach dem Tode seines Onkels Joseph Clemens war Clemens August auch dessen Nachfolger als Großmeister des Michaelsorden geworden. Diesen Titel – politisch belanglos – trug er mit Stolz. Ab 1737 bis 1745 ließ er mit der St. Michaelskirche in Berg am Laim (bei München) das bedeutendste Bauwerk des Ordens errichten.

39 Aloys Winterling, Der Hof der Kurfürsten.

40 Aloys Winterling, Der Hof der Kurfürsten.

41 Th. Anton Henseler, Musik und Theater. – Beethoven selber, 1770 in Bonn und damit elf Jahre nach dem Tod von Clemens August geboren, wurde mit 13 Mitglied des Hoforchesters. Einer seiner Lehrer war der flämische Organist Aegidius van den Eeden, der schon unter Joseph Clemens tätig war und 1781 verstarb.

42 Alwin Hanschmidt, Das Niederstift Münster.

43 Hans Egon von Gottberg, Die kurkölnische Armee im 18. Jahrhundert.

44 Hans Egon von Gottberg, Die kurkölnische Armee. Die Leibgarde zu Pferd bestand aus etwa 90 Soldaten, die Leibgarde zu Fuß aus rund 60, die Infanterie-Regimenter aus jeweils 500 Mann, das grüne Dragoner-Regiment aus 600 Mann. Die Zahlen beziehen sich auf Friedenszeiten.

45 Max Braubach, Kurköln. Gestalten und Ereignisse aus zwei Jahrhunderten rheinischer Geschichte.

46 Max Braubach, Kurköln.

47 Emmerich Herter, Geschichte der kurkölnischen Truppen. Die einzelnen Stärken: Das Erzstift stellte 4 500 Mann, Paderborn

1 200, Münster 5 540, Osnabrück 800 und Hildesheim 500.
Willi Paetzer rechnet etwas anders: Erzstift 3 000 Mann, Münster zwischen 5 000 und 6 000, Paderborn, Hildesheim und Osnabrück zusammen 2 500.

48 Heute ein Stadtteil von Belgrad.

49 Hans Egon von Gottberg. Die kriegerische Tätigkeit der kurkölnischen Armee im 18. Jahrhundert. – Der Autor meint, daß eine weitere Schlacht bei Podgorica stattgefunden habe.

50 Karl Brodrück, Quellenstücke und Studien über den Feldzug der Reichsarmee von 1757. – Sekretär war der Regierungsrat und Notar Franz Rudolph Mollinger.

51 Hans Egon von Gottberg, Die kriegerische Tätigkeit der kurkölnischen Armee.

52 Constantin Becker, Die Erlebnisse der kurkölnischen Truppen im Verbande der Reichsarmee während des Siebenjährigen Krieges. Das jüngste Lob stammt von Willi Paetzer. Von einer »Operettenarmee«, wie es Max Braubach tat, könne »wohl kaum« gesprochen werden. In den späteren Revolutionskriegen hätten sich die Verbände »hervorragend bewährt«. Nach Auflösung der kurfürstlichen Armee 1803 beendeten viele ihrer Offiziere die Soldatenkarriere in der preußischen Armee.

53 Max Braubach, Kurköln.

54 Max Braubach, Die letzten vier Kurfürsten von Köln.

55 Max Braubach, Die letzten vier Kurfürsten von Köln.

56 Helmut Signon, Wie war zu Köln es doch vordem.

57 Max Braubach, Kurköln.

58 Rheinsberg liegt etwa 70 Kilometer nordwestlich von Berlin und war von 1736 bis 1740 Wohnsitz des preußischen Kronprinzen Friedrich (II., später der Alte Fritz).

59 Max Braubach, Kurköln.

60 Helmut Signon, Wie war zu Köln es doch vordem. Der Autor macht auch leise Zweifel geltend an Clemens Augusts angeblichem Drang nach Frauen.

61 Max Braubach, Kurköln. Zitiert nach einem Bericht des französischen Gesandten Abbé Aunillon.

62 Joseph Süß Oppenheimer, genannt Jud Süß, war Geheimer Finanzrat des Herzogs Karl Alexander von Württemberg. Mit Patent vom 6. Mai 1735 ernannte ihn Clemens August zu seinem Hof- und Kammeragenten. Nach Heinrich Schnee gehörte er »zu den bedeutendsten Heeres- und Kriegslieferanten« des Köl-

ner Kurfürsten. Jud Süß wurde wegen angeblichen Hochverrats am 4. Februar 1738 hingerichtet. Die Nationalsozialisten verhöhnten sein Leben in einem antisemitischen Propagandafilm des Regisseurs Veit Harlan. Der Schmutzstreifen mit seinen Vergewaltigungs- und Folterszenen lief nicht nur im Kino, sondern auch in Schulungsseminaren der Polizei, der SS und der Wehrmacht.

63 Heinrich Schnee, Die Flucht der Baronin Schade nach Frankfurt/Main.

64 Helmut Signon, Wie war zu Köln es doch vordem. Das Duell, das mit dem Tode von Clemens Augusts Liebling von Roll endete, lag erst wenige Monate zurück.

65 Die Daten ergeben sich aus einer kurzen Notiz in der »Gazette de Cologne« vom 8. Oktober 1756. Diese Zeitung erschien seit 1737 in Köln und wurde von 1740 an von dem Geschichtsprofessor Ignaz Roderique herausgegeben. Das Blatt gehörte zu den einflußreichsten in Mitteleuropa. Im Siebenjährigen Krieg erreichte es eine Auflage von etwa 25 000 Stück, Exemplare gingen selbst nach Nordafrika und in die Türkei. Als sich der Alte Fritz – auch Abonnent – einmal über einen Artikel ärgerte, heuerte er einen Schläger an, der Roderique ordentlich durchprügelte. – Clemens Augusts Tochter starb am 26. November 1783, drei Jahre nach ihrem Mann. Sie gebar ihm zwischen 1759 und 1775 zwölf Kinder. Justus Hashagen, Das Rheinland im Wandel der Zeiten (1940), spricht von »männlichen Favoriten, zu denen Clemens August mehr als freundschaftliche Beziehungen unterhielt«.

66 Petri, Franz/Droege, Georg, Rheinische Geschichte.

67 Zu Clemens Augusts Finanzverhältnissen siehe letztes Kapitel.

68 Auditor (uditore) war Abate Manzoni. Der Auditor bekleidete als höherer Diplomat praktisch das Amt des Nuntiatursekretärs.

69 Leo Just, Die westdeutschen Höfe um die Mitte des 18. Jahrhunderts im Blick der Kölner Nuntiatur.

70 Edmund Renard, Clemens August von Köln, ein rheinischer Mäzen und Waidmann des 18. Jahrhunderts.

71 Diese Episode ist fast zu schön, um wahr zu sein. Sie steht bei F. E. Mering, Clemens August von Baiern, Kurfürst und Erzbischof von Köln.

72 Das berühmte, von Balthasar Neumann entworfene Treppenhaus hat Clemens August vollendet nicht kennengelernt. Es
wurde erst 1777 fertig. Im übrigen: Clemens August hat sich insgesamt nur 1 800, maximal 2 000 Tage in Brühl aufgehalten.
Vergleiche Michael Nießen, Hoch- und Deutschmeister Clemens August, und Max Braubach, Versuch eines Itinerars.

73 Über Casanovas Aufenthalt in Köln beziehungsweise Bonn gibt
es einen handfesten historischen Streit, der mitunter zum
Schmunzeln reizt. Leonard Ennen, Frankreich und der Nie-
derrhein, behauptet, der Frauenheld habe gelogen, wenn er
von seinen Abenteuern in Köln und seinen Erlebnissen am
Bonner Hofe berichtet. Nach Durchsicht der einschlägigen
Akten des Reichskammergerichts Wetzlar belegt hingegen
F. Walther Ilges, Casanova in Köln, dessen Stationen genau.
In Falkenlust hat Casanova ein spätes Frühstück für 24 Personen gegeben: Englische Austern, Trüffelragout, dazu Cham-
pagner, Tokayer, Rheinwein, Madeira, Malaga, Maraschino.
Die Damen sollen's ihm auf besondere Weise gedankt ha-
ben.

74 Ein Wort zur Damenmode in jener Zeit. In den Salons Clemens
Augusts trugen die Besucherinnen das, was die Modeschöpfer
in Paris vorgaben. Es herrschten duftige Pastelltöne vor, him-
melblau, zitronengelb, rosarot. »Die Kleidung der Damen bestand meist aus drei Hauptstücken: der Taille und zwei Röcken.
Die Taille wurde tief und spitz geschnürt, der untere Rock war
rund geschnitten und meist durch Stickereien reich verziert.
Der Überrock hingegen war vorne geschlitzt, seitlich und hinten in Falten gebauscht und hochgenommen. Als Stoffe für die
oft phantasievollen Röcke benutzte man neben Seide, Damast
oder Brokat auch leichte englische Gewebe wie Musselin oder
Batist … Die Röcke in der Rokokozeit waren so kunstvoll und
faltenreich gearbeitet, daß man sich fragen muß, wie es möglich
war, diese Rocklast zu tragen. Nun, einmal waren die Stoff-
massen des Rockes mit der Taille als eng geschnürte Corsage
fest verbunden, und zum anderen wurden die Röcke vor allem
durch Reifen gestützt; anfangs waren dies fünf Reifen aus Eisen
später ging man zu acht Reifen aus Rohr oder Fischbein über,
die wesentlich leichter zu tragen waren. Dieses Gestell aus
Korbgeflecht – der sogenannte Hühnerkorb – formte die Robe
seitwärts ausladend, hinten und vorne aber flach; die Folge war,

daß Damen damals nur seitwärts durch Türen gehen konnten.«
(Aus: Brühler Leben zur Zeit Clemens Augusts, Stadt Brühl
1978).

75 Irmgard Thomas, Der kurfürstliche Hof in Bonn.

DAS VERMÄCHTNIS

1 Clemens August umsorgten folgende Hof- und Leibärzte (in
zeitlicher Reihenfolge): Brügel, Daniel Mayer (Jahresgehalt
200 Gulden), Sondermann (er verlangte zum Gehalt zusätzlich
pro Tag eine Portion Wein), Frühten, Thomas Bergrath, Mauritius Peter von Musch genannt Paßera, Johann Philipp Weyer,
Franz Xaver Grabbeler, Thomas Steinhaus, Moses Abraham
Wolff, Heinrich Henckell, Angelo Parisi Simonelli und wahrscheinlich Nicolas Durivaux. Als Zahnärzte waren angestellt
Thomas Frauenreider und Johann Theodor Lütz (Luz), als
Leibapotheker Franz Maximilian Hilmer und Johann Peter Joseph Hittorf.

2 F. E. von Mering, Clemens August von Baiern, Kurfürst und
Erzbischof von Köln.

3 Wenn man heutige medizinische Maßstäbe anlegt, litt Clemens
August wohl an einer endogenen, also aus inneren Ursachen
herrührenden Depression; sein Verhalten nach dem Tode Johann Baptist von Rolls läßt auf eine reaktive Depression
schließen. Den Begriff Depression gab es nicht, man sprach von
einer Melancholie, die aber von der Umgebung eines daran lei-
denden Menschen als Krankheit kaum akzeptiert wurde. Auf-
bauend auf den Vorstellungen der antiken Medizin, kannten
die Ärzte therapeutisch nur die Vier-Säfte-Lehre (die Minera-
lien und Naturstoffe in die Behandlung einbeziehet) und Ader-
lässe sowie Klistiere. – Ein seelisches Tief Clemens Augusts war
nicht nur nach dem Tode Johann Baptists zu bemerken, sondern auch, als dessen Bruder Ignaz und Clemens Augusts
Günstling Anstel starben. Die gleiche Reaktion wurde beob-
achtet beim Tode des an seinem Hofe angestellten Malers Johann Engelbert Holzer. Clemens August glaubte, der Künstler sei aus eifersüchtiger Rache vergiftet worden. – Glaubt
man dem Historiker J. A. Boost, waren die Mediziner in der

Mitte des 18. Jahrhunderts kaum anerkannt. In seinem 1819 erschienenen Buch »Was waren die Rheinländer als Menschen und Bürger; und was ist aus ihnen geworden?« schrieb er: »Die Medizin bestand aus einem höchst gefährlichen Gemisch von Geheimnissen der Alchimie und Astrologie, verbunden mit dem Aberglauben an die wundertätige Kraft mancher Kräuter …«

4 Umständliche Nachricht von … ohnvermutheter Kranckheit und bereits … andern Tags erfolgtem Ableben … Klemens Augusts, Erz-Bischofen zu Cölln.

5 Das Testament befindet sich im Hauptstaatsarchiv Düsseldorf, Akten Kurköln II. Ich zitiere hier eine modifizierte Form der Originalunterlage:

1. Sein Kurfolger und die Erzstiftisch-Bönnische Hofkammer soll sein Universal-Erbe sein, jedoch mit der Bedingung, daß von selbigen die etwa hinterlassenen Schulden ohne Ausnahme bezahlt und abgeführt würden; hingegen sollen selbigen auch alle Prätensionen, so Klemens August nur immer haben möge, zustatten kommen.

2. Der Deutsche Orden, die Hochstifter Hildesheim, Paderborn und Münster sollen von allen in diesen Territorien erworbenen Acquisitis und Mobilien Erbe sein; jene Mobilien in Osnabrück aber sollen verkauft werden und das daraus erlöste Quantum kommt der höchsten Kurfolge und der Erzstiftisch-Bönnischen Hofkammer zugute.

3. Zu Bezahlung der vorhandenen Schulden sollen Wagen und Pferde sowie die Malereien samt Porzellan verkauft werden; die in Arnsberg, Neuhaus und Münster befindlichen Möbel verbleiben dort, wo sie sind.

4. Nach Ihro in Gottes Händen stehendem Ableben sollen 6 000 Heilige Messen gelesen werden.

5. Zu Poppelsdorf soll eine Andacht gestiftet werden, um alle Samstage nachmittags die Litanei B. M. V. abbeten und den Sakramentalischen Segen geben zu lassen.

6. In der Residenz zu Bonn wie auch in jedem Fürstentum und in den Hochstiften sollen unter die Armen 1 000 Taler ausgeteilt werden.

7. Das Archidiakonal-Stift zu Bonn empfängt als ein Legat 500 Taler und die Kirche zu Bornheim 300 Taler.

8. Paramenten und Kapellen müssen in den Kirchen bleiben, wo sie sich gerade befinden.

9. Ihre Hoheit Josepha, Herzogin in Bayern, empfangen als Andenken das Kreuz mit den zwei Tropfen Smaragden; Ihre Hoheit die Kurfürstin in Bayern das Kreuz in Rubinen, Ihre kurfürstliche Gnaden zu Trier das grüne Kreuz mit Brillanten.

10. Jäger- und Stallamt ein jedes 1 000 Taler.

11. Sämtliche kurfürstliche Kammerdiener können die Garderobe unter sich teilen; dazu empfangen die beiden Kammerdiener, die Se. Kurfürstl. Durchlaucht auf der Reise hierher begleiteten, wie auch der alte Herr Doebeler und Herr Grimberg ein jeder 500 Taler.

12. Jeder der beiden Kammerpagen erhält 700 Taler.

13. Jeder der beiden kurtrierischen Leib-Medici (die Clemens August in Ehrenbreitstein behandelten) 500 Gulden.

14. Der Leib-Medicus Wolff 800 Gulden.

15. Seine Exzellenz, der Großkanzler 1 000 Taler.

16. Der Domherr und Propst von Scampar eine Tabatiere aus Lapislazuli; jeder der Kavaliere, die Ihre Kurfürstliche Durchl. hierher begleitet haben, eine goldene Tabatiere.

[6] Umständliche Nachricht.

[7] Umständliche Nachricht. – Mitte Februar fand in Bonn eine zweite Öffnung statt. Dieses Gutachten deutet darüberhinaus auf eine organische Herzkrankheit hin. Hier auszugsweise der Wortlaut des Untersuchungsberichts, den Clemens Augusts Leibarzt Thomas Steinhaus erstellt hatte und der auch »Einbalsamator des ehrwürdigen und erlauchten Leibes« war: Die formale Ursache des Gott sehr wohlgefälligen Todes ... wurde allein in einem »polypus« des Herzens gefunden, der teils in der rechten »auricolo« des Herzens verwurzelt war, teils in der Wand derselben, durch welche von hier und von da ausgebreitete hautartige und sehnige Klammern (fibulae!) zusamengedrängt sich zu einem Körper nach Art eines erhärteten Geschwürs erhärtete in dem so zu Länge und Dicke eines Zeigefingers der Hand zusammentrat. Das wurde entdeckt. Dieser »polypus« wurde in der »arteria venosa« der Lunge durch den ständigen Stoß des Blutes durch die Kraft des Herzens in Unruhe versetzt und behinderte und verlangsamte den notwendigen Zustrom des Blutes zur Lunge. Darauf erfolgte das Er-

sticken der »nervi« und die frühzeitige Trennung der Seele, die er (wegweisend jedoch mit einer wunderbaren Hingabe an Gott, mit allen Sakramenten versehen), der heiligen Ewigkeit übergab. Eine andere Ursache kann ich vernünftigerweise nicht anführen, wohl aber daß infolge der gesamten Körperkonstitution, des Maßhaltens, des Ueberflusses der Kräfte, der erlauchte Herr eher ein gesundes Leben bis zum 100. Jahre hätten führen können, wie mit mir die Herren bezeugten, die der Einbalsamierung durch mich beigewohnt haben …(Aus: Brühler Heimatblätter 3/1975).

8 Siehe Fußnote 60 im vorigen Kapitel.

9 Glorreichstes Leben nach dem Todt des Hochwürdigsten und Durchleuchtigsten Fürsten und Herrn/Herrn Clementis Augusti … In einer Klag- und Lob-Red … vorgetragen den … April 1761 in der hochfürstlichen Hofkirche zu Mergentheim von J. U. Clement. – Die gedruckten Leichenpredigten sind bislang von der Wissenschaft nur wenig beachtet worden, weil man wohl nur Jubeltöne über den Verstorbenen voraussetzte. Rudolf Lenz schreibt dazu im Buch »Leichenpredigten als Quelle Historischer Wissenschaften«: »In ihrer multidisziplinären Relevanz noch in ihrer interdisziplinären Verschränkung hat (die) Erforschung (dieser) Literatur- und Quellengattung bisher die gebührende Aufmerksamkeit gefunden. Ein Umstand, der umso erstaunlicher anmutet, als es im deutschen Sprachraum wohl kaum eine Quellengattung gibt, die ein solch breites Aussagespektrum für die sozialen Ober- und Mittelschichten von der Mitte des 16. bis zur Mitte des 18. Jahrhunderts besitzt wie gerade die gedruckten Leichenpredigten.«

10 Daß alle Wittelsbacher hier beigesetzt wurden, ist historisch-konsequente Annahme, weil sich in der Achskapelle ein Epitaph mit den fünf Namen befindet. Heute existieren noch die Gebeine Joseph Clemens', Clemens Augusts und dessen Nachfolgers Max Friedrich. Bei den Recherchen zu meinem kleinen Buch »Der unbekannte Dom« habe ich mich in der sogenannten Wittelsbacher-Gruft umgeschaut und die Situation im April 1976 so beschrieben: »Der östlichste Teil des Kölner Doms ist eine geschichtsträchtige Ecke ohne Beispiel – und eine geheimnisvolle: Von hier aus steigt man hinab in die Gruft der Bayern. Eben noch im lichtdurchfluteten Gotteshaus, herrscht wenige Leitersprossen tiefer pechschwarze Nacht. Kein Strom führt

hierhin, hier brennt keine Kerze, nur eine Taschenlampe kann dürftiges Licht schaffen. Die Hand vor Augen ist kaum zu sehen; in dieser Atmosphäre des Todes fehlen lediglich Fledermäuse oder flatterndes Fabelgetier. Und der kreisende Kegel der Taschenlampe erfaßt plötzlich vier Särge. Sie stehen da wie unsortierte Pakete, auf welligem Boden, am Rande eines klaffenden Abgrunds. Sie sind aus braunem Holz und die drei vorderen sind gut erhalten. Der Sarg weiter hinten ist zerstört – nur eine Zinkhülle hält den totalen Ruin auf. Sie umschließt notdürftig das Skelett Dietrich von Moers', des 63. Erzbischofs von Köln, der 1463 starb.« Am 18. März 1977 wurden die Gebeine umgebettet. Laut Kölner Domblatt 42, 1977, waren neben Dompropst Dr. Carl Gielen, Domkustos Pater Dr. Walter Schulten und Dombaumeister Dr. Arnold Wolff sechs weitere Personen anwesend. Die Gebeine wurden in Bleisärge gelegt, die von den schwarz-weißen Fahnen der Kirche von Köln abgedeckt waren.

[11] Johannes Burkhardt, Abschied vom Religionskrieg.

[12] Wolfgang Burgdorf, Clemens August, der Siebenjährige Krieg und die Folgen.

[13] Leonard Ennen, Frankreich und der Niederrhein.

[14] Leonard Ennen, Clemens August von Bayern auf dem Kurstuhle zu Cöln und der Österreichische Erbfolgekrieg, Historisch-Politische Blätter für das katholische Deutschland, Bd. 34.

[15] Hermann Aubin u.a., Geschichte des Rheinlandes von den ältesten Zeiten bis zur Gegenwart.

[16] Guntram Schultheiß, Die geistlichen Staaten beim Ausgang des alten Reiches.

[17] Siehe auch Fußnote 66 im 4. Kapitel.

[18] Alexander Conrady, Die Rheinlande in der Franzosenzeit 1750-1815.

[19] Heinrich Schnee, Die Hoffinanz und der moderne Staat, Bd. 6

[20] Fritz Wündisch schreibt, Clemens August habe das Erzstift »an den Rand des Staatsbankrotts« getrieben (Brühler Heimatblätter 1/1980). Schon zwei Jahre vor seinem Tod sei die Gefahr des finanziellen Zusammenbruchs »infolge der maßlosen Verschwendungssucht Clemens Augusts« (Mitteilungen zur Brühler Geschichte 7/1980) so groß geworden, daß die Hofkammer der Stadt Brühl das Recht entzogen habe, bestimmte Steuern und Wegegeld zu erheben und »diese Abgaben ... zugunsten

der Staatskasse« eingezogen habe. Vergeblich habe die Stadt gegen den »rechtlich völlig unbegründeten Willkürakt« protestiert. Brühl, das »arme stättgen, welches ohnedem in sehr schlechtem stand (ist) und mehr außgaben als einkünfte hat«, sei deshalb »in ernste Finanznot« geraten. Als ein Beispiel für völlig leere Kassen führt Wündisch an, daß sich Clemens August vor seiner letzten Reise Richtung München beim Kölner Bankier Frantzen 6 000 Reichstaler »gegen 6 pro cento« Zinsen lieh, sonst hätte er die Fahrt nicht antreten können.

Als Nachfolger Clemens Augusts sei, so Wündisch »absichtlich der als sehr sparsam bekannte Domdechant Max Friedrich v. Königsegg gewählt« worden. »Erwartungsgemäß bestanden dessen erste Regierungshandlungen darin, daß er den maßlos aufgeblähten Hofstaat rigoros verkleinerte. Dutzende von Zuckerbäckern, Soßenköchen, Silberputzern, Heiducken, Trabanten und Lakaien wurden entlassen. Der Etat der Hofmusik wurde stark gekürzt. Die sehr kostspielige Falknerei wurde ganz aufgelöst.« Der engagierte Heimatforscher, bis zu seiner Pensionierung 1975 Leiter der Steuerabteilung bei Rheinbraun, wünschte »dringend«, daß »einmal ein erfahrener Wirtschaftsprüfer die noch vorhandenen – allerdings sehr umfangreichen und unübersichtlichen – Rechnungsunterlagen überprüfte. Er würde sicher aufschlußreiche Fakten zutage fördern«.

Eine negative Rechnung findet sich auch bei Peter Dohms, Die Inventare der Schlösser und Gärten zu Brühl. Dort wird die Akte 1181 aus dem Geheimen Staatsarchiv München zitiert, die Bestandteil der bayerischen Klage vor dem Reichskammergericht gegen das Testament Clemens Augusts war. Der kurkölnische Rechnungsführer Andreas Isaac will festgestellt haben, daß nach Abschluß der Liquidation eine Schuld von 540 155 Talern übrig blieb; hierzu seien weitere Schulden in Höhe von 26 994 Talern gekommen. In jüngster Zeit gibt es auch andere Deutungen, die Clemens August in besserem Licht dastehen lassen. Unter Berufung auf das genannte Hofkammerprotokoll schreibt Wolf D. Penning, man müsse »wohl von der häufiger aufgestellten Behauptung abrücken«, der Landesherr habe seinen Staat in den Bankrott getrieben. Penning: »Eher wäre davon zu sprechen, daß die Ausgabenpolitik des Kurfürsten für die Bestreitung seiner ebenso vielfältigen wie höchst kostspieligen Liebhabereien in einigen – wenn auch wenigen – Bereichen zu einer (allerdings insgesamt ebenso bescheidenen wie einseitigen) Entwicklung von Handel und Gewerbe geführt hat.«

Horst-Rüdiger Jarck bemerkt (1987), »allzuleicht« verbinde sich »mit dem luxuriösen Lebenswandel … das Urteil, daß Clemens August seine Territorien ausgebeutet habe.« Für das Bistum Osnabrück jedenfalls sei »diesem Pauschalurteil« nicht zu folgen. Es müsse einmal geprüft werden, »wie viele Verdienstmöglichkeiten für die Leute im Hümmling in der Tätigkeit für die landesherrlichen Auf enthalte« gelegen hätten. Jarcks Forderung: »Auch die Vermittlung neuer und ungewohnter Kenntnisse und Tätigkeiten, der sogenannte Innovationsschub, sollte konkret untersucht sein.«

21 Klar und ungezweifelter Beweis, daß die Verlassenheit … Clemens Augusts … Seiner Churfürstlichen Gnaden Maximilian Friedrich zu Cölln … unstrittig gebühre. – Eine sehr eindrucksvolle Zusammenfassung der Prozeßakten. Ich habe den Dialog unter Beibehaltung der Diktion in eine verständlichere Sprache gebracht.

22 Fritz Wündisch ist anderer Meinung als die damaligen Gutachter. In Heft 1/1991 der Brühler Heimatblätter versucht er den Nachweis zu führen, daß das Testament Clemens Augusts eine Fälschung ist – ohne allerdings dafür konkrete Beweise präsentieren zu können. Er vermutet, daß der Domherr Ludwig von Scampar, ein Jurist und enger Vertrauter des Kurfürsten, Autor dieses Dokumentes ist. Nie hätte Clemens August, der schon die Sterbesakramente empfangen hatte und »wahrscheinlich nur noch dahindämmerte«, auf seinem Sterbebett ein derartiges Testament »aus dem Handgelenk« diktieren können. Wündisch glaubt, daß ohne Testament »der Nachlaß an den oder die gesetzlichen Erben angefallen wäre« – also nicht an das Haus Wittelsbach, sondern an Clemens Augusts Tochter Anna Maria. Dies habe von Scampar »als guter Jurist« erkannt. Hätte Anna Maria geerbt, wäre »die Existenz dieses Kindes, das die Wittelsbacher geheimgehalten hatten, öffentlich bekannt geworden. Öffentlich bekannt geworden wäre auch, daß Anna Maria mit einem unehelichen Sohn ihres Onkels verheiratet worden war und Papst Benedikt XIV. für diese Ehe Dispens erteilt hatte. Das wäre ein unvorstellbarer Eklat gewesen«. Viel-

leicht, spekuliert Wündisch weiter, »ärgerte« es von Scampar auch, daß »sein Herr zu Lasten seiner darbenden Untertanen ein so großes Privatvermögen zusammengerafft hatte« – »vielleicht wollte er diesen Eigennutz durch eine großmütig erscheinende Geste sühnen«.

23 Heinrich Schnee, Die Hoffinanz, und Edmund Renard, Clemens August von Köln, ein rheinischer Mäzen und Waidmann des 18. Jahrhunderts.

24 Edmund Renard nimmt berechtigterweise an, daß das im Herzogsfreuder Inventar als »Kopf mit einer Casquet auff'm Haubt« und im Auktionskatalog als »Soldat a demi figure de grandeur naturelle« bezeichnete Gemälde Rembrandts »Der Mann mit dem goldenen Helm«, Berlin, ist.

25 Edmund Renard, Clemens August von Köln.

ZEITTAFEL

Zur Lebensgeschichte von Clemens August	Zur Weltgeschichte, Wissenschaft, Technik und Kultur
1700: Clemens August wird am 17. August als vierter Sohn des Kurfürsten Max Emanuel von Bayern und dessen Frau Therese Kunigunde Sobieska in Brüssel geboren; sein Vater ist hier Generalstatthalter der spanischen Niederlande	Karl II. von Spanien setzt Philipp von Anjou als Erben seines ungeteilten Reiches ein; Leibniz gründet die Preußische Akademie der Wissenschaften; in Berlin müssen unverheiratete Frauen Steuern zahlen
1701: Die Familie siedelt in die Residenz nach München über	Allianz aus England, Österreich und den Niederlanden führt Spanischen Erbfolgekrieg gegen Frankreich, Bayern und Köln (bis 1714); Luftthermometer erfunden
1705:	Josef I. wird Römischer Kaiser, als Nachfolger seines Vaters Leopold I.

Zur Lebensgeschichte von Clemens August	Zur Weltgeschichte, Wissenschaft, Technik und Kultur
1706: Nach der Niederlage Bayerns im Spanischen Erbfolgekrieg werden Clemens August und seine Brüder Karl Albrecht, Philipp Moritz und Ferdinand Maria auf Befehl des Kaiser Josef I. als Gefangene nach Klagenfurt gebracht; österreichische Truppen besetzen Bayern	In Preußen ist verboten, daß »geringe« Leute »vornehme« Kleider tragen
1709:	Farina produziert »Kölnisch Wasser«
1712: Clemens August und seine Brüder werden von Klagenfurt nach Graz gebracht. Die Annäherung Österreichs an das mit Bayern verbündete Frankreich durch den neugewählten Kaiser Karl VI. verbessert die Lebens- und Ausbildungsbedingungen der jungen Wittelsbacher erheblich	Geburt von Friedrich II. (der Große); Petersburg wird Hauptstadt Rußlands anstelle von Moskau; letzte Hexenhinrichtung in England
1713:	Kaiser Karl VI. verfügt die Pragmatische Sanktion, durch die in den österreichischen Erblanden die weibliche Erbfolge festgelegt wird; Friedrich Wilhelm I. besteigt als »Soldatenkönig« den preußischen Thron

Zur Lebensgeschichte von Clemens August	*Zur Weltgeschichte, Wissenschaft, Technik und Kultur*
1713: 1714:	Die Friedensschlüsse von Utrecht, Rastatt und Baden beenden den Spanischen Erbfolgekrieg; Personalunion zwischen Hannover und Großbritannien; Händel komponiert die »Wassermusik«
1715: Nach dem Frieden zu Rastatt (1714) findet die Familie am 8. April auf Schloß Lichtenberg in Bayern wieder zusammen; Papst Clemens XI. gewährt Clemens August das Wählbarkeitsbreve für das Bistum Regensburg und die Propstei Altötting	Ludwig XIV., der Sonnenkönig, stirbt
1716: Clemens August wird am 26. März zum Bischof von Regensburg gewählt	Tod des Philosophen Leibniz
1717: Clemens August und sein Bruder Philipp Moritz beginnen ihre theologischen Studien in Rom	Prinz Eugen schlägt die Türken und erobert Belgrad; Pockenimpfung in England; verheerende Sturmflut an der Nordsee
1718: Wahl von Clemens August zum Propst von Altötting	Franzosen gründen New Orleans; erste Banknoten erscheinen
1719: Wahl von Philipp Moritz zum Bischof von Paderborn und Münster (14./21. März). Er war jedoch schon am	Der Friedensschluß von Passorowitz führt zur größten Ausdehnung Habsburgs auf dem Balkan; Triest wird

Zur Lebensgeschichte von Clemens August	Zur Weltgeschichte, Wissenschaft, Technik und Kultur
12. März in Rom verstorben. Statt seiner wird Clemens August zum Bischof von Paderborn und Münster berufen (26./27. März). 14. Dezember: Einzug Clemens Augusts in Münster	Freihafen; Defoe schreibt »Robinson Crusoe«; Versuche von Friedrich Wilhelm I., die Leibeigenschaft aufzuheben, verlaufen erfolglos
1720: Clemens August zieht am 23. April in Paderborn ein; erster Besuch im Niederstift Münster	Tibet wird chinesisches Protektorat; Papiertapete in England
1721: Clemens August verzichtet auf die Propstei Altötting wie zwei Jahre zuvor schon auf das Bistum Regensburg; niedere Weihen durch Joseph Clemens	Ende des Großen Nordischen Krieges. Schweden tritt Bremen und Verden an Hannover, Stettin an Brandenburg-Preußen ab
1722: Das Kölner Domkapitel wählt Clemens August am 9. Mai einstimmig zum Koadjutor seines Onkels	Verwaltungsreform in Preußen; Osterinseln (am Ostermontag) entdeckt
1723: Nach dem Tod von Joseph Clemens am 12. November tritt Clemens August seine Nachfolge als Kurfürst und Erzbischof von Köln an	Bach wird Thomaskantor in Leipzig; Begründung der mikroskopischen Biologie
1724: Clemens August wird am 8. Februar zum Bischof von Hildesheim gewählt	Kurbayern, die katholische Linie des Hauses Wittelsbach, geht mit der evangelischen Linie Kurpfalz eine »Hausunion« ein; Pariser Börse eröffnet

Zur Lebensgeschichte von Clemens August	_Zur Weltgeschichte, Wissenschaft, Technik und Kultur_
1725: Clemens August wird am 4. März zum Priester geweiht; Grundsteinlegung zum Neubau von Schloß Augustusburg am 8. Juli; Reise nach Frankreich zur Hochzeit Ludwig XV. mit Maria Leszczynska	Katharina I. wird Zarin von Rußland; Spanische Treppe in Rom vollendet; erste naturgetreue Karte Europas; Gottsched gibt »Die vernünftigen Tadlerinnen« heraus
1726: Kurfürst Max Emanuel, Clemens Augusts Vater, stirbt am 26. Februar in München; Clemens August trifft den »Soldatenkönig«	Exakte Blutdruckmessungen; Swift schreibt »Gullivers Reisen«
1727: Clemens August wird am 9. November in Viterbo von Papst Benedikt XIII. zum Bischof geweiht	Quäker fordern Abschaffung der Sklaverei in Amerika; erstes bekanntes Heiratsinserat
1728: Clemens August wird am 4. November zum Bischof von Osnabrück gewählt	Bering durchfährt die nach ihm benannte Straße zwischen Nordamerika und Asien
1729: Grundsteinlegung für Schloß Falkenlust am 18. Juli	Bachs »Matthäuspassion«; Opiumverbot in China
1731: Bündnis mit Kaiser Karl VI.	
1732: Clemens August wird am 17. Juli zum Hochmeister des Deutschen Ordens gewählt	George Washington geboren, erster Präsident der USA (1789-1797)
1733: Der Komtur Johann Baptist von Roll, Clemens Augusts engster Vertrauter, wird am 5. Mai im Duell getötet; Sturz des Premierministers von Plettenberg	Beginn des Polnischen Erbfolgekrieges; Tod Friedrich August I. von Sachsen, (»August der Starke«)

Zur Lebensgeschichte von Clemens August	Zur Weltgeschichte, Wissenschaft, Technik und Kultur
1734: Bündnis mit Frankreich	Bachs »Weihnachtsoratorium«
1736:	Systematische Anwendung des Fieberthermometers; Tod des Prinzen Eugen
1737: Grundsteinlegung des Rathauses in Bonn am 24. April; Baubeginn von Schloß Clemenswerth	Gründung der Universität Göttingen
1738: Wiedererrichtung des Priesterseminars »Seminarium Clementinum« in Köln; Clemens August verläßt die Kölner Freimaurerloge nach päpstlichem Bannfluch	Börse in Berlin; Produktion Schwarzwälder Kuckucksuhren; Voltaires »Element der Philosophie Newtons«
1740: Balthasar Neumann beginnt mit dem Bau des Treppenhauses in Schloß Augustusburg	Tod des »Soldatenkönig«, Nachfolger wird Friedrich II. (der Große); Maria Theresia an der Macht; Abschaffung der Folter in Preußen
1742: Clemens August krönt am 12. Februar seinen Bruder Karl Albrecht im Frankfurter Dom zum Kaiser Karl VII.	Maria Theresia besetzt Bayern; Uraufführung von Händels »Messias« in Dublin; Bau des Elbe-Havel-Kanals
1744: Johann Theodor, Bruder von Clemens August, wird am 23. Januar zum Fürstbischof von Lüttich gewählt; Subsidienvertrag mit den Seemächten	Zweiter Schlesischer Krieg; erste schriftliche Golfregeln; Baumwollmanufaktur in Berlin

Zur Lebensgeschichte von Clemens August	Zur Weltgeschichte, Wissenschaft, Technik und Kultur
1745: Unterstützung der französischen Politik	Tod Kaiser Karl VII., Bayern verzichtet auf die Kaiserkrone und anerkennt die Pragmatische Sanktion
1746: Grundsteinlegung der Heiligen Stiege am 18. Juli auf dem Kreuzberg in Bonn	Bündnis zwischen Österreich und Rußland; Großherstellung von Schwefelsäure
1747: Johann Conrad Schlaun meldet am 18. August die Fertigstellung von Schloß Clemenswerth	Eröffnung von Schloß Sanssouci in Potsdam; Alkoholproduktion aus Kartoffeln
1748:	Der Aachener Frieden beendet den Österreichischen Erbfolgekrieg; Bayreuther Opernhaus eröffnet
1749: Verordnung, wonach jeder Priesteraspirant das Priesterseminar besuchen muß	Dänische Zeitung »Berlingske Tidende« gegründet
1750: Vertrag mit den Seemächten	Generalkarte des Mondes
1751: Unterstützung der französischen Politik; Bau des Michaeltores mit der Ordenskirche und dem Ordensarchiv im Bonner Schloß	In Berlin erscheint die »Vossische Zeitung«; erste gynäkologische Klinik in Göttingen
1754: Baubeginn des Schlosses Herzogsfreude im Kottenforst bei Bonn, des Clemenshospitals und der Clemenskirche in Münster sowie des Kapuzinerklosters und der Kapuzinerkirche (Bonn)	Eine Frau, Dorothea Christiana Erxleben, promoviert in Halle zum Dr. med.; Rousseaus »Abhandlung über die Ungleichheit«; Gründung der Columbia University in New York

Zur Lebensgeschichte von Clemens August	Zur Weltgeschichte, Wissenschaft, Technik und Kultur
1756: Anna Maria Trogler, das einzige Kind Clemens Augusts, heiratet am 4. Oktober einen unehelichen Sohn seines Bruders Karl Albrecht	Beginn des Siebenjährigen Krieges um Schlesien; Mozart wird geboren; Gründung der Wiener Sternwarte
1759:	Niederlage Friedrichs des Großen bei Kunersdorf; Schiller geboren
1760:	Russen besetzen Berlin; erster Blitzableiter in Europa
1761: Clemens August stirbt am 6. Februar während einer Reise nach München auf Schloß Ehrenbreitstein bei Koblenz; am 31. März wird er im Kölner Dom beigesetzt	Pathologische Anatomie begründet; Erfindung der Feuerwehr-Schubleiter; Perkussion als medizinische Untersuchungsmethode

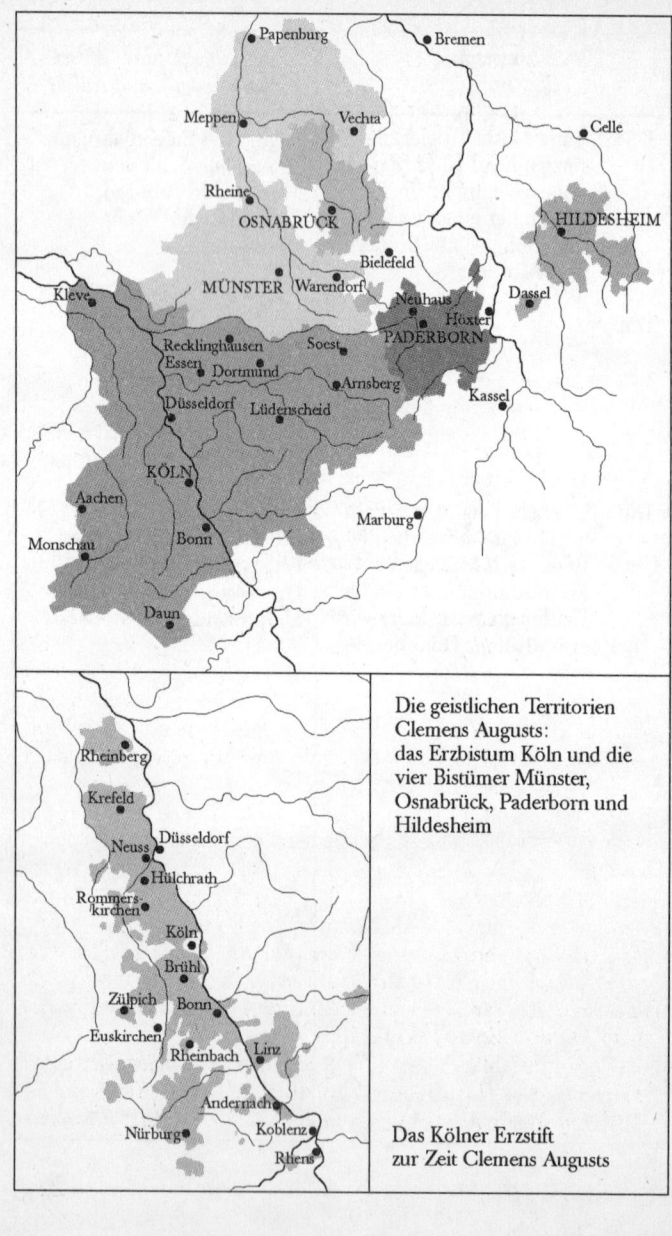

Die geistlichen Territorien Clemens Augusts: das Erzbistum Köln und die vier Bistümer Münster, Osnabrück, Paderborn und Hildesheim

Das Kölner Erzstift zur Zeit Clemens Augusts

QUELLEN- UND LITERATUR-VERZEICHNIS

Annalen des Historischen Vereins für den Niederrhein, Düsseldorf (im folgenden zitiert als: Annalen)

Jahrbuch des Bonner Heimat und Geschichtsvereins (Verein Alt-Bonn), Bonn (im folgenden zitiert als: Bonner Geschichtsblätter)

Jahrbuch des Kölnischen Geschichtsvereins, Köln (im folgenden zitiert als: Jahrbuch)

Kurfürst Clemens August. Landesherr und Mäzen des 18. Jahrhunderts. Ausstellung in Schloß Augustusburg zu Brühl 1961, Köln 1961 (im folgenden zitiert als: *Katalog Kurfürst Clemens August)*

Clemens August. Fürstbischof, Jagdherr, Mäzen. Katalog zu einer kulturhistorischen Ausstellung aus Anlaß des 250jährigen Jubiläums von Schloß Clemenswerth, Meppen/Sögel 1987 (im folgenden zitiert als: *Katalog Clemens August Fürstbischof*

Der Riss im Himmel. Clemens August und seine Epoche, herausgegeben von Frank Günter Zehnder und Werner Schaefke. Band 2: *Im Wechselspiel der Kräfte. Politische Entwicklungen des 17. und 18. Jahrhunderts in Kurköln*, Hrg.: Frank Günter Zehnder, Köln 1999. (im folgenden zitiert als: Riss im Himmel 2)

Adelmann, Sigmund Georg, *Der Deutsche Ritterorden zur Zeit Clemens Augusts,* in: *Katalog Kurfürst Clemens August,* 1961

Algermissen, Konrad, *Clemens August, Bischof von Hildesheim,* in: *Katalog Kurfürst Clemens August,* 1961

Als der Allerdurchläuchtigste, *Großmächtigste und Unüberwindlichste Fürst und Herr/Herr Carolus der Siebente, Römischer König und des Teutschen Reichs Kayser, König in Boeheimb, des Heil. Römischen*

221

Reichs Churfürst und Erz-Truchses, in Obern- und Nieder-Bayern, auch der Ober-Pfaltz Hertzog, Pfaltz-Graf bey Rhein pp. Unser Allergnädigster Kayser, König und Herr, Herr, Zu Franckfurth, im Jahr Christi 1742 am 24. Jenner Erwählet, am 12. Hornung Gekrönet worden. Verfaßt von Johann Baptist Bebber, Köln 1742.

Aschoff, Hans-Georg, *Das Fürstbistum Hildesheim zur Regierungszeit Clemens Augusts,* in: *Katalog Clemens August Fürstbischof,* 1987

Aubin, Hermann u.a., *Geschichte des Rheinlandes von den ältesten Zeiten bis zur Gegenwart,* Essen 1922

Ausführlicher Unterricht *von der Solemnitet und Ceremonien der Hohen Primiz des Hochwürdigst-Durchleuchtigsten Fürsten und Herrn/Herrn Clement August, Ertz-Bischoffen zu Cölln, des Heil. Röm. Reichs durch Italien Ertz-Cantzler und Churfürsten, welche in Sanct Michaelis Kirchen der Wohl-Ehwürdigen pp Societatits Jesu in München celebrirt worden den 3, April Anno 1725. Verfaßt von Johann Engelert,* Köln 1775.

Bader, Walter, *Schloß Brühl. Von Schloß Augustusburg zu Brühl und Schloß Falkenlust,* Köln 1961

Becker, Constantin, *Die Erlebnisse der kurkölnischen Truppen im Verbande der Reichsarmee während des Siebenjährigen Krieges, Annalen 91,* 1911

ebd., *Die Politik Kurkölns zu Beginn des Siebenjährigen Krieges und seine Vorbereitungen zum Reichskrieg,* Bonn 1910

ebd., *Von Kurkölns Beziehungen zu Frankreich und seine wirtschaftliche Lage im Siebenjährigen Krieg, Annalen 100,* 1917

ebd., *Über die finanziellen Aufwendungen Kurkölns im Siebenjährigen Krieg, Annalen 92,* 1912

Beckmann, Karl, *Heinrich Lindenborn, der kurkölnische Diogenes, Jahrbuch 31/32,* 1956/1957

Beemelmans, M. Cl., *Die Stellung des Hohen Kurfürstlichen Gerichts zum Rat der Stadt Köln 1475-1794, Jahrbuch 17,* 1935

Beierlein, J. P., *Die Medaillen und Münzen des Gesamthauses Wittelsbach,* München 1901

Bers, Wilhelm, *Theologen aus dem Jülicher Raum vom 16. bis zum 19. Jahrhundert, Prälaten aus dem Francken-Siersdorf, Beiträge zur Jülicher Geschichte 26,* 1969

Bertram, A., *Geschichte des Bistums Hildesheim,* 1925

Bessen, Georg Joseph, *Geschichte des Bistums Paderborn,* Paderborn 1820

Bitterauf, Theodor, *Die kurbayrische Politik während des Siebenjährigen Krieges,* München 1901

Böhmländer, E., *Die Wahl des Herzogs Josef Clemens von Bayern zum Erzbischof von Cöln,* München 1911

Bönisch, Georg, *Der unbekannte Dom,* Köln 1976

Boostr, J. A., *Was waren die Rheinländer als Menschen und Bürger; und was ist aus ihnen geworden,* Mainz 1819

Borchers, Walter, *Die Bauten des Kurfürsten Clemens August im Bereich des heutigen Bistums Osnabrück,* in: *Katalog Kurfürst Clemens August,* 1961

ebd., *Kurfürst Clemens August von Köln und die Stadt Meppen, Festschrift zur 600jährigen Feier der Stadt Meppen,* 1960

Braubach, Max, *Beiträge zur Geschichte der Stadt Köln im 18. Jahrhundert, Jahrbuch 12,* 1930

ebd., *Die letzten vier Kurfürsten von Köln,* Bonn 1931

ebd., *Die Österreichische Diplomatie am Hofe des Kurfürsten Clemens August von Köln 1740-1756, Annalen 111/1927, 112/1928, 114/1929, 116/1930*

ebd., *Die Politik des Kurfürsten Josef Clemens von Köln bei Ausbruch des Spanischen Erbfolgekrieges und die Vertreibung der Franzosen vom Niederrhein (1701-1703), Rheinisches Archiv,* 1925

ebd., *Diplomatie und geistiges Leben im 17. und 18. Jahrhundert,* Bonn 1949

ebd., *Eine Tragödie am Hofe des Kurfürsten Clemens August von Köln. Der Tod des Komturs von Roll und seine Folgen, Annalen 130/131,* 1937

ebd., *Ferdinand von Plettenberg,* in: *Westfälische Lebensbilder 9,* Münster 1962

ebd., *Kölner Domherren des 18. Jahrhunderts, Festschrift für Wilhelm Bers,* Düsseldorf 1960

ebd., *Kurfürst Clemens August als Jagd- und Bauherr im Hümmling, Dona Westfalica,* Münster 1963

ebd., *Kurfürst Clemens August, Leben und Bedeutung,* in: *Katalog Kurfürst Clemens August,* 1961

ebd., *Kurfürst-Fürstbischof Clemens August in Clemenswerth. Osnabrücker Mitteilungen 66,* 1954

ebd., *Kurköln. Gestalten und Ereignisse aus zwei Jahrhunderten rheinischer Geschichte,* Münster 1949. Unter dem Titel »Kurkölnische Miniaturen« ist 1954 eine Auswahl dieser Aufsätze erschienen.

223

ebd., *Minister und Kanzler, Konferenz und Kabinett, Annalen 144/145,* 1946/1947

ebd., *Politik und Kriegsführung am Niederrhein während des Sieben-jährigen Krieges, Annalen 48,* 1956

ebd., *Versuch eines Itinerars,* in: *Katalog Kurfürst Clemens August,* 1961

ebd., *Vom Wesen und Streben des kölnischen Ministers Plettenberg, Annalen 134/135,* 1939

ebd., *Von den Schloßbauten und Sammlungen der kurkölnischen Kurfür-sten des 18. Jahrhunderts, Annalen 153/154,* 1952

ebd., *Zwei Handschreiben Maria Theresias an den Kurfürsten Clemens August von Köln, Annalen 134,* 1939

Breuer, H H./Schröer, A., *Clemens August, Bischof von Münster,* in: *Katalog Kurfürst Clemens August,* 1961

Breuer, H. H., *Clemens August, Bischof von Osnabrück, Katalog de Cla-er, Eberhard: Die Bruderschaften und Ritterorden in Bonn zur Zeit der Kurfürsten von Köln, Annalen 28/29,* 1876

Brodrück, Karl, *Quellenstücke und Studien über den Feldzug der Reichs-armee von 1757,* Leipzig 1858

Burgdorf, Wolfgang, *»Der Kurfürst von Köln solle für einen weltlichen Kurfürsten erklärt, verheiratet, und die Kur auf seine Deszendenten festgestellt werden ...« Clemens August, der Siebenjährige Krieg und die Folgen,* in: *Riss im Himmel 2,* 1999

Burkhardt Johannes, *Abschied vom Religionskrieg. Der Siebenjährige Krieg und die päpstliche Diplomatie,* Tübingen 1985

de Claer, *Eberhard, Geschichte der Schützengesellschaft und Bruderschaft zum hl. Sebastianus zu Bonn, von den ältesten Quellen bis zum Schlus-se der Befreiungskriege,* Bonn 1873

Conrady, A., *Die Rheinlande in der Franzosenzeit 1750-1815,* Stuttgart 1922

Cornelius. Trude, *Das Jagdschloß Falkenlust,* in: *Katalog Kurfürst Cle-mens August,* 1961

Czarkowski-Golejewski, Kajetan, *Die Kurfürstin Therese Kunigunde,* in: *Zeitschrift für bayerische Landesgeschichte 37,* 1974

Czischke, Helmut, *Die verfassungsrechtliche Lage der geistlichen Kurfür-stentümer Mainz, Trier und Köln am Ende des alten Reiches,* Mainz 1954

Demel, Bernhard, *Kurfürst Clemens August von Bayern (1700-1761) als Hoch- und Deutschmeister,* in: *Katalog Clemens August Fürstbischof,* 1987

Depel, Erich, *Bemerkungen zur Gemäldesammlung des Kurfürsten Cle-mens August,* in: *Katalog Kurfürst Clemens August,* 1961 ebd., *Bemerkungen zur Physik im Herrschaftsbereich Clemens Augusts,* in: *Katalog Kurfürst Clemens August,* 1961

ebd., *Die Bautätigkeit des Kurfürsten Clemens August in seinem Residenzbereich Bonn-Brühl,* in: *Katalog Kurfürst Clemens August,* 1961

Dietz, Josef, *Topographie der Stadt Bonn bis Ende der kurfürstlichen Zeit, Bonner Geschichtsblätter 16/17,* 1963/1964

Dohms, Peter, *Die Inventare der Schlösser und Gärten zu Brühl,* herausgegeben vom Kultusminister des Landes Nordrhein-Westfalen, Düsseldorf 1978

Dotterweich, Helmut, *Das Haus Wittelsbach in Bayern,* in: *Katalog Kurfürst Clemens August*

Eichhoff, J. P., *Historisch-geographische Beschreibung des Erzstifts Köln,* 1763

ebd., *Materialien zur geist- und weltlichen Statistik des Niederrheinischen und Westfälischen Kreises und der angrenzenden Länder, Band 1,* 1781

Eisenhardt, Ulrich, *Die weltliche Gerichtsbarkeit der Offizialate in Köln, Bonn und Werl im 18. Jahrhundert,* Opladen 1966

Engelbrecht, Jörg, *Krone und Exil, Das Haus Wittelsbach in der deutschen und europäischen Politik (1679-1761),* in: *Riss im Himmel 2,* 1999

Engels, J. D., *Über den Bergbau der Alten in den Ländern des Rheins, der Lahn und der Sieg,* Siegen 1808

Ennen, Edith, *Geschichte der Stadt Bonn,* Bonn 1961

Ennen, Leonard: *Clemens August, Allgemeine Deutsche Biographie, Band 4,* 1876

ebd., *Clemens August von Bayern auf dem Kurstuhl zu Cöln und der österreichische Erbfolgekrieg, Historisch-politische Blätter des katholischen Deutschlands, Band 34,* 1854

ebd., *Frankreich und der Niederrhein oder Geschichte von Stadt und Kurstaat Köln seit dem 30jährigen Kriege bis zur französischen Okkupation, Band 2,* Köln 1856

Erdmannsdörfer, Bernhard, *Deutsche Geschichte vom Westfälischen Frieden bis zum Regierungsantritt Friedrichs des Großen 1648-1740,* Berlin 1893

Ewald, Wilhelm, *Die Siegel der Erzbischöfe von Köln 948-1795,* Bonn 1906

Fabricius, Wilhelm, *Erläuterungen zum geschichtlichen Atlas der Rheinprovinz, Band 2,* Bonn 1898

Filitz, Hermann, *Die Kaiserkrönungen von 1742 und 1745,* in: *Katalog Kurfürst Clemens August,* 1961

Frielingsdorf, Rudolf, *Das Post- und Verkehrswesen der Freien Reichsstadt Köln im 18. Jahrhundert,* Köln 1921

Gabel Helmut, *Der Kölner Kurstaat und das Rheinland im Spannungsfeld der europäischen Mächte. Voraussetzungen und Entwicklungslinien mächtepolitischer Orientierung vom Westfälischen Frieden bis zum Ende des Ancien Régime,* in: *Riss im Himmel 2,* 1999

Gatz, Johannes, *Briefwechsel eines Kurfürsten mit Crescentia von Kaufbeuren. Eine Botschaft aus dem Jenseits,* München 1952.

Gescher, Franz, *Die erzbischöfliche Kurie in Köln von ihren Anfängen bis zur Gegenwart, Annalen 118/119,* 1931

Glorreichstes Leben nach dem Todt des Hochwürdigsten und Durchleuchtigsten Fürsten und Herrn/Herrn Clementis Augusti. In einer Klag- und Lob-Red beschrieben und vorgetragen den ... April 1761 in der hochfürstlichen Hofkirche zu Mergentheim von Johann Uldarik Clement.

von Gottberg, Hans Egon, *Die kriegerische Tätigkeit der kurkölnischen Armee im 18. Jahrhundert,* Köln 1914

Haaß, Robert, *Die Beichtväter der Kölner Kurfürsten Joseph Clemens und Clemens August, Annalen 155/156,* 1954

ebd., *Johann Arnold de Reux, Generalvikar von Köln* Diss. Düsseldorf/Bonn 1936

Haedeke. Hanns-Ulrich, *Medaillen und Münzen des Kurfürsten, Clemens August,* in: *Katalog Kurfürst Clemens August,* 1961

Hahn, W., *Das Bonner Residenzschloß der Kölner Kurfürsten,* Bonn 1939

Handbuch des Erzbistums Köln, Köln 1966

Hanschmidt, Alwin, *Eine Denkschrift des Rietberger Pfarrers Schürckmann über die Lage der westfälischen Fürstbistümer im Jahre 1761, Westfalen (Hefte für Geschichte, Kunst und Volkskunde) 45,* 1967

ebd., *Das Niederstift Münster unter Kurfürst Clemens August,* in: *Katalog Clemens August Fürstbischof,* 1987

Hansmann, Wilfried, *Die Bau- und Kunstdenkmäler von Nordrhein-Westfalen, Band Stadt Brühl,* Berlin 1977

ebd., *Die Schlösser des Kurfürsten Clemens August,* München 1976

ebd., *Schloß Falkenlust,* Köln 1973

Hansmann, Wilfried/Knopp, Gisbert, *Schloß Brühl. Die kurkölnische Residenz Augustusburg und Schloß Falkenlust,* Köln 1982

Härter, Karl, »... zum Besten und Sicherheit des gemeinen Weesens ...« Kurkölnische Policeygesetzgebung während der Regierung des Kurfürsten Clemens August, in: Riss im Himmel 2, 1999

Hashagen, Justus, Das Rheinland im Wandel der Zeiten, Bonn 1940

Hecker, Hermann Josef, Chronik der Regenten, Dozenten und Ökonomen im Priesterseminar des Erzbistums Köln 1615-1950, Studien zur Kölner Kirchengeschichte 1, 1952

Hegel, Eduard, Clemens August, Erzbischof von Köln, in: Katalog Kurfürst Clemens August, 1961

Heigel, K. Th., Der österreichische Erbfolgekrieg und die Wahl Karls VII., 1877

ebd., Die Gefangenschaft der Söhne des Kurfürsten Max Emanuel, Quellen und Abhandlungen zur Geschichte Bayerns (neue Folge), Band 2, München 1890

Henseler, Th. A., Musik und Theater unter Clemens August, in: Katalog Kurfüst Clemens August, 1961

Herter, Emmerich, Geschichte der kurkölnischen Truppen, Bonn 1914

Hocker, Rolf, Zur Jagdgeschichte der Kurfürsten von Köln, in: Bonner Geschichtsblätter 23, 1969

Höhne, Hans, Die Streitigkeiten zwischen Stadt und Kurstaat Köln zur Zeit des Kurfürsten Clemens August, Annalen 137/138, 1940/1941

Hörold. Friedrich, Der Schloßpark zu Brühl, in: Katalog Kurfürst Clemens August, 1961

Hoffmann, Georg, Die Juden im Erzstift Köln im 18. Jahrhundert, München 1928

Hofmann, H. H., Clemens August, Herzog von Bayern, Biographisches Wörterbuch zur Deutschen Geschichte I, München 1972

ebd., Der Staat des Deutschmeisters, München 1964

Holler, Adolf, Über Militär- und Steuerzustände in Kurköln, Zülpich 1877

Holzhausen, Walter, Clemens August und die Kunst, in: Kurfürst Clemens August, 1961

ebd., Clemens August und die Malerei, in: Kurfürst Clemens August, 1961

ebd., Jagd und Kunst, in: Katalog Kurfürst Clemens August, 1961

ebd., Kurkölnische Hofmaler des 18. Jahrhunderts, Köln 1957

Hürten, K., Festschrift zur 400jährigen Jubelfeier der St. Sebastianus-Schützenbruderschaft zu Brühl, 1914

Huppertz, Aegidius, *Münster im Siebenjährigen Krieg,* Münster 1908

Hüttl, Ludwig, Max Emanuel, *Der Blaue Kurfürst 1679-1726. Eine politische Biographie,* München 1976

Jäger-von Hoesslin, Franziska, *Die Korrespondenz der Kurfürsten von Köln aus dem Hause Wittelsbach (1583-1765) mit ihren bayerischen Verwandten. Nach den Unterlagen im Bayerischen Hauptstaatsarchiv München. Publikationen der Gesellschaft für Rheinische Geschichtskunde LXI,* Düsseldorf 1978

Jarck, Horst-Rüdiger, *Clemens August – Jagdherr im Hümmling,* in: *Katalog Clemens August Fürstbischof,* 1987

Ilges, F. Walther, *Casanova in Köln,* Köln 1926

Just, Leo, *Die westdeutschen Höfe um die Mitte des 18. Jahrhunderts im Blick der Kölner Nuntiatur, Annalen 134,* 1939

Kalnein, Graf Wend, *Das kurfürstliche Schloß Clemensruhe in Poppelsdorf, Beiträge zur Kunstwissenschaft 4,* 1956

Kampschulte, H., *Kirchlich-politische Statistik des vormals zur Erzdiözese Köln gehörigen Westfalen,* 1869

Keinemann, Friedrich, *Das Domkapitel zu Münster im 18. Jahrhundert, Westfalen 45,* 1967

ebd., *Die Mächte und die Wahl des Herzogs Clemens August zum Fürstbischof von Münster, Ancien Regime,* Hamm 1954

Kisky, Elfriede, *Die Außenpolitik des kurkölnischen Ministers Ferdinand von Plettenberg 1723-33,* Bonn 1956

Kisky, Hans, *Die Baugeschichte des Brühler Schlosses,* in: *Katalog Kurfürst Clemens August,* 1961

ebd., *Michael Leveilly. Ein Bönnscher Baumeister im Künstlerkreis um Clemens August, Bonner Geschichtsblätter 15,* 1961

ebd., *Kurfürst Clemens August, Landesherr und Mäzen des 18. Jahrhunderts, Kölner Domblatt 20,* 1961/1962

Klar- und ungezweifelter Beweis, *daß die Verlassenschaft weyland Sr. im Jahre 1761 höchstseelig-verstorbener Churfürstlichen Durchlaucht zu Cölln Clementis Augusti … dermaliger Sr. Churfürstl. Gnaden Maximilian Friderich zu Cölln und Dero Erzstiftischer Hof-Cammer als Testamentarischen Erben unstrittig gebühre,* Göttingen 1766

Kleine-Borgmann, Heinrich, *Der Kölner Generalvikar Ja. A. von Francken-Siersdorf und sein Briefverkehr in den Jahren 1730-1734, Annalen 153/154,* 1953

Knopp, Gisbert, *Kurfürst Clemens August. Erziehung, geistlicher Werdegang, Priesterweihe und Primiz, Annalen 188,* 1985

Knüfermann, Heinrich, *Geschichte des Max-Clemens-Kanals im Münsterland, Beiträge für die Geschichte Niedersachsens und Westfalens 10,* 1907

Köllmann, Erich, *Porzellan und Fayence am Hofe Clemens Augusts,* in: *Katalog Kurfürst Clemens August,* 1961

Komaszynski, Michael, *Die politische Rolle der bayerischen Kurfürstin Therese Kunigunde,* in: *Zeitschrift für bayerische Landesgeschichte 45,* 1982

Königsfeld, Peter/Grote, Rolf-Jürgen, *Jagdschloß Clemenswerth, Baugeschichte, Restaurierung und denkmalpflegerische Perspektiven,* in: *Katalog Clemens August Fürstbischof,* 1987

Krämer, K.E., *Rheinische Erzbischofsgeschichten,* Wiesbaden 1985

Kuckhoff, Josef, *Zur Geschichte des Kölner Priesterseminars, Jahrbuch 12,* 1930

Kulick, Robert, *Die kurkölnische Hofkammer 1692-1794, Jahrbuch 54,* 1936

Kuske, B., *Die Bonner Schiffahrt im 18. Jahrhundert, Annalen 81,* 1906

Leifeld, Marcus, *Macht und Ohnmacht der Kölner Kurfürsten um 1700. »Erste Minister« als politische Bedeutungsträger,* in: *Riss im Himmel 2,* 1999

Lenz, Rudolf, *Leichenpredigten als Quelle historischer Wissenschaften,* Köln 1975

Lill, Rudolf, *Wittelsbach am Rhein,* in: *Katalog Kurfürst Clemens August,* 1961

Lill, Rudolf/Sandmann, Erwin, *Verfassung und Verwaltung des Kurfürstentums und Erzbistums Köln im 18. Jahrhundert,* in: *Katalog Kurfürst Clemens August,* 1961

von Lojewski. Günther: *Bayerns Weg nach Köln. Geschichte der bayerischen Bistumspolitik in der 2. Hälfte des 16. Jahrhunderts, Bonner Historische Forschungen 21,* 1962

Lossen, Max, *Der kölnische Krieg,* Gotha 1882/1897

Mering, F. E., *Beiträge zur Geschichte der ehemaligen Churkölnischen und Alt-Stadtkölnischen Verfassung bis 1798,* Köln 1830

ebd., *Clemens August von Baiern, Kurfürst und Erzbischof von Köln. Biographischer Versuch,* Köln 1851

ebd., *Geschichte der Burgen, Rittergüter, Abteien und Klöster in den Rheinlanden und den Provinzen Jülich, Cleve, Berg und Westfalen,* Köln 1853-1861

ebd., *Geschichte der letzten vier Kurfürsten von Köln. Ein Beitrag zur rheinischen Provinzialgeschichte,* Köln 1842

Meister, Aloys, *Beiträge zur Geschichte Niedersachsens und Westfalens,* 1914

ebd., *Das Herzogtum Westfalen in der letzten Zeit der kurkölnischen Herrschaft,* Münster 1908

Merx, O., *Zur Geschichte des bischöflichen Münsterschen Militärs in der ersten Hälfte des 18. Jahrhunderts, Zeitschrift für vaterländische Geschichte und Altertumskunde 67,* 1909

Mirbach, Peter, *Die Katechese in der Erzdiözese Köln unter den Kurfürsten Max Heinrich bis Max Franz 1650 bis 1801,* Köln 1926

Mummenhoff, Karl E., *Bemerkungen zu den Bauten des Kurfürsten Clemens August in den Bistümern Münster und Paderborn, dem Herzogtum Westfalen und dem Veste Recklinghausen,* in: *Katalog Kurfürst Clemens August,* 1961

Neue Deutsche Biographie, *Band 3,* Berlin 1957

Neu, Heinrich, *Der Dom zu Köln. Die Geschichte einer deutschen Kathedrale, Rheinischer Heimatbund 4,* 1948

ebd., *Die kurfürstliche Residenz in Bonn vor dem Bau des heutigen Schlosses, Bonner Geschichtsblätter 3,* 1947

Niessen, Josef, *Geschichtlicher Handatlas,* Bonn 1950

Nießen, Michael, *Hoch- und Deutschmeister Clemens August, Kurfürst von Köln,* Wien 1973

Noss, A., *Die Münzen der Erzbischöfe von Köln 1547-1796,* Köln 1925

Nottarp, Hermann, *Die Wappen des Fürstbischofs Clemens August von Bayern, Westfalen 36,* 1958

ebd., *Titel, Wappen und Orden des Kurfürsten Clemens August,* in: *Katalog Kurfürst Clemens August*

Ortega y Gasset, José, *Über die Jagd,* Hamburg 1957

Paetzer, Willi, *Die Bedeutung der militärischen Fragen im Verhältnis des Kölner Domkapitels zum Landesherren,* in: *Riss im Himmel 2,* 1999

Penning, Wolf D., *Caspar Anton von Belderbusch (1722-1784). Persönlichkeit und Politik im Umkreis dreier Kurfürsten,* in: *Riss im Himmel 2,* 1999

Pennings, Heinrich, *Geschichte der Stadt Recklinghausen und ihrer Umgebung,* Recklinghausen 1930

Petri, Franz, *Nordrhein-Westfalen. Ergebnis geschichtlicher Entwicklung oder politische Neuschöpfung? Rheinische Vierteljahresblätter 30,* 1965

Petri, Franz/Droege, Georg, *Rheinische Geschichte, Band 2,* Düsseldorf 1976

Pfeiffer, Heinz Ernst, *Theater in Bonn von seinen Anfängen bis Ende der französischen Zeit 1600-1814*, Emsdetten 1934

Priebatsch, F., *Die Judenpolitik des fürstlichen Absolutismus im 17. und 18. Jahrhundert, Forschungen und Versuche zur Geschichte des Mittelalters und der Neuzeit*, Jena 1915

Podlech, E., *Geschichte der Erzdiözese Köln*, Mainz 1879

Reckers, Ernst, *Geschichte des Kölner Priesterseminars*, Köln 1929

Renard, Edmund: *Clemens August von Köln, ein rheinischer Mäzen und Weidmann des 18. Jahrhunderts, Monographien zur Weltgeschichte 33*, 1927

ebd., *Die Bauten der Kurfürsten Joseph Clemens und Clemens August*, 1896

Renard, Edmund/Wolff Metternich, Franz, *Schloß Brühl, die kurkölnische Sommerresidenz Augustusburg*, Berlin 1934

Rensing, Theodor, *Baumeister neben und um Schlaun in den Bistümern Münster, Paderborn und Hildesheim*, in: *Katalog Kurfürst Clemens August*, 1961

ebd., *Johann Conrad Schlaun. Leben und Werk des westfälischen Barockmeisters*, München/Berlin 1952

Reuter, Wolfgang, *Die kurkölnische Hofbuchdruckerei zu Bonn 1652-1794, Bonner Geschichtsblätter 12*, 1958

Rheinischer Antiquarius, Band 12, Koblenz 1865

Richter, Wilhelm, *Geschichte der Stadt Paderborn*, Paderborn 1899

Rode, Herbert, *Erzbischof Clemens August und der Kölner Dom, Kölner Domblatt 20*, 1961/1962

Roth, H. H., *Das Kölnische Domkapitel von 1501 bis zu seinem Erlöschen, Jahrbuch 18*, 1930

Sandgathe, Günther, *Ein Jagdjahr im Arnsberger Wald zur Zeit des Kurfürsten Clemens August, Westfalen 45*, 1967

Schäfer, Karl, *Von der Tafel des Kölner Kurfürsten Clemens August, Bericht aus den Kunstsammlungen der Stadt Köln II*, 1926

Schalkhausser, Erwin, *Clemens August als Großmeister des Michaelsordens*, in: *Katalog Kurfürst Clemens August*, 1961

Schiffers, Heinrich, *Vom Katafalk und Bischofsthron, Bonner Geschichtsblätter 8*, 1954

Schindling, Anton, *Kurfürst Clemens August, der »Herr Fünfkirchen« Rokokoprälat und Reichspolitiker 1700-1761*, in: *Katalog Clemens August Fürstbischof*, 1987

Schlosser, Hans, *Die infamierende Strafe der Galeere*, in: *Festschrift für Hans Thieme zu seinem 80. Geburtstag, herausgegeben von Karl Kroeschell*, Tübingen 1986

Schlue, Helmut, *Die Geschichte des Bonner Zuchthauses und des Bonner Arbeitshauses*, Bonn 1957

Schnee, Heinrich, *Die Flucht der Baronin von Schade nach Frankfurt/Main. Eine Episode aus dem Leben des Kurfürsten Clemens August, Bonner Geschichtsblätter 35*, 1961

ebd., *Die Hoffinanz und der moderne Staat. Geschichte und System der Hoffaktoren an deutschen Fürstenhöfen im Zeitalter des Absolutismus, Bände 3 und 6*, Berlin 1955/67

ebd., *Hoffaktoren des Deutschen Ordens am Fürstenhof zur Mergentheim, Acht Jahrhunderte Deutscher Orden (herausgegeben von Klemens Wieser)*, 1967

Schnurmann, Claudia, *Die Wirtschaft Kurkölns im 18. Jahrhundert*, in: *Geschichte in Köln 7*, 1980

Schoeneseiffen, M., *Die kurkölnische Strafjustiz im 18. Jahrhundert*, Bonn 1938

Schrörs, Heinrich, *Die Berufskämpfe des Kurfürsten Josef Clemens, Annalen 98*, 1916

ebd., *Zum Privatleben des Kurfürsten Josef Clemens, Annalen 92*, 1912

Schulte, Aloys, *Grundzüge der Rheinprovinz 925-1925. Eine betrachtende Rede bei der Jahrtausendfeier der Universität Bonn*, Leipzig 1925

Schulte, Fritz, *Die Entwicklung der gewerblichen Wirtschaft in Rheinland-Westfalen im 18. Jahrhundert, Rheinisch-Westfälisches Wirtschaftsarchiv 1*, 1959

Schultheiß, F. Guntram, *Die geistlichen Staaten bis zum Ausgang des alten Reiches*, 1895

Schulz, Kurt, *Der kurkölnische Hofrat von 1724 bis zum Ausgange des Kurstaates*, Bonn 1911

Schwarzbauer, Franz Georg, *Bibliotheksbestände der kurfürstlichen Residenz*, in: *Katalog Kurfürst Clemens August*, 1961

Scotti, J. J., *Sammlung der Gesetze und Verordnungen, welche in dem vormaligen Churfürstenthum Cöln (im rheinischen Erzstifte, im Herzogthum Westphalen und im Veste Recklinghausen) über Gegenstände der Landeshoheit, Verfassung und Verwaltung und Rechtspflege ergangen sind, vom Jahre 1463 bis zum Eintritt der Königl. Preußischen Regierung im Jahre 1816, 1. Abteilung, Teile 1 und 2*, Düsseldorf 1830

Seegrün, Wolfgang, *Das Bistum Osnabrück im Bischofsreich des Clemens August von Bayern*, in: *Katalog Clemens August Fürstbischof*, 1987

Sommer, K., *Die Wahl des Herzogs Clemens August von Bayern zum Bischof von Münster und Paderborn*, Münster 1908

Steins, Heinrich, *Die Rheinschiffahrt von Köln bis Mainz vom 15. bis zum 19. Jahrhundert*, Bonn 1911

Stern, Selma, *Jud Süß*, München 1973

Stein Werner, *Kulturfahrplan. Die wichtigsten Daten der Kulturgeschichte von Anbeginn bis heute*, München 1998

Tack, Wilhelm, *Clemens August, Bischof von Paderborn*, in: *Katalog Kurfürst Clemens August*, 1961

Thomas, Irmgard, *Der kurfürstliche Hof in Bonn*, Berlin/Bonn 1939

Torsy, Jakob, *Die Weihehandlungen der Kölner Weihbischöfe 1661-1840, Studien zur Kölner Kirchengeschichte 10*, 1969

Umständliche Nachricht, *von der unterm 5ten Februarii 1761 in der Churfürstlich-Trierischen Residentz zu Ehrenbreitstein gewesener Ankunft, ohnvermutheter Kranckheit und bereits den 6ten anderen Tags erfolgtem Ableben weyland des Hochwürdigst-Durchlauchtigsten Fürsten und Herrn/Herrn Clemens August, Erz-Bischofen zu Cölln*, 1761

Vehse, Eduard, *Die geistlichen Kurfürsten zu Mainz und Köln*, Leipzig 1854

ebd., *Geschichte der kleinen deutschen Höfe*, 1859

ebd., *Unter der Herrschaft des Krummstabes*, Leipzig 1850

Wagner, Eckard, *Schloß Clemenswerth – ein Höhepunkt jagdlicher Zentralanlagen in Europa*, in: *Katalog Clemens August Fürstbischof*, 1987

Walter, Ferdinand, *Das alte Erzstift und die Reichsstadt Cöln. Entwicklung ihrer Verfassung vom 15. Jahrhundert bis zu ihrem Untergang*, Bonn 1866

Weber, Dieter, *Zucht- und Arbeitshäuser am Niederrhein im 18. Jahrhundert, Düsseldorfer Jahrbuch 60*, 1986

Weiler, Hanno, *Clemens August von Bayern, Kurfürst von Köln. Die Medaillen, Schau- und Gedenktaler*, Krefeld 1917

Weitlauff, Manfred, *Die Reichskirchenpolitik des Hauses Bayern und Kurfürst Max Emanuel*, St. Ottilien 1985

Winterling, Aloys, *Der Hof der Kurfürsten von Köln 1688-1794. Eine Fallstudie zur Bedeutung »absolutistischer« Hofhaltung*, Bonn 1986

Wrede, Adam, *Rheinische Volkskunde*, Leipzig 1922

Wündisch, Fritz, *Zur Brühler Falknerei des Kurfürsten Clemens August v. Wittelsbach*, in: *Mitteilungen zur Brühler Geschichte 7/1980*

ebd., *Clemens August und die Sebastianusschützen*, in: *Brühler Heimatblätter 5/1975*

ebd., *Clemens Augusts Testament ist eine Fälschung,* in: *Brühler Heimat-*
blätter 1/1991

ebd., *Zur Geschichte des Jagdschlosses Falkenlust,* in: *Brühler Heimat-*
blätter 5/1979

ebd., *Zur Priesterweihe Clemens Augusts, des letzten Wittelsbacher Kur-*
fürst-Erzbischofs von Köln, Annalen 186, 1983

ebd., *Der Tod des Komturs J. B. v. Roll,* in: *Brühler Heimatblätter 4/1959*

Zingeler, K. Th., *Die Tätigkeit des Grafen Ferdinand von Hohenzollern-*
Sigmaringen als Obrist-Landhofmeister und erster Staatsminister des
Kurfürsten Clemens August von Köln, Mitteilungen des Vereins für Ge-
schichte und Altertumskunde in Hohenzollern 42, 1908/1909

REGISTER

Eugenio von Savoye, wie er sich selbst nannte, war gebürtiger Italiener, Franzose durch seine Bildung und Österreicher dank seines gewählten Wohnorts. Da ihm Ludwig XIV., der Sonnenkönig, nicht die Möglichkeit einer militärischen Ausbildung bot, ging der in Paris aufgewachsene Prinz Eugen von Savoyen nach Wien an den Kaiserhof. Im Heer der Habsburger wurde er zunächst als Fremdling betrachtet, doch nach seinem großen Sieg über die Türken, der Österreich auf den Weg zur Großmacht brachte, festigte sich seine Stellung. Er wurde zu einem der bedeutendsten Feldherren des 18. Jahrhunderts.

Franz Herre schildert das Leben und Wirken des Prinzen vor dem Hintergrund der Politik der Zeit, leuchtet alle Facetten seines Charakters aus und zeichnet ein einfühlsames Gesamtbild der Epoche.

ISBN 3-404-61451-8

lieferbar ab Juni 2000